ÉTUDES

ARCHÉOLOGIQUES, HISTORIQUES ET STATISTIQUES

SUR

ARLES,

CONTENANT

LA DESCRIPTION

DES MONUMENTS ANTIQUES ET MODERNES,

AINSI QUE DES NOTES SUR LE TERRITOIRE.

PAR

M. J.-J. ESTRANGIN,

AVOCAT A ARLES,

Correspondant de l'Institut Archéologique de Rome,
de la Société Royale des Antiquaires de France,
de l'Académie des Sciences, Agriculture,
Arts et Belles-Lettres d'Aix, et de la
Société Archéologique
de Béziers.

AIX,
AUBIN, LIBRAIRE-ÉDITEUR.

1838.

IMPRIMERIE DE NICOLAS CHAIX,

LK⁷443

ÉTUDES

ARCHÉOLOGIQUES, HISTORIQUES ET STATISTIQUES

SUR

ARLES.

Propriété de l'Editeur.

MARSEILLE. — IMPRIMERIE DE MARIUS OLIVE.

ÉTUDES
ARCHÉOLOGIQUES, HISTORIQUES ET STATISTIQUES
SUR
ARLES,

CONTENANT

LA DESCRIPTION
DES MONUMENTS ANTIQUES ET MODERNES,
AINSI QUE DES NOTES SUR LE TERRITOIRE;

PAR

M. Jean-Julien ESTRANGIN,

AVOCAT A ARLES,

Membre correspondant de l'Institut Archéologique de Rome,
de la Société Royale des Antiquaires de France,
de l'Académie des Sciences, Agriculture,
Arts et Belles-Lettres d'Aix, et de la
Société Archéologique
de Toulouse.

Ἐμοὶ δὲ ἥδιον αὐτὸ τιμᾶν
τὸ τῆς πατρίδος ὄνομα.
Lucien, *Eloge de la patrie.*
2. Reitz.

AIX,
AUBIN, LIBRAIRE-ÉDITEUR.
—
1838.

A l'Institut Archéologique

DE ROME.

Arles était la Rome des Gaules, *Roma gallula Arelas*.

Elle l'a été sous le double rapport de la civilisation politique et religieuse.

Constantin le grand l'affectionna, y fixa la résidence du préfet du Prétoire des Gaules, y résida lui-même; de là ces monuments de l'antiquité romaine, dont les ruines excitent encore l'admiration.

La ville d'Arles doit à cette circonstance le bonheur encore plus grand d'avoir été la Métropole d'où le Christianisme s'est répandu dans la Gaule.

Constantin III séjourna aussi à Arles durant toute son usurpation et y soutint un siége de quatre mois; mais, obligé de se rendre à Constance, général d'Honorius, il fut décapité avec son fils, le 18 septembre 411, auprès de Mantoue.

L'Eglise d'Arles reconnaît saint Trophime, disciple des Apôtres, pour son fondateur.

Elle a toujours été fidèlement attachée à la chaire de saint Pierre.

Le dernier archevêque d'Arles, le bienheureux JEAN-MARIE DULAU, est mort martyr, le 1er septembre 1792, à la prison des Carmes, à Paris.

La ville d'Arles est donc étroitement unie à la Ville et à l'Eglise de Rome.

C'est sous ce double rapport que je fais

paraître ces *Etudes sur Arles*, sous les auspices de l'INSTITUT ARCHÉOLOGIQUE DE ROME, et du Souverain-Pontife, à qui les sciences archéologiques doivent le *Musée Grégorien* des monuments étrusques.

J.-J. ESTRANGIN.

Arles, ce 1er Avril 1838.

TABLE SOMMAIRE.

INTRODUCTION	I
Colonne de Constantin	IV
Ordre à suivre dans la visite aux monuments	VII

PREMIÈRE PARTIE.

ARCHÉOLOGIE. — HISTOIRE. — MONUMENTS.

I.

L'Amphithéâtre romain	1
La Grotte des Fées	14
— Son origine	394
Bas-reliefs projetés pour l'Obélisque (note)	18
L'Amphithéâtre a-t-il été converti en naumachie ?	31
— Comparé au Colisée	38
Lettre à l'auteur, par Mr Bausen, sur les fouilles de Capoue, de Pompéi et de Vérone	38
Castrum arenarum	285

II.

Les ruines du théâtre antique	41
§ 1. *Dévastations*	44
§ 2. *Fouilles*	46
§ 3. *Statues et monuments*	55
Statue de Vénus	56
— *Son culte dans l'antiquité* (note)	377
Bas-relief d'Apollon	59
Le trépied de Delphes surmonté de son couvercle	286

Tête de l'impératrice Livie	61
Statues de Silène, *symboles relatifs au culte de Bacchus*	62
Danseuses ou plutôt Muses	62
— Note 3	286
Autels votifs	63
Tête Iconique d'Auguste	65
Inscriptions des Prêtres Augustaux	65
Bœufs à mi-corps et Bucranes symboliques	67
Comparaison avec les ruines du Théâtre antique d'Orange	69
— avec celles du Théâtre d'Aspendus	70
Note de M. Texier	70
Piranesi sur le Théâtre d'Herculanum	286

III-IV.

Les ruines du Forum d'Arles	73
Note de M. De Lagoy sur les Aqueducs antiques de St.-Remi	75
Notice sur leur cours dans le territoire d'Arles	76
Cloaque antique	81
Recherches sur les restes du Forum	81
LES THERMES, expression incomplète qui ne désigne pas tous les établissements réunis aux bains publics	84
NOTRE-DAME DE LA MINERVE	91
LES DEUX COLONNES DE GRANIT *de la place des Hommes*	93
Inscription votive à Constantin	93
Inscription du Piédestal de la Statue de *Recilius Titius Pompeianus*	97
Note sur les Statues honorifiques dans l'antiquité	287

V.

Les voies Romaines et la *Colonne milliaire d'Auxiliaris*	98
Controverses sur la finale de l'inscription	99
Opinion de Sir James Millingen	101
Date de la Préfecture d'Auxiliaris	105

VI.

Le CIRQUE ROMAIN	106
L'Obélisque	110
Le Torse de Mithras (génie du Soleil)	110
Le Culte Mithriaque	380

VII.

Le Musée lapidaire	112
— 1º *Les Monuments du Théâtre Antique*	116
— 2º *Les Monuments du Cirque*	119
3º *Les Autels Votifs*	122
— A Vénus	62
— A la Bonne Déesse	122
— Cérès ou Cybèle	122
— Aux Dieux Mânes	128
Les Tombeaux	128
Des Lettres D. M.	128
Cippe de Sempronia	129
— *d'Avilia*	129
Symboles du Christianisme	129
Des Lettres grecques A et Ω (note VI)	288
Sarcloir, symbole de l'épitaphe *Sit Tibi Terra Levis*	130
Inscription aux mânes d'*Æmilius Venustus*. — *La formule:* SUB ASCIA	381
Sarcophage de *Julia Tyrannia*	131
— de *Cornelia Jacœa*	131
Cippe de *Calpurnie, fille de Marius*	131
Opinion de M. Fr. Artaud	132
— *Voy. aussi*	266
Tombeau de *Parthénope*	133
— de *Cecilius Titius Pompeianus*	134
— d'*Æmilia Eucarpia*	134
— de *Paquius Optatus Pardala*	134
— de *Venusia Priscilla*	135
Sarcophages Chrétiens. — Formules et symboles funéraires	135
Couvercle du tombeau de saint Hilaire	136
Châsse	137
Apôtres	*ibid.*
Passage de la Mer Rouge	*ibid.*
Masque funèbre	139
Ossuaires	139
Table sépulcrale	139

Lampes sépulcrales.................................. 140
Leur symbolisme et leur usage dans le polythéisme........ 392
Lacrymatoires *pour recevoir les baumes liquides.* — Recherches de Mongez..................................... 141
Figurines en bronze 141
Marbre aux Mânes d'Avilia Grata.................... 147
Sarcophage de Cecilia Aprula....................... 147
Inscription piaculaire 148
Vase de verre découvert en 1693..................... 149
Tombeau de *Licinia*................................ 150
    — de Melchior Cossa........................ 151
Sarcophage de *Servilius Marcianus*................... 151
    — de *Flavius Memorius*................... 152
De l'immortalité de l'âme.......................... 288
LES MONUMENTS DES VOIES ROMAINES................ 142
Autres Antiquités, Cistes et Miroirs mystiques......... 143
Amphores en terre cuite, *Diota*..................... 143
Tuyaux de plomb qui traversaient le Rhône............ 143
Prétendue Médée................................... 146
Monuments découverts à Arles et enlevés............. 147

VIII.

Numismatique Arlésienne 153
Note de M. De Lagoy............................... 154
La Fête des Fous au moyen âge...................... 162

IX.

Description de l'Eglise Métropolitaine d'Arles........... 163
Apostolat de Trophime dans les Gaules............... 166
Jean-Marie Dulau.................................. 169
Chapelle de Guise 173
Les Orgues.. 174
Inscription attribuée à saint Virgile................... 175
Tableaux et Sculptures.............................. 176
Mausolée du Cardinal de Croze...................... 178
Tombeau de Robert de Montcalm..................... 178
Sarcophage de Geminus............................ 179
Notes sur ce Sarcophage, le Monogramme du Christ et le poisson, Symboles Chrétiens. — Opinion de M. COSTANZO

Gazzera...	291
Chaire Pontificale................................	180
Mausolée de l'Archevêque Ferrier de Tarragone........	181
Saint Christophe portant *Jésus Enfant*................	181
La sacristie dépouillée en 1793.....................	182
Description du Cloître Saint-Trophime. — Son architecture...................................	183
— Note x..............................	294
Intérieur du Cloître St.-Trophime. — Tableau de M. Granet	200
Le Portail et les Substructions..................	202
Opinion de M. Eméric David.......................	202
Note d'après *Ciampini*.............................	294
Notes sur le même monument.......................	390

Eclaircissements.

De l'Apostolat de saint Trophime à Arles............	212
Inscription détruite en 1793........................	219
Eglise de Sainte-Marthe à Tarascon..................	224
Eglise et Vis de Saint-Gilles (Gard).................	227
Saint-Ambroise..................................	233

X.

L'Hôtel-de-Ville..................................	236
Les Monuments de la Place Royale..................	240

XI.

1º Les Ruines du Monastère de Montmajor............	245
2º La Chapelle de Sainte-Croix.....................	245
Fausse inscription qui en attribue la fondation à Charlemagne	248
Procession du *Pardon*.............................	245
3º Les Ruines du Palais de *Constantin* (Château de la Trouille)	249
4º Les Ruines de l'Abbaye de *Saint-Césaire*...........	250
5º L'Eglise de *Saint-Jean du Moustier*...............	250
6º L'Eglise de *Sainte-Agathe*.......................	250
7º La Tour de l'Horloge et *l'Homme de Bronze*........	251
8º L'Eglise de *Saint-Julien*.........................	251
9º La Chapelle de *Saint-Blaise*.....................	251
Note sur les Sculptures polychromes de l'antiquité......	295
Les Champs Elysées (*Elysée du Rhône* ou *Nécropole d'Arles antique et du moyen âge*). — Les Ruines de l'Eglise de	

        Saint-Honorat ou *de Notre-Dame de Grâce* 252
        Mausolée des Consuls et des Curés, victimes de la peste
           en 1720 256
        La Statue de la Vierge sauvée en 1793 260
        Tombe de Poncia d'Aiguières 261
        Dalles ou Tablettes sépulcrales 262
        Vers d'Ariosto et Dante Alighieri sur l'Elysée du Rhône.. 296

XII.

Du Canal de MARIUS et de quelques Monuments Romains
    dans la Gaule Méridionale......................... 263
Cippe aux Mânes de Calpurnia, *fille de Marius* 266
Monuments de Saint-Remi (*Glanum*) 267
       —   d'Orange (*Arausio*) 267
Note XXXII... 395
Pont de Saint-Chamas 268
Temple du Vernègues................................ *ibid.*
Autel de Puyloubier.................................. *ibid.*
Inscriptions remarquables 269
La Colonie d'Arles tenait de JULES-CÉSAR le surnom de
    Julia Paterna 270
Rareté des Inscriptions Grecques...................... 271

XIII.

De la Rotonde et de divers projets touchant la salle de
    Spectacles (1838)................................. 273

XIV.

1º Des Ponts sur le Rhône............................ 276
    Inscription sur marbre (1634).................... 276
2º De la nécessité d'un Pont suspendu entre la Ville et son
    faubourg... 282
Des Ponts de Fourques et de Beaucaire................. 282

ÉTUDES SUR ARLES.
DEUXIÈME PARTIE.

Le Territoire. — Observations générales................. 299
Le phénomène du Mirage............................. 301
Le phénomène des Marées............................ 302
L'état salin et le phénomène de la capillarité........... 303

Le sable, plaie de la Camargue............................	305
§ 1. De l'Agriculture Arlésienne........................	307
— Les Ferrades............................	313
§ 2. La Camargue............................	317
Notre-Dame-de-la-Mer........................	327
§ 3. La Crau............................	328
Explication d'un Fragment d'Eschyle............	329
Les Bêtes à laine........................	334
Les Troupeaux Transhumants..................	336
La *Mesta* d'Espagne........................	335
Les Canaux d'irrigation	337
§ 4. Les Associations Territoriales....................	344
§ 5. Le Canal de grande Navigation d'Arles à Bouc.....	348
§ 6. Les Compagnies agricoles........................	353
§ 7. Sur le projet d'unir le Canal d'Arles à Bouc avec le Canal de Languedoc........................	359
§ 8. Sur le projet d'un nouveau Canal de dérivation des eaux de la Durance........................	364
§ 9. Le Climat d'Arles............................	369
Epilogue............................	372

NOTES ARCHÉOLOGIQUES.

I. (pag. 5.) A l'Introduction........................	375
II. (pag. 40.) Sur l'Amphithéâtre....................	375
III. (pag. 44.) Sur le Théâtre........................	376
IV. (pag. 57.) Visconti............................	376
V. (pag. 58.) Le Culte de Vénus chez les Anciens.......	377
VI. (pag. 65.) L'autel de Lyon........................	*ibid.*
VII. (pag. 73.) Ruines du *Forum Romanum*............	378
VIII. (pag. 93.) Sur l'Inscription votive de la place des Hommes........................	*ibid.*
IX. (pag. 84.) L'*Hypocaustum des Thermes*..........	379
X.-XI.-XII............................	379
XIII. (pag. 113.) Leo Von Klenze....................	*ibid.*
XIV. (pag. 122.) *Ex voto* du Paganisme...............	380
XV. (pag. 111 et 120.) Sur le Culte de Mithras.........	380
XVI. (pag. 130.) De la formule *Sub Ascia*............	381

XVII. (pag. 136.) Des Symboles dans l'Antiquité....... 382
XVIII. (pag. 143.) Sur la Céramographie Grecque et Etrusque. — Les Vases Grecs et les Urnes Etrusques.. 385
XIX. (pag. 146.) Médée........................... 388
XX.-XXI.-XXII. (pag. 176). Sur les Monuments de Saint-Trophime.................................... ibid.
XXIII. (pag. 165.) Sur l'architecture de Saint-Trophime. ibid.
XXIV. (pag. 187.) Saint-Trophime en 1793............ 391
XXV. (pag. 197.) *Emplacement de l'ancien Réfectoire des Chanoines*................................ ibid.
XXVI. (pag. 189.) La Tarasque, Réminiscence d'antiques et fabuleuses traditions.................... 392
XXVII. (pag. 205.) *Le Pallium*..................... ibid.
XXVIII. (pag. 255.) *Vases antiques découverts dans l'Elysée du Rhône*............................. ibid.
XXIX. (pag. 259.) Saint Rotland, martyr des Sarrasins.. 395
XXX. (pag. 260.) Le Concile de 314................. ibid.
XXXI. (pag. 260.) Pons de Marignane .... ibid.
XXXII. (pag. 267.) Des Monuments antiques d'Orange.. ibid.
XXXIII. Des Enfants Trouvés....................... 396
XXXIV. (pag. 317.) La Camargue................... 397
XXXV. (pag. 212.) Pièces justificatives touchant l'Apostolat à Arles de saint Trophime, disciple des Apôtres....................................... 397
XXXVI. (pag. 252.) Inscription de l'Eglise Notre-Dame la Major (452) 398

Errata.

Pag. 346, ligne 20, au lieu de *pour*, lisez *donc*.
Pag. 370, ligne 22, au lieu de *nord*, lisez *nord-ouest*.

INTRODUCTION.

Arles est une ville gallo-romaine, *Roma Gallula Arelas,* c'est-à-dire capitale dans les Gaules de la grande famille de l'Europe romaine. Au moment de visiter les débris de ses anciens monuments, de parcourir hors de ses murs l'Elysée du Rhône, d'examiner dans son musée lapidaire les marbres payens, idoles antiques, têtes iconiques, tombeaux, inscriptions, autels, pierres votives, urnes cinéraires, fragments en bronze mutilés, amphores et ustensiles, lampes et fioles se rattachant au culte des Lares, il faut, si l'on ne veut pas rester indifférent, remonter les siècles par la pensée et recomposer leur civilisation effacée. Les études statistiques ne peuvent présenter un véritable intérêt qu'en rapprochant ainsi les monuments et l'histoire.

L'édit de l'empereur Honorius du mois de mai 418, qui convoque à Arles la fédération administrative et l'assemblée annuelle des sept provinces du midi de la Gaule, renferme la preuve qu'à cette époque, dans la langue officielle de l'empire, Arles portait encore le nom de CONSTANTINA, qu'elle avait pris en l'honneur de Constantin le Grand, dont elle avait été le séjour de prédilection dans la Gaule.

Cet édit d'Honorius, on en trouve encore des copies du XIIe et du XIIIe siècle dans les archives de Marseille, Arles et Narbonne; le professeur Wenck, en Allemagne, l'a illustré d'un bon commentaire. Le texte le plus complet est celui des archives de la préfecture des Bouches-du-Rhône, placé en tête des vieux cartulaires de l'église et de l'archevêché d'Arles, actuellement transportés à Marseille.

Voyez sur l'histoire d'Arles, dans cette période, le bel ouvrage de M. le professeur Fauriel, *Histoire de la Gaule méridionale sous la domination des conquérants germains*, dont les quatre premiers volumes in-8° ont paru en 1836, à Paris. Les preuves de ce résumé y sont développées avec toute l'exactitude d'une critique éminemment éclairée et l'éclat d'un beau talent. M. Fauriel, joignant une profonde érudition à une critique judicieuse, embrasse dans son livre tous les documents qui ont rapport à son sujet.

Lisez ce bel ouvrage, vous y verrez les Maures-Sarrasins occuper militairement la ville d'Arles, à l'aide d'une trahison, dans le VIIIe siècle, et jusqu'à leur expulsion par Charles Martel en 739.

Vers le milieu du XIe siècle, Arles conquiert son indépendance et sa liberté, ne reconnaît que la puissance et la juridiction de l'empereur d'Allemagne, mais passe en 1251 sous la domination des comtes de Provence, auxquels elle se donne volontairement.

Enfin, elle est réunie à la France en 1486 par le testament de Charles d'Anjou, neveu et héritier de Réné.

C'est donc l'histoire en main qu'il faut examiner les monuments d'Arles, ou en rechercher les ruines ; ou plutôt il faut lire l'histoire dans les monuments. Les Romains gravaient sur le marbre leurs mœurs, leurs lois et leurs triomphes.

L'histoire aidera à découvrir les vestiges du pont sur le Rhône, qui joignait sous Constantin la rive gauche du fleuve à la rive droite, *pons tabulata;* l'histoire indiquera l'emplacement de plusieurs édifices que fit élever le même empereur.

L'histoire **animera les tours** grêles de l'amphithéâtre construites par les **Sarrasins**; et, d'après les restes informes de ses murailles faites de briques et de pierres mêlées, l'histoire reconstruira ce château de la *Trouille, aula Troliœ,* ce palais de Constantin, où le 7 août de l'an du Christ 316 l'impératrice Fausta accoucha de Constantin II, son premier fils, où dans les XIIe et XIIIe siècles résidaient les comtes de Provence de la maison de Barcelonne: la brique romaine s'y montre encore au milieu des ruines.

En les examinant de nos jours, on ne peut croire que le monument auquel elles appartiennent ait servi de demeure et de palais à des empereurs romains, plus tard à des souverains de la Provence ; mais l'histoire est là qui l'atteste.

Voici deux extraits ou fragments des *mémoires manuscrits pour servir à l'histoire de l'église d'Arles*, par le chanoine Laurent Bonnement.

« Constance Chlore étant mort à Yorck, le 23 juillet 306,
« le même jour l'armée proclama Constantin, son fils,
« empereur. Ce prince passa bientôt dans les Gaules, fixa
« son séjour ordinaire à Arles, et y eut un fils auquel il
« donna le nom de Constantin. Il trouva la situation de
« cette ville si commode et si agréable que, se proposant
« d'y établir sa demeure, il la fit fortifier, fit relever ses
« murs autrefois abattus par Chrocus, chef des Allemands,

« y fit bâtir pour lui un palais dont il ne subsiste plus que
« quelques misérables vestiges (1), et voulut qu'elle fut
« surnommée *Constantine* de son nom. Les citoyens d'Arles,
« en reconnaissance de ces bienfaits, firent graver cette
« inscription sur une colonne de marbre, que Saxi dit
« avoir été autrefois dans la maison des Templiers, hors
« de la porte de la *Cavalerie* :

> IMP. CAES
> FL. VAL
> CONSTAN
> TINO
> P. F. AVG
> RESTITVTORI.

Le même historien Bonnement mentionne ailleurs, t. 1er, le séjour que fit à Arles Maximilien Hercule.

« C'est pendant le séjour que fit à Arles Maximilien
« Hercule, en 307 ou 308, qu'il faut placer le temps du
« martyre de saint Genès, si l'on n'aime mieux le mettre
« depuis l'an 286 jusqu'en 294, que ce prince demeura
« presque toujours dans les Gaules. Un Père du cinquième
« siècle témoigne que son martyre arriva dans le temps
« que l'empereur était à Arles. Si cela ne regardait point
« Maximilien Hercule, nous ne savons à quel empereur
« l'attribuer. »

C'est de la ville d'Arles que partit Théodose, avec la flotte qu'il commandait, pour se rendre en Maurétanie, sur les côtes d'Afrique, pour combattre Firmus. — Ammien Marcellin, XXIX-V. 5.

Cette partie de la Gaule était devenue aussi romaine que l'Italie ; le langage était latin, on n'y connaissait que les

---

(1) Connus dans la ville sous le nom de palais de la *Trouille* (*Trolia*).

muses grecques ou latines, la littérature ou les arts : *tout était romain*.

L'idiome provençal n'est qu'une corruption du latin; il dérive du latin vulgaire et rustique : les exemples à citer seraient faciles et nombreux (1).

Ouvrez les lettres de Sidoine Apolinaire, né à Lyon vers l'an 430, qui écrivait sur Arles dans le Ve siècle ; voyez surtout les extraits de ses écrivains dans l'*Histoire de la Gaule Méridionale*, par M. Fauriel.

Vous y trouverez les preuves de notre proposition, qu'à Arles, à cette époque, *tout était romain :* le luxe, les esclaves, les *villa*, la jurisprudence, *le forum*, le théâtre, les jeux scéniques et de l'amphithéâtre, la religion, la littérature et les arts.

Lisez dans Sidoine Apolinaire le repas donné par un simple citoyen d'Arles à l'empereur Majorien : les convives sont étendus sur des lits drapés en pourpre, des esclaves les servent, des meubles d'argent encombrent les tables (Epist. ix, 13).

Visitez avec le même historien ces *villa* somptueuses, où la journée champêtre des nobles Gallo-Romains se partageait entre les jeux, les bains, la lecture, l'équitation et le souper.

(1) Deux exemples pris au hasard dans les termes les plus usités suffiront : *cabesse* vient évidemment du latin *caput*, tête; *cèbe*, *ciboule*, oignons, viennent évidemment du latin *cepa*, et tant d'autres qu'il serait facile d'accumuler.

Voyez sur la formation de l'idiome provençal et sa dérivation du latin, le bel ouvrage publié à Oxford et en anglais en 1835, par Georges Cornewall Lewis, sous le titre : *De l'origine et de la formation des langues romaines et Examen de la théorie de M. Raynouard sur les rapports des langues italienne, espagnole, provençale et française avec le latin*. — An essay on the origin and formation of the romance langage, containing an examination of M. Raynouard's theory on the relation of the italian, spanish, provençal and french tho the latin.

Descendez avec lui au *forum*, où se discutaient les affaires et où se distinguaient des jurisconsultes célèbres dans la jurisprudence romaine.

Arles, ayant été choisie dès le commencement du Ve siècle pour le siége de la préfecture des Gaules, était naturellement devenue par là le centre et le foyer principal des études du droit romain dans la préfecture (1). (Epist. II, 5; v, 1; VIII, 1. — M. Fauriel, tom. Ier, pag. 408.)

Les jeux du cirque, les combats de gladiateurs et ce que l'on nommait les chasses d'animaux, furent jusqu'au Ve siècle le spectacle favori du peuple d'Arles; et même les jeux du cirque donnés à Arles en 462 sont les derniers dont les écrivains du temps fassent une mention expresse (M. Fauriel, tom. Ier, pag. 394).

En un mot, avec les historiens, vous retrouverez dans Arles antique des dieux, des lois, des mœurs, des usages, un langage, un culte, des tribunaux entièrement romains.

Dans le musée lapidaire, l'histoire expliquera, et le monument mithriaque, unique en France, et l'autel votif à la bonne déesse, *bonæ deæ*, et celui dédié à Vénus *genitrix;* l'histoire découvrira dans les symboles chrétiens de plusieurs sarcophages le christianisme naissant.

Arles, jusqu'au moment présent, est restée imprégnée de l'esprit des institutions romaines, comme son territoire est jonché de monuments romains.

Sous l'ancienne monarchie, qu'on appelle *absolue*, et

---

(1) Les archives de l'église d'Arles ont conservé à l'histoire le testament de l'évêque saint Césaire ; il est de la première moitié du sixième siècle. Il est fait suivant la forme et avec les expressions du droit romain ; mais l'acte extérieur par lequel il devenait valable n'a pas été conservé. — Voyez l'histoire du droit romain dans le moyen âge par Savigny (en allemand), tom. II, pag. 103, chap. IX, *Du droit romain dans le royaume des Francs*, § A. — *Pays des Visigoths de la première invasion.*

jusqu'à 1789, elle est administrée par des consuls librement élus par les deux ordres de ses citoyens, *les nobles et les bourgeois;* et même en dédiant l'obélisque au grand roi, au roi absolu, à Louis XIV, elle prend le titre de RÉPUBLIQUE D'ARLES, *Respublica Arelatensium*, évidemment simple titre d'honneur, réminiscence d'une civilisation antique, alors certes entièrement effacée.

Voici l'ordre que le voyageur doit suivre dans la visite aux monuments antiques du moyen âge et modernes de la ville d'Arles.

§ I. — L'amphithéâtre.
§ II. — Le théâtre antique.
§ III. — Le forum. — Les aqueducs. — Les égouts.
§ IV. — 1º Le monument des caves du collége;
   2º Les colonnes de la place.
§ V. — La colonne milliaire d'Auxiliarès et les voies romaines.
§ VI. — L'emplacement du cirque, l'obélisque et le Mithra.
§ VII. — Le musée lapidaire.
§ VIII. — Numismatique arlésienne.
§ IX. — L'église métropolitaine de Saint-Trophime.

ÉCLAIRCISSEMENTS.

 1º De l'apostolat de saint Trophime à Arles;
 2º De l'église de Sainte-Marthe à Tarascon;
 3º De l'église et vis de l'abbaye de Saint-Gilles, département du Gard.

§ X. — 1º La place de l'Hôtel-de-ville;
   2º L'hôtel-de-ville;
   3º Le palais archiépiscopal.
§ XI. — Indication rapide des autres monuments :
  1º Les ruines du monastère de Montmajor;
  2º La chapelle de Sainte-Croix;
  3º Les ruines du palais de Constantin (château de la Trouille);
  4º Les ruines de l'abbaye de Saint-Césaire;

5º La chapelle de Saint-Blaise;
6º Celle de la rue des Carmes;
7º Les Champs-Elysées et les ruines de l'église de Saint-Honorat.

§ XII. — Du canal de Marius et de quelques monuments romains de la Gaule méridionale.

XIII. — De la ROTONDE et de divers projets touchant la construction d'une salle de spectacle.

§ XIV. — 1º Des ponts sur le Rhône;
2º De la nécessité d'un pont suspendu entre la ville d'Arles et son faubourg de Trinquetaille, et de ceux de Fourques et de Tarascon.

ÉTUDES
HISTORIQUES ET STATISTIQUES

SUR

ARLES.

PREMIÈRE PARTIE.

ARCHÉOLOGIE. — HISTOIRE. — MONUMENTS.

L'AMPHITHÉATRE ROMAIN.

Le monument qu'on aperçoit de plus loin en arrivant à Arles par le Rhône, c'est son amphithéâtre, beau d'architecture et de masse, et dont l'enceinte extérieure est encore entière. Ses arcades que le feu et le temps ont noircies posent comme une couronne sur l'antique cité de Constantin. Au dedans, tout est ruines; et cependant qui ne serait saisi de respect et d'admiration devant cette noble relique du peuple-roi? Au dehors, l'œil est frappé par la grandeur et la hardiesse des arcades circulaires qui forment sa façade, presque entièrement débarrassée des constructions modernes qui la cachaient, mais dont l'emmarchement est encore exhaussé sur plusieurs points par des remblais, œuvres des guerres et des siècles. Au dedans se présentent les substructions ou constructions souterraines, qui depuis environ dix-huit siècles, supportant avec immobilité le poids immense des galeries supérieures et des gradins, ont résisté à toutes les dévastations. Aussi, malgré son délabrement, cet amphithéâtre excite et excitera sans doute long-temps encore l'admiration des étrangers, surpris de le trouver moins dégradé que la plupart des amphithéâtres d'Italie.

Ces sortes de monuments ont dû être complétement abandonnés depuis que la civilisation antique a été brisée par l'invasion des Barbares; ils étaient devenus inutiles dès l'instant où le christianisme, dont les martyrs avaient tant de fois arrosé de leur sang l'arène des amphithéâtres, a triomphé de ses persécuteurs et monté sur le trône des Césars, a fait cesser les combats affreux des gladiateurs et des bêtes féroces, pour lesquels les Romains, fils de Mars, empruntant ce goût aux Etrusques, avaient construit tant de gigantesques édifices.

Ces combats furent prohibés dans tout l'empire romain en l'an 404 de notre ère; et, depuis cette époque, les amphithéâtres délaissés devinrent successivement des forteresses, des carrières de pierres toutes taillées, ou furent occupés, comme à Nîmes et à Arles, par des masures habitées par le petit peuple. L'amphithéâtre de Vérone est le seul dont les degrés en pierres de l'intérieur aient été conservés, quoiqu'il ait été dépouillé aussi de la presque totalité de son enceinte extérieure, et que les voyageurs s'indignent en voyant la forge d'un artisan dont la flamme resplendit la nuit au fond de cet amphithéâtre et le colore d'une clarté livide.

A Rome, le Colisée, l'amphithéâtre de Flavien, ce géant de l'architecture antique, fut, sous le règne de Titus, un cirque ensanglanté; sous Dioclétien, le théâtre du martyre des chrétiens; au moyen âge, le château-fort des Frangipani, et de nos jours un calvaire révéré, où les plantes les plus faibles en apparence, telles que la pariétaire et la giroflée jaune, se glissent entre les assises des blocs de marbre et occupent les places du peuple-roi.

L'amphithéâtre d'Arles a subi les mêmes vicissitudes; une seule colonne a conservé son chapiteau corinthien, dont la sculpture est remarquable. Mais là, comme dans les cirques romains, on peut affirmer hardiment que sans les dévastations dues à la main des hommes, cet édifice colossal eût résisté aux outrages du temps.

Il a été construit sur le roc. Les galeries souterraines, qui frappent d'étonnement par leur solidité, s'appuient sur un rocher dont la déclivité est du midi au nord; elles ont vraisemblablement été destinées par l'architecte à niveler et à régulariser les mouvements du sol sur lequel le monument est assis.

Ces galeries souterraines, l'arène et le *podium* lui-même ont été jusqu'à nos jours, à la suite des saccagements et des guerres, comblés par une colline artificielle de ruines, de terre et de débris, élevée de plusieurs mètres au dessus de l'ancien niveau, dont on voit les couches en parcourant à l'extérieur l'emmarchement circulaire de l'amphithéâtre (1).

Ce n'est que depuis quelques années, sous la direction et pendant l'administration de M. Laugier de Chartrouse, qu'on a recherché le niveau antique, et qu'on est parvenu, à l'aide d'immenses déblais, à l'atteindre dans l'arène et dans les galeries inférieures qui l'entourent; mais on a dû renoncer à déblayer de la même manière l'emmar-

---

(1) Ainsi, à Rome même, les monuments antiques ont été long-temps enfouis sous un amas d'immondices et de débris. Une colline artificielle de trente pieds masquait le *tabularium* du Capitole; l'arc de Janus *Quadrifons* fut déterré de deux à trois mètres; des amas de terre et des masures encombraient le temple de Vesta et le temple de la Fortune Virile; on voyait la base de la colonne Trajane comme dans un puits. — Voy. les *Études statistiques de Rome* par M. le comte de Tournon.

chement de l'édifice : il eût fallu porter atteinte aux propriétés privées construites sur cet emmarchement.

Dans l'intérieur de l'arène, l'administration a acheté et fait démolir les masures construites sur cette colline artificielle, établies même sur les gradins et jusque dans les galeries supérieures, masures où s'entassaient peut-être 2,000 âmes, la partie la plus pauvre de la population ; une seule de ces habitations subsiste encore, pour perpétuer le témoignage de cette profanation et des vicissitudes que le monument a subies.

Par le même motif, on a respecté deux des quatre tours, depuis long-temps démantelées, qui furent élevées vers la fin du VIIIe siècle sur les points cardinaux de l'édifice, lorsque l'amphithéâtre devint une forteresse : les chroniques d'alors le nomment *Castrum arenarum*. Du sommet de ces tours, les regards parcourent au loin le delta et la vallée du Rhône, jusqu'aux collines, limites de cette vallée. Ces tours rappellent les incursions des Arabes dans notre pays, la trahison de Mauronte qui commandait dans la Provence arlésienne, et l'entrée de *Ioussouf* à la tête de ses forces dans la ville d'Arles, devenue dès lors et pour un long-temps le quartier des Maures, qui n'en furent chassés qu'en 739 par Charles Martel. Les traditions locales montrent encore sur la montagne de *Cordes*, à un demi-myriamètre des murs d'Arles,

les restes d'un des campements des Sarrasins de Cordoue (1); et la *Croix des Maures,* érigée à l'exté-

(1) Il est impossible de confondre les restes de ce camp retranché, entouré d'une muraille qui se prolongeait sur tout le flanc de la montagne de *Cordes,* avec une excavation souterraine, recouverte d'énormes pierres, appelée la *Grotte des Fées,* « nom « remarquable », observe M. Prosper Mérimée, « parce qu'on le « donne aux monuments druidiques », singulier monument dont l'époque est inconnue, mais qu'il faut, suivant le même archéologue, *attribuer à un peuple encore sauvage et à une époque de barbarie complète.* Ainsi l'Alsace a *son Jardin des Fées,* et la Bretagne les célèbres pierres de Carnac à *la Roche aux Fées.* On a beaucoup écrit sur cette excavation, assimilée par quelques esprits graves aux *monuments druidiques,* temples dont les dieux sont encore vagues et sans précision. Mais les traditions et l'histoire se taisent sur cette conjecture, car le druidisme disparut dès l'instant que la Gaule devint romaine et que la civilisation commença. Comment d'ailleurs reconnaître un *monument historique* dans cette longue cavité, en forme de tranchée, creusée et taillée à pic dans la roche calcaire, et qui n'a conservé les vestiges d'aucun symbole susceptible d'en faire entrevoir la destination ? Les écrivains français y voient *un monument druidique;* les écrivains grecs y verraient des restes de *constructions cyclopéennes,* et les écrivains italiens un monument étrusque antérieur à la domination romaine.—Voyez l'ouvrage de MICALI : *Storia degli antichi popoli italiani.* Florence, 1832.)

En réalité, cette cavité n'est peut-être qu'une carrière où, dès la plus haute antiquité, on a pris des pierres pour certains monuments d'Arles. Cette cavité rappelle en petit les latomies de Syracuse et les catacombes de l'Acradine et de l'Italie. De nos jours, et sous nos yeux, les carrières de *Font-Vieille* et de *Castellet,* voisines de la montagne de *Cordes,* également calcaires, ne fournissent-elles pas les pierres à bâtir que les navires d'Arles transportent principalement à Marseille?

rieur de la porte nord de l'amphithéâtre, est une tradition de leur défaite parvenue jusqu'à nous.

L'administration a dû conserver ces deux tours établies sur le couronnement, quoique étrangères au monument primitif, parce qu'elles se lient à son histoire (1); c'est dans le même siècle et dans un intérêt de défense qu'on encombra de terre les galeries souterraines.

Les dimensions de cet amphithéâtre, le plus grand de ceux que l'on connaisse en France, pouvaient donner place à 25 mille spectateurs. Son étendue superficielle est de 11,776 mètres carrés, y compris les constructions.

Le diamètre intérieur de l'arène sur le grand axe est de 69 mètres 40 centimètres.

L'étendue du grand axe, y compris les constructions, est de 137 mètres 20 centimètres.

L'étendue de son petit axe, à l'intérieur de l'arène, est de 39 mètres 63 centimètres.

Les pierres qui recouvrent cette excavation peuvent avoir été placées pour la fermer et dans une destination dont le souvenir est perdu.

Voyez sur les druides et sur l'enseignement druidique César, *De bello gallico*, lib. VI, cap. XIII, XIV et XVI. — Le druidisme s'éteignit peu à peu dans la Gaule sous la domination romaine; au reste, sans être druides, les Gaulois étaient habiles aux travaux souterrains, suivant César, *De bello gallico*, lib. VII, cap. XXIV.

(1) A l'amphithéâtre de Nîmes on a eu le tort de détruire les deux tours des Visigoths.

Nombre des gradins, 43.

Nombre des arcades, 120.

Le monument est formé par deux rangs de portiques en arcades cintrées, à plein jour, superposées : chaque étage est de soixante portiques. Le premier est d'ordre dorique, le second est corinthien. La largeur des arcs est inégale, disposition qui ne peut s'expliquer que par la forme ovale excentrique du monument.

Hauteur du monument, prise en dehors, depuis le sol de la première galerie jusque sur le cerceau des plus hautes arcades, 17 mètres.

Hauteur des arcades supérieures, 7 mètres 65 centimètres.

Hauteur des premières arcades, prise du sol du monument, terme moyen, 6 mètres 45 centimètres.

Largeur des arcades du rez de chaussée, 3 mètres 70 centimètres.

Largeur des arcades supérieures, terme moyen, 3 mètres 57 centimètres.

Hauteur de la tour du couchant, y compris celle du monument, 30 mètres.

Largeur de la tour du couchant, y compris les murs, 8 mètres.

Largeur de la porte du nord, 4 mètres 70 cent.

Si ces chiffres et ces renseignements architectoniques ne donnent qu'une idée très imparfaite du monument, ils peuvent du moins en faciliter la comparaison avec les amphithéâtres de Rome, de Vérone et de Nîmes (1).

Rien n'indique la date précise de la fondation de l'amphithéâtre d'Arles; cette date n'est écrite ou chiffrée sur aucune pierre du monument. Je le crois de la plus haute antiquité et antérieur à celui de Nîmes, dont quelques archéologues attribuent la fondation à Titus, fils de Vespasien. Je n'admets pas l'opinion émise par quelques écrivains, que celui d'Arles n'a été construit que sous l'empereur Probus.

Cette opinion n'est jusqu'à présent qu'une simple conjecture, que ne justifie aucun document historique.

On sait seulement que divers empereurs y firent célébrer des jeux:

---

(1) Le Colisée de Rome a 1,610 pieds romains de tour, 681 dans son grand diamètre, 481 dans le petit et 153 pieds de haut (le pied romain est d'un peu plus de 11 pouces de France) : il pouvait s'y réunir 109 mille spectateurs.

La circonférence de l'amphithéâtre de Vérone est de 1,331 pieds. L'arène proprement dite a 225 pieds sur 133; il y a 45 rangées de gradins faits de beaux blocs de marbre qui ont 18 pouces de hauteur sur 26 de profondeur ou de giron : il peut y avoir 22 mille personnes assises, en comptant un pied et demi pour chacune.

Le grand diamètre de l'amphithéâtre de Nîmes est de 404 pieds, son petit de 317; le grand diamètre de l'arène est de 229 pieds, le petit de 142; la hauteur totale de l'édifice est de 77 pieds. M. Pelet a calculé qu'il pouvait contenir 24,209 spectateurs, dont 21,956 assis sur les gradins, et le surplus debout sur le dernier gradin, le dos appuyé contre l'attique,

Les empereurs Gallus et Volusien, en 251, suivant Pomponius Lætus;

L'empereur Constance II, en 353, d'après Ammien Marcellin, lib. xiv, cap. v : « *Arelate hiemem agens* « *Constantius, post theatrales ludos atque cir-* « *censes, ambitioso editos apparatu, etc.* » (ed. bip., pag. 13);

Sous l'empire de Majorien, en 461, d'après Sidoine Apolinaire (Epist. xi, pag. 13);

Suivant le témoignage de Procope *(De bello Gothorum*, lib. 1), l'empereur Justinien accorda au roi des Francs le droit de prendre part aux jeux qui se célébraient dans l'amphithéâtre d'Arles.

On sait aussi qu'en 539 le roi Childebert y fit donner des combats de gladiateurs momentanément rétablis, et qu'il répara certaines parties de l'édifice, notamment les dalles du *podium* (1).

---

(1) En 1828, le conseil municipal d'Arles a délibéré de faire couler en bronze quatre bas-reliefs destinés, comme les quatre lions de bronze, à orner le piédestal de l'obélisque de granit gris à gros cristaux de feld-spath, taillé par les Romains dans les carrières de l'Estérel, qui décorait jadis la *media spina* du cirque d'Arles et orne aujourd'hui la place de l'Hôtel-de-Ville.

Deux bas-reliefs sont depuis long-temps à Paris prêts à être coulés :

L'un représente précisément Childebert célébrant les jeux dans l'amphithéâtre d'Arles;

L'autre, l'entrée à Arles, le 13 janvier 1680, de Louis xiv à cheval, avec la reine-mère et le cardinal Mazarin, dont on assure que les portraits sont ressemblants.

On remarque des entailles larges de trois à quatre pouces et assez profondes, sur le gros tore qui termine le soubassement sur lequel reposent les dalles servant de parapet au *podium* : on n'en connaît ni l'origine ni la destination. Quelques-uns attribuent ces entailles à l'architecte de Childebert, qui voulut peut-être rétrécir l'arène, peut-être poser dans ces entailles l'extrémité des solives destinées à soutenir un plancher analogue à celui de nos théâtres, peut-être implanter dans ces trous des barres de fer recourbées vers l'arène et destinées à écarter les bêtes féroces du *podium*, à l'aide d'un berceau de fer. Ces entailles sont évidemment étrangères au monument primitif, et l'on n'a jusqu'à présent proposé, touchant leur époque et leur destination, que des conjectures.

Suivant Pline et Mela, Arles, lors de l'invasion de Jules César dans les Gaules, reçut une colonie de la sixième légion : de là son nom, ARELATE SEXTANORUM, désignation que l'on retrouve sur une monnaie de Caius César conservée par Golzi et sur une inscription lapidaire imprimée par Grutter.

C'est peu de temps après la colonisation d'Arles par la sixième légion, que durent être construits simultanément les monuments dont les ruines prouvent encore la halte qu'y firent les Romains, les *Thermes*, l'*Amphithéâtre*, le *Théâtre*, le *Forum*, les *Aqueducs* : ces divers monuments sont tous vraisemblablement de la même époque. La colonisation romaine commençait, en général, par la construction simultanée de ces sortes d'édifices, afin de consoler au moins par ces images des monuments de la mère-patrie les citoyens qu'elle envoyait camper hors de l'Italie et coloniser les peuples conquis.

On s'étonne toutefois de ne trouver sur aucune pierre des Arènes la date chiffrée ou indiquée de leur fondation; on s'étonne encore plus que les historiens ne la précisent pas. Deux sculptures peu remarquées jusqu'à présent, et d'ailleurs peu remarquables sous le rapport de l'art, sont néanmoins parvenues jusqu'à nous comme un témoignage de la haute antiquité de l'édifice. Sur une des parois latérales de l'entrée du midi, côté de l'arène, on remarque, grossièrement taillée en relief, la louve allaitant Romulus et Rémus: fiction ingénieuse qui, comme tant d'autres moins faciles à discerner, a passé dans l'histoire; signe de la domination des conquérants romains dans la Gaule méridionale; sculpture que l'on retrouve à l'amphithéâtre de Nîmes, et qui rappelle naturellement la louve en bronze conservée au Capitole. Chez les anciens, la peinture et la sculpture étaient une sorte d'écriture hiéroglyphique : la louve de ces deux amphithéâtres, c'est le génie de Rome enlevant à la Gaule son indépendance et sa nationalité. La louve, symbole politique, prouve l'admission de la colonie d'Arles au droit de cité romaine; quelquefois cependant la louve indique simplement la domination romaine.

Du côté opposé, on a taillé dans la pierre une petite figurine, le carquois sur l'épaule et le chien à ses pieds, symbolisant Diane chasseresse, à qui notre amphithéâtre était dédié, les jeux consistant le plus souvent en chasses aux bêtes, dont les fouilles ont de nos jours encore mis à découvert les ossements. Ces sculptures de l'enfance de l'art, premiers essais du ciseau romain, sont vraisemblablement du premier siècle de l'ère chrétienne, bien évidemment antérieures au siècle de Constantin, avant que cet empereur ou ses descendants eussent décoré le théâtre d'Arles des chefs-d'œuvre de la sculpture grecque (1). Le style dégénéré de

(1) Je ne puis adopter l'opinion du savant bibliothécaire de Perpignan, M. Henri, qui conjecture que l'amphithéâtre d'Arles appartient aux temps de décadence de l'art romain, au règne même de l'empereur Constance, fils de Constantin, et qui suppose que ce fut sous Honorius que l'on ajouta au monument les tours qui le changèrent en forteresse. Au siècle de Constantin, le christianisme naissant détournait de la construction de ces édifices; et d'ailleurs l'aigle de César, symbole de majesté et de victoire, aurait remplacé sur ces murs la louve de Romulus.

Le premier concile de tous les évêques d'Occident ayant été tenu à Arles le 1er août de l'an 314 par ordre de Constantin, on ne peut supposer la construction de l'amphithéâtre d'Arles postérieurement à ce concile, si peu favorable aux rites et aux fêtes du paganisme, qu'il renouvelle aux jeunes filles chrétiennes la défense d'épouser des payens.

Sous Théodose, la loi des sacrifices publics est abolie et le

certaines parties de l'amphithéâtre prouve seulement des dégradations et des réparations à diverses époques postérieures.

Le temps n'a pas conservé les inscriptions qui auraient pu nous instruire. Moins heureux qu'à Nîmes, où M. Artaud a découvert dans le canal de l'arène une inscription qu'il conjecture devoir fixer la date de la fondation des Arènes de Nîmes (1), à Arles les travaux exécutés depuis 1809 jusqu'à ce jour n'ont rien fait découvrir d'analogue, quoique les travaux de déblaiement surtout aient été très étendus et bien exécutés.

Si ces travaux ont dû être considérables, c'est que dans le VIIIe ou IXe siècle les seigneurs provençaux, ennemis de Charles Martel, ayant, par l'intermédiaire de Mauronte, livré l'amphithéâtre et la ville à Ioussouf Ben-Ald-el-Rahman, vali de Narbonne, qui soutenait alors l'honneur du nom arabe et de l'islamisme, Arles devint dès ce moment le quartier-général des Arabes en Provence. L'am-

---

paganisme s'écroule ; ses soldats, vainqueurs d'Eugène, renversent au passage des Alpes-Juliennes les statues de Jupiter tonnant ; enfin, la constitution de l'an 391 met le paganisme hors de la société politique et civile (V. le code Théodosien, liv. XVI, cit. 10). Sans doute il se réfugie long-temps encore dans les mœurs privées, mais il n'est plus assez puissant pour construire des théâtres et des amphithéâtres, qui dans Arles, vers le milieu du cinquième siècle, croulèrent à la voix des évêques chrétiens.

(1) Cette inscription se compose des lettres suivantes : T. C. R. F. On les traduit ainsi : TITVS CESAR RVDERA FIERI FECIT.

phithéâtre fut transformé en forteresse, et pour en faciliter la défense, ses galeries souterraines furent encombrées de terre, ainsi que le sol de l'arène, même supérieurement au *podium*.

Après l'expulsion des Sarrasins, l'amphithéâtre, abandonné comme forteresse, mais dégradé dans presque toutes ses parties, fut livré à la population. Comme à Nîmes, le sol de l'arène, les gradins, les vomitoires, les galeries, furent couverts d'un amas d'habitations, démolies depuis 1809, mais dont l'établissement a laissé des traces de destruction sur toutes les parties du monument. Les voûtes, les pilastres, tout est mutilé, tout a souffert; on a creusé des cheminées et ouvert des jours sur les arcs; les portiques en arcades cintrées ont été transformés en étables ou moulins à huile; les dalles du *podium* ont été brisées, plusieurs arcs ont fléchi; les zones des gradins ont été détruites, ainsi que les paliers antiques ou *précinctions*; les marbres ont disparu, moins quelques dalles perpendiculaires du *podium*. A l'extérieur, le monument a conservé au moins ses formes architectoniques; mais, dans l'intérieur, il ne reste que le cadavre du géant mutilé.

On n'a découvert aucune trace de l'*euripe* (1);

(1) Fossé plein d'eau qui régnait autour de l'arène. A Arles, l'*euripe* était vraisemblablement remplacé par les souterrains qui recevaient et écoulaient les eaux pluviales de la surface du monument, comme à l'amphithéâtre de Syracuse en Sicile, où

vraisemblablement il n'en existait pas autour de l'arène d'Arles, puisque le mur du *podium* est percé de nombreuses issues, qui, des galeries inférieures conduisant dans l'arène, servaient à y introduire les gladiateurs, les belluaires et les bêtes. Or, ces issues, si l'euripe eût existé, l'auraient tenu à sec en vidant nécessairement les eaux dans les galeries inférieures, où leur séjour aurait laissé une couche épaisse de dépôts d'alumine, de fer oxidé et de chaux sulfatée, semblable à la couche de dépôts constatée dans l'aqueduc romain déblayé en 1832.

Lors des travaux exécutés au Colisée de Rome par l'administration française, qui a si bien expliqué et conservé les débris de Rome antique, on trouva comme un réseau de murs elliptiques et concentriques coupés régulièrement par d'autres murs en ligne droite. On crut d'abord que ces murs étaient destinés à soutenir des planchers sous lesquels on plaçait des décorations et des machines. Dans l'amphithéâtre d'Arles on n'a pas trouvé de constructions analogues à celles qui à Rome même ont embarrassé les antiquaires, et qui,

des fouilles récentes, faites dans l'hiver de 1835 à 1836, ont fait découvrir un conduit souterrain qui, dans l'opinion des archéologues siciliens, selon le rapport de notre savant collègue M. G. Kramer, ne servait qu'à l'écoulement des eaux pluviales. *Si è trovato soltanto un condotto sotterraneo, che non serviva probabilmente per altro che per lo scolo delle acque piovane* (N° VII, pag. 101 *Bulletino*).

suivant le témoignage officiel de M. de Tournon, préfet de Rome de 1810 à 1814, paraissent appartenir à une autre époque que celle où le Colisée fut élevé.

A Arles, l'administration actuelle continue les travaux de *restauration* et de conservation commencés depuis plusieurs années. Un concierge veille aux grilles des Arènes; mais il faudrait des dépenses supérieures aux ressources de la commune. Le budget communal, même le budget départemental, absorbés par d'autres charges, ne peuvent y suffire : les chambres devraient y pourvoir. Ce beau monument romain intéresse la France entière; la France entière doit contribuer à sa conservation. La sollicitude des chambres législatives doit se manifester, non seulement pour les intérêts matériels du pays, mais encore pour la conservation de ses monuments historiques, qui font partie de ses illustrations et de sa gloire.

C'est dans cet esprit de conservation que les arcs du rez de chaussée de l'amphithéâtre d'Arles ont été fermés par les grilles en fer, malheureuse imitation des grilles et des verroux modernes qui ont clôturé les Arènes de Nîmes avant celles d'Arles. Les étrangers en témoignent leur étonnement; ils regrettent qu'on ait défiguré ce monument, au moins à l'extérieur, par des grilles inconnues à l'antiquité. Je conçois leurs regrets d'artistes, je les partage même; mais je réponds que sans les grilles

les dévastations continueraient, et que la génération actuelle verrait disparaître, et les fragments d'inscriptions dont quelques lettres restent encore, et les pierres mêmes qu'on parviendrait à détacher du monument. J'aurais désiré seulement que les grilles, au lieu d'être posées sur la ligne des arcs extérieurs du rez de chaussée et de les fermer, eussent pu l'être autour et sur l'emmarchement du monument, qu'elles isoleraient et protégeraient sans en changer aussi notablement le caractère primitif.

Plusieurs questions ont, jusqu'à ce jour, été agitées touchant l'amphithéâtre d'Arles.

A-t-il été terminé? Y a-t-on célébré des jeux? et quels jeux? A-t-il été converti en naumachie?

L'opinion la plus généralement admise est que l'amphithéâtre d'Arles n'a pas été perfectionné relativement aux ornements intérieurs et extérieurs, mais qu'il a été fini dans toutes les parties essentielles à sa destination : ainsi le prouvent les inégalités et les saillies des pierres énormes des substructions ou galeries inférieures, que les architectes considèrent comme des parties inachevées (1).

(1) Il est à remarquer qu'à Nîmes la partie inférieure de l'amphithéâtre paraît de même ne pas avoir été achevée, ou du moins perfectionnée. Est-ce que les Romains n'auraient pas été dans l'usage de perfectionner les parties des monuments qui, masquées par d'autres constructions, ne paraissent pas extérieurement? L'examen attentif de certaines parties du théâtre antique d'Arles fortifie cette conjecture.

Ainsi l'a soutenu M. Pot, architecte d'un haut mérite du département de la Nièvre, qui a dessiné par induction le plan et les coupes du monument, tel qu'il devait exister sous la domination romaine. Cet artiste s'est dirigé dans ses conjectures, d'après les pierres retrouvées dans les dernières fouilles, et qui, des étages supérieurs, avaient été jetées autour de l'arène à l'époque des diverses dévastations que le monument, devenu citadelle, a subies, et qui ont fait disparaître jusqu'aux traces de la corniche d'amortissement. Ce dessin, depuis long-temps nous avons formé le vœu de le voir acquérir par la ville d'Arles.

C'est en appliquant chaque pierre détachée au monument, que l'habile architecte est parvenu à en dresser un plan complet, dans lequel il a fait entrer l'attique que plusieurs pierres lui ont indiqué, preuve incontestable de l'achèvement de l'amphithéâtre. M. Prosper Mérimée a remarqué aussi, comme une preuve de cet achèvement, que toutes les moulures, même les plus délicates, ont été taillées et terminées; or, on ne peut supposer que le couronnement n'eût pas été construit avant d'avoir achevé les moulures saillantes des archivoltes des arcades supérieures. Telle était aussi l'opinion du savant Maffey.

D'ailleurs, les témoignages de l'histoire ne permettent pas de révoquer en doute que l'amphithéâtre d'Arles ait été terminé au moins dans ses parties essentielles, puisqu'à diverses époques, de 251 à 546 de l'ère chrétienne, les jeux y ont été célébrés.

Ces jeux, connus sous le nom de *chasses*, constituaient trois genres de spectacle:

Dans l'un, on exposait des hommes à la fureur des bêtes féroces;

Dans l'autre, des bêtes féroces se déchiraient entre elles;

Dans le troisième, des hommes armés combattaient contre des bêtes féroces.

Ces divers jeux (dans l'origine véritables cérémonies payennes, réprouvés à ce titre par les chrétiens) étaient consacrés à la Diane de Tauride, déesse sanguinaire, dont l'image se voit encore sculptée en relief sur l'une des pierres de l'amphithéâtre d'Arles.

C'est dans les amphithéâtres que se donnaient ces fameux combats que les Romains appelaient des *présents de gladiateurs* (1), et qui, depuis l'établissement du christianisme, défendus par Constantin, ne furent cependant entièrement abolis par les rescrits impériaux que sous Honorius (2),

---

(1) Un bas-relief de l'étage supérieur de l'amphithéâtre de Nîmes représente deux gladiateurs combattants, dont l'un est déjà à terre et désarmé.

(2) Montesquieu, *Grandeur et Décadence des Romains*, c. XVII, note 2, et les *Constitutions Impériales* insérées au liv. XV, tit. V, du Code Théodosien.

et ne cessèrent en réalité que quand les mœurs payennes eurent été en grande partie effacées.

Là également avaient lieu ces combats des *essédaires* (1), dont Jules César nous a conservé la description (2).

Là aussi on exécutait les criminels, soit en livrant aux bêtes les assasins et les empoisonneurs, soit en ôtant la vie aux condamnés, après les avoir attachés à des poteaux ou à des croix surmontés d'un écriteau indiquant leur crime.

Voilà précisément pourquoi les premiers chrétiens, réputés criminels aux yeux du paganisme, rougirent de leur sang l'arène des amphithéâtres.

Celui d'Arles a été purifié sous le règne de Dioclétien par le sang de Genès, premier martyr de l'église d'Arles, et par celui de plusieurs autres martyrs. De là, diverses chapelles établies dans l'intérieur des amphithéâtres: à Arles, sous l'invocation de saint Genès et de saint Michel; à Nîmes, sous l'invocation de saint Martin.

Ainsi Rome payenne ne semble avoir parcouru l'ancien monde au pas de ses légions victorieuses, que pour préparer à Rome chrétienne ses stations et le triomphe solennel de la croix. Arles ne fut la métropole d'où la civilisation chrétienne se répandit dans les Gaules, que parce qu'elle y fut

---

(1) Gladiateurs qui combattaient sur des chars.
(2) César, *De bello gallico*, IV—33.

d'abord la métropole de la civilisation romaine. Rome d'Italie était la ville de Mars ; Arles, Rome des Gaules (1), semble avoir été placée sous le même symbole ; la statue de Mars, coulée en bronze, qui s'élève au sommet de la tour de l'Horloge à l'Hôtel-de-Ville, domine encore de nos jours la cité et les plaines qui l'environnent.

Dans les galeries de l'amphithéâtre on rencontre des cellules pratiquées pour le logement des gladiateurs ou des belluaires, et pour enfermer les machines ainsi que les instruments nécessaires pour les jeux.

Dans les *loges* pour les animaux, on n'a découvert jusqu'à présent que des bois de cerf et des défenses de sanglier, bêtes destinées aux *chasses*; rien n'indique que des lions et des tigres aient combattu dans l'arène d'Arles. A moins de supposer qu'ils n'y fussent amenés enchaînés, la hauteur du *podium*, surtout sans *euripe*, dont à Arles on n'a pas encore découvert des vestiges matériels, n'aurait pas suffi pour garantir les spectateurs de leur fureur (2). Les bestiaires eux-mêmes,

---

(1) La *Provence* dérive son nom de celui de *provincia romana*, qu'elle reçut après la conquête. L'idiome provençal est en général dérivé du latin ; cet idiome a cependant conservé beaucoup de mots de la langue grecque et quelques mots de la langue phœnico-punique.

(2) Des antiquaires très savants prétendent qu'en général « le « devant du *podium* était garni de rets de treillis, de gros troncs

après les avoir irrités par le bruit des trompettes, le sang et le combat, n'auraient pu sans courir des dangers, peut-être sans les tuer sur place, les faire sortir de l'arène et les ramener dans leurs loges.

En 1834, j'ai eu l'occasion de développer et d'imprimer l'opinion, que l'amphithéâtre d'Arles n'a jamais été converti en naumachie.

Il est peu rationnel de supposer l'établissement d'une naumachie dans la partie la plus élevée et la plus culminante de la ville, tandis qu'au milieu de ses murs Arles est traversée par un fleuve considérable.

Quoique de savants archéologues modernes pensent que l'aqueduc antique de Nîmes, vulgairement appelé le *pont du Gard*, le plus beau monument romain du midi de la France, et qui réunit deux montagnes, conduisait à la fois ses eaux dans les *Thermes* de Nîmes et dans le *Nymphée* adjacent, qu'on appelle sans aucune raison *Temple de Diane*, ainsi qu'à l'amphithéâtre pour servir *aux naumachies*; quoiqu'à Arles aussi, sous les Romains, un aqueduc, dont il reste sur le sol d'importants vestiges, conduisît les eaux du versant des Alpines et aux *thermes* et au *palais de Constantin*, peut-être à l'amphithéâtre, par une déri-

« de bois ronds et mobiles qui tournaient verticalement sous
« l'effort des bêtes qui voulaient y monter »; mais je doute que
ces précautions fussent suffisantes pour garantir entièrement les
spectateurs contre des tigres ou des lions déchaînés.

vation qui a pu disparaître dans le bouleversement du sol antique, je ne crois pas qu'aucune naumachie ait été célébrée dans les Arènes d'Arles ou de Nîmes, précisément parce que l'histoire se tait à cet égard et ne nous en a pas transmis le souvenir. Ces spectacles extraordinaires n'ont eu lieu qu'à Rome même ou dans ses environs, et en la présence des empereurs.

Dans les deux amphithéâtres d'Arles et de Nîmes, l'*area* n'était pas creusée assez profondément pour recevoir le volume d'eau nécessaire à la mise à flot des navires de guerre, dont l'introduction dans l'arène par les vomitoires serait en outre très difficile à expliquer.

Si les *nautes* du Rhône avaient eu à célébrer des jeux, au lieu de convertir en naumachie l'amphithéâtre construit sur le rocher le plus culminant de la cité, il leur eût été plus convenable de célébrer ces jeux, ou dans le Rhône même, ou dans le cirque destiné aux courses de char et où il était plus facile d'amener les eaux, puisque ce cirque était situé sur le rivage du Rhône, au midi de la cité et sur l'emplacement où l'on a découvert en 1598 la statue mutilée de *Mithra*, le génie moteur des sphères, et en 1675 l'obélisque consacré au soleil fécondateur de la terre, monuments qui décoraient la *media spina* (1) du cirque.

(1) Massif de maçonnerie, appelé *spina* de l'espèce de rapport qu'il avait avec la principale arête d'un poisson.

Le déblaiement des amphithéâtres d'Arles et de Nîmes a démontré l'erreur d'une opinion longtemps accréditée parmi le peuple de nos contrées, qu'il existait entre ces deux amphitéâtres des voies souterraines de communication, difficiles du reste à concevoir, puisque ces voies auraient dû traverser les deux branches du Rhône qui forment le delta de la Camargue, et parcourir en outre les marais de Bellegarde (ancienne station romaine entre les colonies d'Arles et de Nîmes). Les premiers auteurs de cette conjecture se sont mépris, en considérant comme voies souterraines de communication les restes des aqueducs antiques dont l'un amenait à Arles les eaux du versant des Alpines, et dont l'autre conduisait à Nîmes les eaux de deux fontaines, celle d'Airan, située près de Saint-Quentin, et celle d'Ure, à une demi-lieue d'Uzès, aqueducs qui d'ailleurs n'ont jamais communiqué ensemble et dont les ruines prouvent, comme les grands aqueducs de Rome, l'importance que les anciens attachaient à se procurer des eaux abondantes, pures et fraîches.

De nombreuses inscriptions lapidaires décoraient jadis l'amphithéâtre d'Arles, principalement les dalles du *podium* : elles sont aujourd'hui, ou entièrement effacées, ou du moins grandement mutilées. L'Europe savante recueille depuis trois siècles les inscriptions antiques; mais, pendant plus de mille ans, on n'a su que les détruire (1).

Voici celles qu'il a été possible de conserver :

1° Sur une porte donnant dans l'arène :

V. S. D. D. P. A. S.

initiales qu'on a généralement, jusqu'à présent, traduites par ces mots :

« *Votum Solutum Decreto Decurionum Pro*
« *Arelatensium Salute.* »

2° Sur un gradin :

HOROR. T. I.

La première lettre (qui devait être C) a été détruite, parce que le gradin est brisé. Ce gradin était sans doute la place du chœur des trompettes.

3° Sur divers gradins :

Loc xxx D. D. Loc.
Loc A D A
Lxx V. D

Ces inscriptions indiquent des places concédées et leur numéro.

4° Les inscriptions les plus importantes étaient

---

(1) Le professeur Orell, de Zurich, a réuni 5,000 inscriptions lapidaires dans sa collection latine; et le célèbre philologue Bœckh, de Berlin, déploie une prodigieuse érudition dans le *Recueil de toutes les inscriptions grecques connues*, qu'il publie sous les auspices de l'académie de Berlin, et dont les deux premiers volumes in-folio ont paru.

celles gravées sur les dalles du *podium* perpendiculaires de l'arène.

Les fragments de ces inscriptions indiquent qu'elles étaient destinées à conserver le souvenir des fonctionnaires publics qui avaient fait célébrer les jeux à leurs frais; elles sont malheureusement très mutilées.

Voici la plus importante:

C IVNIVS PRISCVS IIV... INQ. CAND. ARELATE ITEM FLI...
...... O.... MCVM... NVIS
ET SIC NEPT.... EN LICA... E POLLICIT HSCC D-C. FVI......
RAVIT............
VORVM......IV LVMIN. XII HOM IN. XXXIIII FORNS... L III I
F.... VI NAM MORES DEDIT......

On a long-temps conservé, dans le cabinet du chevalier de Romieu, un des billets d'entrée en plomb (*tessera amphitheatri*), qui portait écrit sur une de ses faces: CAV. II., CVN. V., GRAD. X.; GLADIATORES, VELA ERVNT.

Cette antique tessère, dont on a trouvé l'analogue dans les ruines de l'amphithéâtre de Pompéi (1), prouve évidemment:

1° Qu'à Arles, les *cunei* (sections de gradins renfermés entre deux lignes de degrés) étaient numérotés, et que chaque spectateur ne pouvait

---

(1) On lit de même, dans deux inscriptions antiques rapportées par Mazois *(Ruines de Pompéi,* 1. 3, *Frontispice),* que les donneurs de combats de gladiateurs et de chasses, en annonçant leurs jeux, annonçaient aussi « qu'il y aurait des « voiles »: *Vela erunt.*

choisir arbitrairement sa place, mais était tenu d'accepter celle qui lui était désignée par les officiers, nommés *cunearii*, chargés dans tous les amphithéâtres, lors des spectacles, de distribuer les places et de veiller au maintien de la tranquillité publique;

2° Qu'il y a eu dans les Arènes d'Arles des combats de gladiateurs;

3° Qu'un immense *velarium*, ou grande toile, de forme ovale, tendu au dessus de la partie circulaire des gradins, défendait du soleil les spectateurs. La destruction de l'attique n'a pas permis, à Arles, de reconnaître, comme à l'amphithéâtre de Nîmes, les trous qui servaient à fixer le *velarium*; mais peut-on douter qu'on en ait fait usage, alors que l'on remarque à la sommité et entre les arcades deux escaliers qui conduisaient sur le couronnement de l'édifice les esclaves publics chargés du service du *velarium* (1), escalier que l'on retrouve également à la dernière galerie de l'amphithéâtre de Nîmes?

Ces notes doivent se terminer ici, puisqu'elles sont destinées exclusivement à faire connaître les dimensions et les restes de l'amphithéâtre d'Arles, et qu'il serait impossible d'aller au delà, sans

---

(1) On est réduit à des conjectures sur la manière dont les anciens manœuvraient les voiles dont ils couvraient les théâtres et les amphithéâtres........ Combien, en archéologie, de points encore obscurs!......

s'exposer à répéter et à redire des observations communes à tous les amphithéâtres en général.

Henri iv, le grand roi, frappé de la majesté de ces ruines, avait ordonné de déblayer l'arène et d'y placer l'obélisque alors gisant dans le limon du Rhône, et qui décore aujourd'hui la place de l'Hôtel-de-Ville; la mort de Henri iv fit avorter ce projet, comme tant d'autres grandes et nobles pensées.

Ce n'est que depuis quelques années que le déblaiement a été exécuté, et les ruines de cet antique monument livrées à l'admiration des architectes, des artistes et des antiquaires, admiration, hélas! mêlée de regrets.

C'est plus récemment encore qu'on a cru rendre cet édifice à sa destination primitive, en y livrant, comme à Vérone et à Nîmes, des combats de taureaux.

Dans ces fêtes bruyantes, quelquefois dangereuses, le peuple, assis sur les gradins ruinés de l'amphithéâtre ou sur la place de ces gradins, forme un coup-d'œil imposant. Quel admirable contraste entre cette population, jeune, vive, brillante, animée, bourdonnante, et la tristesse et la mélancolie de ces tours et de ces portiques dégradés et noircis, de ces gigantesques arcades qui se dessinent sur un ciel presque toujours pur, de ces voûtes formées de quartiers de rocher d'une extraordinaire dimension, de ces galeries dont les flancs sont entr'ouverts et qui, menaçant toujours de s'écrouler, subsistent cependant toujours !

Depuis la publication dans la *Gazette du Midi* des 25 et 27 octobre 1836 de cette *Notice*, dont j'ai fait un *hommage public* à l'académie d'archéologie de Rome, *Instituto di corrispondenza archeologica*, j'ai reçu de Rome et par l'intermédiaire de cette académie, de M. Bausen, deux planches figurant *la restauration la plus exacte du Colisée, entreprise* ou plutôt *figurée par un très habile architecte* allemand, M. Knapp.

Ces deux planches appartiennent à la description de Rome, publiée en allemand par MM. Platner, Bausen, Gerhard et Rostell. C'est M. Bausen qui s'est chargé de la description du Colisée, ainsi que de tout ce qui regarde plus spécialement la topographie et l'architecture. Il s'est occupé tout récemment de cette description, qui sera imprimée dans le IVe volume de l'ouvrage qui paraîtra bientôt (en 1837) chez Cotta, à Stuttgard et Tubingen.

J'ai reçu en même temps une description du Colisée, publiée à Rome en 1815, par Charles Lucangeli et Paul d'Albono, architectes mécaniciens, qui ont eu la patience d'employer vingt-deux ans de leur vie à faire une copie en bois du Colisée en entier, et tel qu'il sortit de la main de son architecte.

La lettre de M. le Secrétaire rédacteur de l'*Instituto* ajoute :

« La restauration du Colisée de M. Knapp est

« la première qu'on ait faite. L'arène de l'amphi-
« théâtre de Capoue est maintenant entièrement
« déblayée, et montre absolument le même sys-
« tème de souterrains que le Colisée; mais ses
« substructions sont d'un très bon temps, tandis
« que celles du Colisée datent du vi° ou v° siècle,
« justement parce qu'elles servaient, comme nos
« décorations et machines de théâtre, au but
« spécial de chaque représentation qu'on donnait
« au peuple romain. M. Bianchi, architecte du roi
« de Naples, qui a dirigé les fouilles de Capoue,
« a préparé un ouvrage bien complet qu'il promet
« de publier bientôt.

« A Pompéi on trouve également des souter-
« rains de l'arène; de même, M. Bausen l'a pu
« observer à Vérone, il y a six ans, à l'occasion
« de quelques trous pratiqués au dessous du sol.
« L'arène donc était formée de poutres ou de
« planches, avec des planches placées sur ces
« substructions. Les petites cellules dans les sub-
« structions du Colisée contenaient des cages pour
« les bêtes féroces, qu'on faisait sauter en haut
« en ouvrant les trappes. Il serait intéressant de
« savoir si, à Arles aussi, il y avait un arrange-
« ment pour protéger les spectateurs par des *vela*;
« l'existence d'un appareil immense à cet effet est
« prouvé pour le Colisée. Venant à l'intérieur, les
« *equites*, au lieu des *quatuordecim* des théâtres,
« avaient les sept premières places, derrière le

« *podium*, destiné pour la cour, le sénat et les
« Vestales.

« Quant aux mesures du Colisée, vous en trou-
« verez la plupart dans l'ouvrage de Desgodets, *Les*
« *édifices antiques de Rome mesurés et dessinés*,
« Paris, 1682, in-f° (nouvellement publié à Rome).
« En voici quelques-unes que vous n'y trouverez
« peut-être pas.

« L'étendue du grand axe, y compris les con-
« structions, est de 562' 4" pieds du roi.

« L'étendue de son petit axe avec les construc-
« tions est de 266' 4".

« Hauteur du monument prise en dehors depuis
« le sol du rez de chaussée, 146' 6".

« Hauteur du premier étage des arcades. 27' 10"
— du second . . . . 36'
— du troisième . . . . 36'
— du quatrième . . . . 46' »

J'ai répondu qu'à Arles des vestiges indiquaient l'usage des *vela* pour protéger les spectateurs, mais que le bouleversemnt du sol de l'arène ne permettait pas d'y reconnaître les moyens qu'on employait pour amener sur l'arène les bêtes et pour les en faire sortir après les jeux.

II.

LES RUINES DU THÉATRE ANTIQUE.

Le théâtre antique d'Arles n'est plus qu'un grand débris qui constate seulement le passage du peuple-roi ; c'est une page, mais presque entièrement effacée, de l'histoire et de la grandeur de cette cité.

C'est surtout à ce monument qu'il faut appliquer ce qu'on a dit, en général, des théâtres anciens : il n'en est échappé que quelques restes assez considérables pour intéresser la curiosité, mais trop mutilés pour la satisfaire.

A Arles, on ne voit que des ruines informes ; mais si, avant de les visiter, on a pris la précaution de se familiariser avec la forme des théâtres anciens, et par les descriptions écrites, et surtout par des plans, on reconnaît dans les ruines d'Arles les linéaments d'un vaste théâtre antique.

Le 25 septembre 1834, j'ai visité ses ruines avec un peintre italien, M. Galleti di Varallo, qui, avant de voyager en France, avait vu les monuments de l'Italie. Il reconnut dans les ruines d'Arles les mêmes dispositions que dans les théâtres antiques d'Herculanum et de Pompéi, enfouis pendant plusieurs siècles sous la lave du Vésuve et récemment découverts, ainsi que dans le fameux théâtre olympique de Vicence, chef-d'œuvre de Palladio, le plus bel ouvrage de l'architecture italienne dans la forme des théâtres anciens, forme que les modernes, sauf cette exception unique, n'ont pas imitée. De là la difficulté pour eux, en général, de se former des idées nettes et exactes sur les théâtres de l'antiquité et d'en coordonner ou expliquer les ruines.

Il faut nécessairement recourir à des plans figuratifs, et l'on peut consulter avec utilité à cet égard : 1º le plan d'un ancien théâtre grec, dans l'atlas du *Voyage du jeune Anacharsis* par Barthélemy ; 2º le plan de l'ancien théâtre de Sagonte, dans le *Voyage en Espagne* par M. de Laborde; 3º le plan du théâtre olympique de Vicence, planche 19 de l'atlas du *Voyage en Italie*, de Lalande, en 1765 et 1766, etc.

Ce dernier voyageur rend compte du théâtre d'Herculanum, et sa description constate une analogie frappante entre ce monument conservé sous la lave du Vésuve et les ruines du monument d'Arles qu'il peut servir à expliquer.

Il faut enfin, si l'on veut acquérir des idées complètes, examiner avec attention les vues et détails du théâtre de Telmissus, dans le *Voyage pittoresque de la Grèce*, par M. de Choisseul-Gouffier (Paris, 1782, in-folio, tom. 1er, planch. 71 et 72).

« Ce théâtre, dit l'illustre voyageur, est pratiqué
« sur le penchant d'une colline, comme celui de
« Bacchus à Athènes, et comme tous ceux que
« j'ai trouvés en Grèce; il est construit avec une
« pierre grise fort dure. Toute la partie circulaire
« sur laquelle se plaçaient les spectateurs est assez
« bien conservée, mais les extrémités qui joignaient
« le *proscenium* et qui n'étaient pas soutenues par
« le terrain sont entièrement détruites; toute cette
« partie, ainsi que la scène, est remplie de décom-
« bres, qui ne permettent pas de rechercher les
« fondations.

« L'élévation intérieure de la scène était divisée
« par cinq portes accompagnées de piédestaux, sur
« lesquels étaient peut-être placées des colonnes
« ou des statues. Sous cette élévation on reconnaît
« parfaitement les trous ménagés pour recevoir
« les solives qui portaient la scène; au dessous sont
« trois conduits par lesquels on passait sous la
« scène et dans l'orchestre. »

Telles sont les expressions textuelles de M. de Choisseul-Gouffier.

Nous les avons transcrites avec intention, parce qu'on retrouve dans les ruines du théâtre d'Arles toutes les dispositions du théâtre grec de Telmissus; et ceci tranche une question controversée, à savoir: si le théâtre d'Arles avait été construit dans la forme des théâtres grecs ou dans celle des théâtres romains.

Tout prouve que l'architecte avait suivi de préférence la forme des théâtres grecs, que d'ailleurs les Romains n'avaient que légèrement modifiée.

Voyez les planches 7 (1re livr.), 8 et 9 (2me livr.) de *l'Architecture antique de la Sicile*, par MM. J. Hittorff et L. Zanth, relatives au théâtre de Ségeste en Sicile, dont ces architectes ont levé le plan.

Les fouilles d'Arles ont prouvé que le théâtre de cette ville était également, comme ces beaux théâtres de l'antiquité, revêtu de marbre, orné de statues; deux colonnes, encore debout au milieu des ruines, y posent comme témoins de l'antique magnificence de l'édifice dont le squelette semble sortir des ruines.

Une description du monument complet est donc impossible, et cette notice doit être restreinte à quelques observations:

1º Sur les dévastations que le théâtre d'Arles a subies;

2º Sur les vestiges de ce théâtre que les fouilles, à diverses époques, ont fait découvrir;

3º Sur les statues et monuments conquis dans ces fouilles.

§ I.

Le théâtre d'Arles a été dévasté à diverses époques; il a subi le sort des temples des dieux du paganisme, qui croulèrent d'abord en Orient par un édit de Constantin et plus tard en Occident.

Les évêques chrétiens d'Arles ont considéré le théâtre à la fois, et comme une école de mauvaises mœurs, et comme un temple de l'idolâtrie qu'il fallait renverser et détruire.

Les chartes de l'église d'Arles constatent que saint Hilaire, consacré évêque d'Arles en 429, décédé en 449; saint Hilaire, d'ailleurs renommé dans l'antiquité ecclésiastique par l'élégance du style, les grâces de l'éloquence et la douceur des sentiments, et dans l'histoire par le rescrit de l'empereur Valentinien III, touchant la puissance des pontifes romains sur les églises en deçà des Alpes; saint Hilaire fit dépouiller, en 446, le théâtre d'Arles de ses plus beaux marbres pour en décorer les églises.

Il fit briser les statues qui en faisaient l'ornement, et eut soin, ajoutent les historiens d'Arles, de les faire cacher bien avant dans la terre pour ôter à l'idolâtrie tout prétexte de retour.

Les chroniques manuscrites de l'église d'Arles rapportent à ce sujet qu'un diacre nommé Cyrille, préposé à la construction des églises, ayant été blessé en dirigeant les travaux de destruction du théâtre, *dùm marmorum crustas et theatri proscenia deponeret*, fut guéri miraculeusement par les prières du saint évêque. Ce manuscrit de la vie de saint Hilaire a été inséré dans les œuvres de saint Léon, pape (Lyon, 1700, tom. 1er, pag. 369).

Les colonnettes du *podium* furent sans doute enlevées à cette époque, tranférées à un autre édifice, et plus tard ont pris place dans les galeries du cloître de l'église métropolitaine : le théâtre semblait devenu une carrière de marbres mutilés, que la piété venait enlever pour orner les églises. Est-il surprenant, après quatorze siècles d'oubli, que les ruines de ce théâtre enfoui soient si difficiles à reconnaître, ainsi qu'à rassembler, et qu'on n'y découvre les statues que par débris?

§ II.

Ces débris, il faut les réunir par la pensée, les rapporter à un théâtre antique tel que les historiens de l'art nous en ont conservé la figure; et ces ruines informes deviendront le plan d'un beau monument.

Ce plan est tracé depuis long-temps, et on y retrouve d'ailleurs la figure du théâtre grec gravé par les soins de Barthélemy, du théâtre olympique de Vicence de l'atlas du *Voyage* de Lalande, des ruines des théâtres grecs de Telmissus et de Ségeste, le premier reproduit par M. de Choiseul-Gouffier, le second par MM. J. Hittorff et L. Zanth; enfin, de l'ancien théâtre de Sagonte, décrit et gravé par M. de Laborde.

On pourra alors reconnaître ce qui nous reste du théâtre d'Arles : la scène, le *proscenium* ou *pulpitum*, les gradins ou le théâtre proprement dit, le *parascenium*, les portiques ou arcades qui formaient la partie circulaire et en quelque sorte l'enceinte du monument; enfin, les entrées ou vomitoires.

Cette partie semi-circulaire du théâtre, composée d'arcades servant d'appui aux plans inclinés qui, ainsi qu'à l'amphithéâtre, supportaient les gradins destinés aux spectateurs, est, comme tout le reste, très incomplète à Arles; on en concevrait même difficilement la figure, si l'on n'y possédait un amphithéâtre qui, dans l'architecture des Romains, n'était que la réunion de deux théâtres.

Il suffit donc de visiter les arcades aujourd'hui déblayées de l'amphithéâtre d'Arles, pour se former une idée nette et exacte des portiques ou arcades du théâtre qui en général n'existent plus, et dont l'*arcade de la Miséricorde*, comme les trois arcades de *la tour de Rolland*, ne sont que des restes mutilés.

La distance à parcourir entre ces arcades, celles de la Miséricorde au nord, celles de la tour de Rolland au midi, étant de cent trois mètres, déterminera la longueur entière du bâtiment.

Son grand axe, qui va du sud au nord, se déployait à peu près entre l'arcade de la Miséricorde et l'arcade principale de la tour de Rolland. Nous disons *à peu près*, parce que ces deux arcades ne sont pas exactement sur le même axe; mais il faut les employer, puisqu'au milieu des ruines, ces arcades sont devenues des jalons nécessaires, quoique rigoureusement inexacts et incomplets.

A l'est de cet axe était d'abord l'orchestre, dont le pavé de marbre, en 1836, est mis à découvert; puis les gradins pour les spectateurs, c'est-à-dire le théâtre proprement dit.

A l'ouest de ce même axe étaient la scène et en général le département des acteurs.

Ce théâtre avait été construit sur le penchant du rocher, afin de pouvoir établir plus solidement les siéges des spectateurs placés sur un roc dont la déclivité est du côté de la scène : telle était d'ailleurs, en général, la situation des théâtres de l'antiquité. En les construisant sur le penchant d'une colline, on évitait, suivant l'observation judicieuse de M. de Laborde, une partie de la dépense qu'il eût fallu faire pour élever l'amas de gradins sur des voûtes ou des massifs de pierres façonnées.

Le grand axe du théâtre d'Arles, comme on vient de l'observer, qui va du nord au sud, forme la division naturelle du département des acteurs et du département des spectateurs.

La partie de la scène nommée *proscenium* ou *pulpitum*, où les acteurs venaient jouer, était sur ce point; elle était en bois, soutenue par des solives, comme au théâtre de Telmissus. On voit encore la place qu'occupaient ces solives du côté de l'orchestre, elles étaient plantées dans de larges rainures; du côté opposé, les planches appuyaient sur des entailles d'environ trois pouces faites sur les massifs des colonnes et qui sont encore très visibles.

La scène proprement dite venait après ; sa ligne est tracée par les deux colonnes encore debout et par plusieurs bases de celles qui ont été renversées, et qui sont sur le même alignement. Entre les colonnes étaient ménagées les portes par où les acteurs faisaient leurs entrées et sorties pour venir jouer sur le *proscenium* ou *pulpitum*, ce qui, dans nos théâtres modernes, s'appelle l'*avant-scène*.

Quant au derrière de la scène, nommé chez les Grecs *parascenium*, où s'habillaient les acteurs, etc., on ne peut en voir les ruines, parce que cet emplacement, où les fouilles vraisemblablement seraient nulles et sans intérêt, est encore occupé par des constructions modernes.

En 1837, la partie du théâtre la plus déblayée est le département des acteurs, c'est-à-dire la scène.

La partie circulaire qui formait le département des spectateurs, et qu'on nommait spécialement le théâtre, est visible, au moins en partie, en 1836 : les fouilles les plus récentes ont mis à découvert, avec le pavé de marbre de l'orchestre où les sénateurs avaient leurs siéges, quelques restes des précinctions de gradins où s'asseyaient les spectateurs vulgaires; mais ces gradins ont été mutilés, les marbres qui les recouvraient ont disparu. Ces marbres devaient, comme au théâtre de *Taormina* en Sicile, indiquer par des inscriptions les places d'honneur des pontifes (*hieromnemones*), des questeurs (*quæstores*) et des préfets des vivres (*præfecti rei frumentariæ*), inscriptions antiques dont le bulletin de l'institut archéologique de Rome a constaté la découverte au théâtre de *Taormina* (1).

Une partie de l'orchestre est cependant encore occupée par des constructions.

On sait qu'à Rome les sénateurs occupaient l'orchestre depuis Scipion l'Africain; le préteur avait un siége un peu plus élevé. Les chevaliers obtinrent ensuite sous Pompée les quatorze premiers rangs de siéges; derrière eux étaient les jeunes gens des familles éminentes, le reste pour le peuple; les femmes occupaient les derniers rangs.

Ces distributions devaient se retrouver dans le théâtre d'Arles; mais cette partie est, sauf quelques débris, entièrement détruite, et il ne faut pas espérer de la revoir et encore moins de la restaurer.

Ces restes rappellent cependant les grandes ruines du théâtre d'Assos, un des plus beaux monuments que les Grecs nous aient laissés en ce genre, et dont M. Poujoulat rend compte à M. Michaud dans la correspondance d'Orient (Lettre 69, tom. III, pag. 290):

« Les spectateurs, dit-il, avaient quarante rangs

---

(1) Voy. *Bulletino dell' instituto di corrispondenza archeologica*, n° I et II di gennaro et febbraro 1836, pag. 7.

« de sièges, divisés en huit étages et taillés dans
« les rochers de la montagne; ces sièges sont
« encore dans leur état primitif, et n'ont pu être
« ébranlés ni par le temps ni par les hommes. Une
« chose qui les rend curieux, c'est qu'ils sont
« creusés de manière à ce que les spectateurs assis
« ne puissent nullement incommoder ceux qui sont
« devant. Le peuple entrait par deux grands pas-
« sages voûtés, et montait cinq marches pour aller
« prendre place au spectacle. On remarque à
« l'extrémité du théâtre une large terrasse, qui
« pouvait être un lieu de promenade. »

A Arles, ce lieu de promenade n'a pas été retrouvé, mais seulement *l'arcade de la Miséricorde*, qui formait une entrée principale, et les *arcades de la tour de Rolland*, que la ville d'Arles a vendues en 1787.

Cette tour est l'un des restes les plus curieux de l'ancien théâtre d'Arles.

Sa base se compose de trois arcades; l'ouverture de celle du milieu est de 3 mètres 75 centimètres.

L'épaisseur de cette arcade, à l'entrée, est de 1 mètre 35 centimètres.

Le grand passage voûté, dont cet arc est l'entrée, a 5 mètres 20 centimètres de longueur; il se termine par un second arc de 1 mètre 35 centimètres d'épaisseur.

L'arc du premier étage, superposé sur le précédent, a 4 mètres 22 centimètres d'ouverture.

Ces constructions sont en dalles romaines de la plus belle conservation, et inspirent une haute idée de la magnificence de l'édifice dont elles faisaient partie.

L'on retrouve ainsi à Arles les grands passages du théâtre d'Assos, par lesquels, suivant M. Poujoulat, le peuple entrait pour aller prendre place au spectacle.

Deux belles colonnes, l'une en brèche africaine, l'autre de marbre saccaroïde de Carrare, endommagées par le feu, mais encore debout et à leur place, indiquent la scène; elles faisaient évidemment partie d'un plus grand nombre, qui séparaient la scène du *parascenium* et dont il ne reste que les piédestaux.

Le massif qui les supporte, coupé, indique qu'il devait en exister deux autres sur ce point; elles touchaient à la porte *Impériale*, dont les degrés en marbre ont laissé des traces; il n'en existe plus des autres portes plus petites, par où entraient les personnes qui jouaient des rôles secondaires.

Il ne reste que les massifs qui supportaient les autres colonnes qui ont été transportées ailleurs: on foule aux pieds les débris d'une de ces colonnes dans les ruines du monastère de Saint-Césaire.

En arrière des colonnes, les fouilles ont mis à découvert des massifs en pierre, sur lesquels pouvaient s'appuyer les autres constructions du *parascenium* du théâtre.

C'est, en effet, en arrière de ces colonnes qu'était ménagé le *parascenium*, dont les portiques sont détruits ou encore cachés par les édifices modernes.

Les filures de l'escalier de la porte Impériale, ainsi que les massifs qui supportent les colonnes, indiquent que l'escalier, comme ces massifs, recevait un revêtement en marbre de 8 centimètres d'épaisseur.

En avant des colonnes était le *pulpitum* sur lequel jouaient les acteurs, *pulpitum* en planches et que soutenaient des étais en bois enchâssés dans des rainures encore visibles;

Au delà, le *podium*, orné de colonnettes, et dont les traces ont disparu.

Le demi-cercle de l'orchestre est ensuite tracé par les arcades qui soutenaient les degrés circulaires où prenaient place les spectateurs.

Entre l'orchestre et le *podium* on reconnaît les traces d'un canal, sans doute destiné à faciliter l'écoulement des eaux pluviales, écoulement indispensable puisque ce monument n'était pas couvert : un semblable canal a été retrouvé dans le théâtre de Telmissus.

Nous partageons à cet égard l'opinion de M. D. Henry, bibliothécaire de la ville de Perpignan, archéologue distingué, qui, dans une *Note sur le théâtre antique d'Arles*, en date du 6 février 1835, mentionne les restes des constructions du *proscenium*, consistant en plusieurs murailles laissant entre elles trois canaux; le plus rapproché de l'orchestre est couvert par un massif, dans la construction duquel on remarque divers fragments antiques.

L'auteur développe avec raison, ce nous semble, que les deux canaux couverts étaient évidemment des égoûts destinés à débarrasser des eaux pluviales les différentes parties du monument; quant au canal intermédiaire, il avait une destination toute spéciale, qu'attestent les coulisses verticales en pierre qui en garnissent les parois. Cette destination était de concourir à la disposition des décorations mobiles qui ornaient la scène, ou de servir à la manœuvre du rideau des anciens. Tout ce que dit à cet égard l'auteur de la note est ingénieux, mais ne nous semble pas suffisamment prouvé; l'auteur reconnaît lui-même que nous manquons de documents touchant la manœuvre du rideau des anciens. Il conjecture, d'après les dimensions reconnues de l'orchestre, que l'ouverture de la scène du théâtre d'Arles devait être de 42 mètres, que le gradin le plus élevé devait se trouver à environ 156 mètres de distance du *scenium* et à une vingtaine de mètres au dessus du niveau de l'orchestre.

Les fouilles à Arles ne sont pas encore terminées; il faut donc attendre pour faire une description définitive, et se borner, quant à présent, à constater les marbres précieux que ces fouilles ont produits jusqu'à aujourd'hui (avril 1837).

STATUES ET MONUMENTS
trouvés à diverses époques dans les fouilles du théâtre antique d'Arles.

Ces fouilles n'ont jamais été sans résultats.

Elles ont procuré une quantité considérable de corniches du théâtre, conservées en partie au musée d'Arles, beaucoup de marbres provenant de statues brisées;

Les restes de trois pieds en bronze, dont l'un d'une belle conservation et d'un beau style, qui devaient appartenir à des statues en bronze qu'on n'a pu découvrir, et dont l'une devait être dans une position aérienne: un de ces pieds est chaussé d'un cothurne;

Un grand nombre de fragments des marbres les plus précieux, des serpentines, des granits;

Enfin, des statues et des autels votifs dont voici la notice:

1° Les fragments d'une statue en marbre, colossale et d'un beau travail, trouvés en deux parties: l'une, en 1614, près de Trinquetaille, achetée 38 liv. 8 s. par les consuls d'Arles; l'autre, découverte plus tard dans l'emplacement du théâtre.

Les deux fragments réunis ont été donnés, par

délibération du conseil municipal du 25 octobre 1821, au musée de Paris par la ville d'Arles, qui a reçu en échange, le 22 novembre 1822, le tableau de *Jésus-Christ guérissant l'aveugle*, exécuté par Lemoine et Natoire d'Arles, que l'on voit dans la grande salle de l'Hôtel-de-Ville : cet échange laissera long-temps des regrets.

On a cru long-temps que ces fragments appartenaient à une statue de *Jupiter* ; on pense aujourd'hui que, réunis à la tête conservée au musée d'Arles, ils formaient une statue colossale de l'empereur AUGUSTE (1).

2° Une statue de *Vénus* fut découverte en 1651, devant les deux colonnes du théâtre, brisée en trois parties, sans doute par les chrétiens qui n'y virent qu'une idole à renverser. La tête fut trouvée la première, ensuite le corps ; enfin, le grand morceau drapé qui forme les cuisses, les jambes, les pieds. Les savants du temps se divisèrent, les uns y voyant *Vénus* et d'autres *Diane*. Cette statue fut donnée en 1683 à Louis XIV, qui rassemblait des sculptures pour Versailles.

Des débats animés s'établirent sur la question de savoir si cette statue représentait *Diane* ou *Vénus*.

Rebattu, dans une dissertation imprimée en 1656, accrédita le sentiment que c'était *Diane*. L'académie d'Arles pensa comme lui, *d'après une*

---

(1) *Voy.* ci-après la description du musée lapidaire.

fausse tradition que les deux colonnes antiques avaient appartenu au temple de cette divinité.

L'habile Terrin, en 1760, prouva dans un petit écrit que c'était *Vénus*.

Le Père Daugières, jésuite, répliqua, en 1684, que c'était une *Diane*, et dédia ses réflexions, qui forment un petit vol. in-12, à l'académie d'Arles.

L'abbé Flèche de cette académie écrivit dans le même sens dans un numéro du *Mercure*.

Graverol, de Nîmes, dans une dissertation spéciale de 1685, et Séguin, dans les antiquités d'Arles (pag. 27), soutinrent, au contraire, que c'était *Vénus*.

Le comte de Caylus, excluant *Diane* et *Vénus*, y vit tout simplement *une femme sortant du bain.*

Enfin, la question fut décidée par le célèbre sculpteur Girardon, qui refit les bras de la statue, lui mit une pomme d'or à la main droite, un miroir à la main gauche, et fit graver sur le piédestal : Vénus d'Arles. Mais, suivant Visconti, il est plus probable que c'est le casque de Mars ou d'Enée que la déesse devait tenir de la main gauche, et qu'elle s'appuyait de la main droite sur une pique, ainsi qu'elle est figurée sur les médailles : alors la statue représenterait *Vénus victorieuse*, que César avait prise pour devise.

Ce marbre est vraiment une Vénus antique, une copie de celle de Praxytèle, dont l'original était en bronze.

C'est dans les ruines du théâtre antique qu'on l'a trouvé.

Or, dans l'antiquité, Vénus était honorée au théâtre.

A Rome, le théâtre de Pompée contenait un temple de VÉNUS VICTORIEUSE (Pline, lib. VIII, c. 7; Plutarque, *Vie de Pompée*, n° 3 et 144).

L'énergique Tertullien (*De spectaculis*), en attaquant les théâtres de son temps, en fait connaître le motif, et cite à cette occasion une curieuse anecdote traduite par M. Villemain:

« Souvent, dit Tertullien, les censeurs faisaient
« détruire les théâtres dans l'intérêt des mœurs.

« Aussi, lorsque le grand Pompée, petit par
« cette seule faiblesse, fit bâtir son théâtre, ce
« réceptacle de tous les vices, craignant dans
« l'avenir pour sa mémoire le blâme des censeurs,
« il construisit au dessus un édifice consacré à
« Vénus; et, convoquant le peuple par un édit
« pour l'inauguration de ce lieu, il en fit la dédi-
« cace sous le titre, non pas de théâtre, mais de
« temple de Vénus : au pied duquel, ajouta-t-il,
« j'ai fait placer des gradins pour un spectacle.
« Ainsi il couvrit du frontispice d'un temple ce
« monument condamné et digne de l'être, et il
« éluda la morale par la superstition. »

Dans la séance du 10 avril 1833 de *l'académie pontificale d'archéologie* à Rome, l'architecte Canini a lu un mémoire sur le théâtre de la ville de Pompéi, et fait une description magnifique du portique de ce théâtre et de ses cent colonnes. Le temple de Vénus, qui était immédiatement adjacent à ce théâtre, lui était si intimement uni, que l'escalier du dernier servait d'escalier au théâtre même.

Le théâtre de *Marcellus* à Rome, consacré par Auguste au fils d'Octavie, mort si jeune, mais immortalisé par les beaux vers de Virgile (Énéide, lib. VII, v. 895):

> *Heu! miserande puer, si quâ fata aspera rumpas,*
> *Tu, Marcellus eris!* . . . .

devait aussi être placé sous la protection de Vénus, puisque c'est dans les ruines du portique d'Octavie, mère infortunée de ce jeune Marcellus, qu'on a trouvé la Vénus de *Médicis*, attribuée à Cléomène.

Des fouilles postérieures ont fait découvrir à Arles:

1° En 1823, un bas-relief représentant le triomphe d'Apollon sur Marsyas.

Ce bas-relief, se rapportant au culte d'Apollon, devait décorer le *proscenium* en face de l'orchestre, place que ce symbole occupait en général dans les théâtres antiques.

Au théâtre d'Arles, Apollon devait avoir ce symbole sous un double rapport: 1° comme dieu des arts et des lettres; 2° comme protecteur spécial de la famille *Julia*, parce que l'empereur Auguste prétendait être son descendant.

Les sculptures de ce monument expriment la prééminence d'Apollon dans les beaux arts et surtout en musique, en rappelant la défaite et le supplice de Marsyas. Du côté droit est suspendu l'image de Marsyas lié à un pin, comme dans l'Apollon *Citharède* du musée *Pio Clementino* ; du côté gauche est agenouillé le Scythe qui aiguise le couteau pour écorcher vif le fils d'Hyagnis vaincu.

Au centre de ce monument est un Apollon assis, appuyé sur sa lyre, ayant à droite le trépied d'Ephèse : la tête de cet Apollon, incrustée, a été enlevée.

Les deux avant-corps sont décorés de lauriers, ornés chacun de deux petits oiseaux ; les quatre encadrements sont en feuilles d'eau.

Sur le flanc droit de ce monument est sculpté un Scythe, orné du bonnet phrygien, aiguisant le couteau, instrument du supplice.

Sa bouche est couverte d'une bandelette, signe de discrétion, suivant Visconti.

A gauche, sur le flanc, Marsyas, couvert de la peau d'une panthère, est suspendu à un chêne.

La flûte de Pan à double tuyau, marque de sa défaite, est également attachée à l'arbre.

Le fronton qui surmonte ce bas-relief lui semble étranger, parce qu'il est en pierre calcaire et d'un travail grossier.

L'attitude de l'esclave scythe, accroupi pour aiguiser le couteau, confirme l'opinion que la célèbre statue du *Remouleur* n'est que la représentation de cet esclave préparant l'instrument du supplice de Marsyas, statue qui sans doute faisait partie d'un groupe qui n'a pas été conservé complet.

Byron, dans la note xxv de *Childe-Harold's Canto* iv du texte anglais, mentionne un sarcophage qui est *à Rome dans la basilique de Saint-Paul-hors-des-murs*, et où tout le groupe de la fable de Marsyas est parfaitement conservé. L'esclave scythe est présenté exactement dans la même attitude que dans le bas-relief d'Arles; or, cette attitude est aussi celle du *Remouleur*. Winkelman et Agostini conjecturent, avec raison, que cette statue est l'esclave scythe du mythe de Marsyas, ce que le bas-relief d'Arles semble destiné à confirmer. Le *Remouleur* faisait partie d'un groupe antique du supplice de Marsyas.

2° Une tête de femme remarquable par sa beauté, connue sous le nom de *tête sans nez* et qu'on a cru long-temps l'image d'une déesse. Je la crois aujourd'hui un portrait de l'impératrice Livie, mais sculpté dans le beau idéal : j'en dirai les motifs, en visitant le musée lapidaire.

La vie semble animer ce marbre: le sculpteur a su rendre jusqu'à la souplesse des cheveux, disposés en boucles ondoyantes. Un trou au milieu de la bandelette la plus près du front devait recevoir un ornement symbolique, mais qui n'est pas parvenu jusqu'à nous.

Cette tête a été trouvée dans les ruines en même temps que le précédent bas-relief, auprès duquel elle était jetée de manière à être défendue et préservée par ce monument; cependant le nez était brisé et manque.

3° Trois statues en marbre, découvertes à diverses époques, et une quatrième du côté opposé aux précédentes, ce qui fait présumer que ces statues décoraient la scène : par ce motif elles sont connues à Arles sous le nom de *Danseuses*. Toute autre dénomination pourrait également leur convenir; ce pouvaient être des Muses ou des Grâces.

4° Les restes d'un *Silène* couché, appuyé sur son outre, trouvés dans les fouilles exécutées par M. de Perrin en 1787.

5° Les restes d'un second *Silène* qui devait correspondre au précédent. Ces restes ont été trouvés en 1828 avec un fragment de *Danseuse*.

6° Deux autels votifs en marbre blanc, à couronne de chêne sur le devant et portant sur le côté une patère et de l'autre côté une aiguière ou pédicule : l'un découvert par M. de Perrin en 1787, l'autre dans les fouilles de 1828. Ces sortes d'aiguière ou *pediculus* faisaient partie de ce que les Romains appelaient *mundus muliebris*, et pourraient bien dès lors encore être un attribut ou symbole de la déesse de la beauté.

Les fouilles en 1834 ont procuré :

1° Un fragment d'une statue colossale, drapée

d'un grand manteau, qui paraît être un personnage consulaire et appartenir à un groupe.

Ce fragment est en pierre dure; le buste était enchâssé.

Quelques-uns croient y voir des restes de peinture encaustique des anciens.

2° Une tête d'Auguste en marbre blanc, d'un beau travail, qui paraît la même que celle de la planche de l'*Iconographie romaine* de Visconti, et d'une médaille de cet empereur récemment trouvée à Arles.

3° Un autel votif en marbre blanc, dont les symboles se rapportent à la fois et à Vénus et à Auguste, l'un de ses descendants par Iulus, fils d'Énée. Vénus, par ce motif, était la déesse protectrice de la famille Julia, qui a donné à Rome ses premiers empereurs.

Sur les faces de cet autel le sculpteur a ciselé, d'un côté et sur les angles, des cygnes, symbole de Vénus, sur une guirlande de laurier;

De l'autre côté et sur les angles, deux palmiers supportant une guirlande de fruits, signe de fécondité.

Les deux palmiers sont une allusion à celui dont parle Suétone (*Vie d'Auguste*, n° 92), né spontanément devant le palais d'Auguste, et que ce prince avait transporté auprès de l'autel de ses Pénates.

Cette tête d'Auguste, ces autels aux symboles de Vénus, trouvés dans les fouilles récentes du théâtre, se réunissent à la statue de Vénus, découverte en 1651, pour démontrer jusqu'à l'évidence que le théâtre d'Arles, comme celui de Pompéi, comme celui de Marcellus à Rome, était consacré à Vénus et placé sous la protection d'Auguste.

L'exactitude historique exige donc de désigner désormais ce théâtre sous la dénomination de *Théâtre d'Auguste*.

Auguste fut divinisé de son vivant; il eut des autels, des prêtres, des sacrifices, dans les Gaules comme en Italie.

Après sa mort, un sénateur affirma par serment qu'il avait vu l'âme d'Auguste monter au ciel.

On érigea partout des temples au prince déifié, et un nouvel ordre de prêtres fut établi en son honneur.

L'apothéose d'Auguste, précieux bas-relief, est à Ravenne, à l'entrée de la basilique octogone de Saint-Vital.

L'apothéose d'Auguste est aussi le plus grand camée connu, apporté en France en 1224 par Baudouin II, empereur latin de Byzance.

Au confluent de la Saône et du Rhône, les députés de soixante cités gauloises érigèrent à Lyon un temple à ce nouveau dieu (1). Une foule de

---

(1) Dans ce temple était un autel fort remarquable sur lequel étaient *inscrits les noms des soixante nations,* qui toutes y étaient figurées. (Strabon, *Geog.*, liv. VI, § 2 — 192 du texte grec, édition de *Coraï.*)

villes devinrent de nom et de privilége *Augustales*, comme plusieurs étaient devenues *Juliennes* sous Jules César. Arles était *Julia paterna Arelate* (Michelet, *Histoire de France*, édition de 1833, tom. 1er, pag. 70).

Les prêtres d'Auguste, nommés *Augustaux*, du nombre desquels fut Tibère lui-même qui les institua, ont laissé à Arles des traces de leur passage et de ce nouveau culte.

Diverses inscriptions trouvées dans les Champs-Elysées d'Arles, imprimées dans le *Recueil* de P. Dumont *des inscriptions antiques d'Arles*, sous les nos 27, 30, 45, 48, 51, 63 et 66, se rapportent à des prêtres Augustaux.

Il suffit d'en transcrire une seule :

>   VERIAE FILTAE
>   AMICA DOLENS
>   POSVIT. IN HONO
>   FEM. C. IVLI. FOR
>   TVNATI I... I VIR
>   AVGVSTALIS
>   VXORI

Or, d'une part, on ignore l'emplacement d'un temple consacré à Auguste dans Arles, et d'autre part, c'est dans les fouilles du théâtre qu'on a découvert, en 1834, la *tête d'Auguste* et *l'autel votif* aux symboles réunis de *Vénus* et d'*Auguste*. A lui se rapportent les deux palmiers et la guirlande de laurier, en commémoration de cette tige poussée spontanément, suivant ses courtisans, entre les pierres de son autel. Les cygnes et la guirlande de fruits symbolisent Venus genitrix, souche de la famille Julia, motif pour un sénat adulateur, non seulement de graver sur le même autel les symboles de la déesse et de l'empereur, mais encore de placer cet autel et même une image d'Auguste dans un théâtre consacré à Vénus.

Ce théâtre est le plus beau monument dont les Romains avaient doté la ville d'Arles; mais, hélas! il n'en reste plus que des ruines, à l'aide desquelles il est bien difficile de reconstruire, même par la pensée, le monument primitif.

Les fouilles ne nous ont donné encore aucune inscription lapidaire, ni fait connaître la date précise de la construction de ce théâtre, qui paraît avoir été dédié à l'empereur Auguste et par conséquent du premier siècle de l'ère chrétienne. Je l'induis, non seulement de la tête colossale de l'empereur Auguste et du piédestal ou autel orné de cygnes et de palmiers, découverts en 1832 et ci-dessus mentionnés, mais encore des taureaux à mi-corps, vus de front et qui semblent s'élancer, qui décorent l'arcade du nord, ainsi que des bucranes placés dans les métopes de la frise dorique de l'arcade du midi, dite *la tour de Rolland*.

Ces bœufs à mi-corps, ces bucranes, sont symboliques.

On les retrouve à Nîmes sur les monuments romains, sur la belle porte d'Auguste, sur une des portes de l'amphithéâtre.

On a essayé plusieurs explications, mais l'opinion la plus probable, comme la plus généralement suivie, est que ces bœufs à mi-corps, ces bucranes, sont un symbole appliqué à tous les édifices dédiés ou consacrés à l'empereur Auguste, parce que ce prince, suivant Suétone, naquit dans une maison dont la façade était ornée de têtes de taureaux, et qui depuis fut convertie en un temple. Cette opinion, assez généralement suivie dans nos contrées, a été approuvée, pour les édifices antiques de Nîmes, par M. Merimée; or, l'analogie pour le théâtre antique d'Arles est incontestable.

Les fouilles continuées en 1836 ont été dirigées cette fois sur la partie semi-circulaire du théâtre antique, partie réservée aux spectateurs et vers l'orchestre; une partie seulement du pavé, formé par de larges dalles en marbre, a été mise à découvert.

Les rangs de gradins ou de bancs *semi-circulaires*, en fuite les uns sur les autres et de plus en plus élevés en s'éloignant de la scène, ont été rencontrés, mais très mutilés.

Sous le *podium*, en avant du premier rang de gradins le plus rapproché de l'orchestre, l'architecte avait ménagé une conduite pour l'écoulement des eaux pluviales.

Le 11 février 1836, en soulevant une dalle de ces aqueducs, on a trouvé dans l'égoût qui est en dessous du marchepied du gradin sept médaillons antiques, dont cinq *petit bronze*, trop peu conservés pour en reconnaître l'effigie, et deux *grand bronze* très bien conservés.

L'un représente d'un côté un mausolée, avec cette inscription dans l'exergue : CONSECRATIO.

Au dessous du mausolée, les deux initiales S. C. qui font allusion à un sénatus-consulte, sans doute à celui qui donna à Antonin le surnom de *Pieux*, puisque le portrait de ce prince est de l'autre côté du médaillon avec cette exergue : DIVUS ANTONINUS. L'expression *Divus* indique que ce médaillon a été frappé après sa mort, puisqu'elle fait allusion à son apothéose.

Le mausolée est surmonté d'un quadrige.

La tête est magnifique : en général, les médailles où le nom de l'empereur est précédé du mot *Divus* sont relatives à leur mort et à leur apothéose; le revers est un bûcher avec la légende CONSECRATIO (*Voy*. Champollion Figeac).

L'autre médaillon présente d'un côté la tête d'Adrien avec cette inscription : HADRIANUS AUGUSTUS.

De l'autre côté une figure de femme, avec ces mots pour exergue :

COSS III PP. CLEMENTIA AUG.

Le voyageur doit d'ailleurs comparer les restes du théâtre antique d'Arles avec ceux du théâtre antique d'Orange, *Arausio*, ancienne ville du pays des Cavares, aujourd'hui du département de Vaucluse; il pourra alors se former une idée compléte d'un théâtre romain.

Les ruines du théâtre d'Orange ont été soigneusement et très exactement décrites par M. Quatremère de Quincy (*Dict. d'Architecture*, au mot *Orange*), et par M. Merimée en 1835 (*Notes d'un voyage dans le midi de la France*, pag. 165).

On reconnaît de suite que le monument d'Orange, mutilé par un incendie, transformé en bastion par les princes d'Orange, couvert comme à Arles d'ignobles maisons, peut cependant, rapproché des ruines du théâtre d'Arles, aider à concevoir une idée exacte de ces sortes de monuments.

Les parties détruites à Arles sont conservées au théâtre d'Orange : ainsi on reconnaît à Orange le mur de la scène construit de blocs énormes, les corbeaux percés de trous qui recevaient les extrémités des mâts auxquels étaient attachées les toiles qui couvraient la scène; enfin, à Orange; on remarque des deux côtés de la scène deux corps de bâtiments avancés, contenant des salles spacieuses, des corridors, des escaliers, en un mot, toutes les constructions accessoires d'un théâtre. Or, toutes ces parties de l'édifice ont disparu à

Arles; réciproquement, à Orange, tout ce qui se rattache à l'hémicycle a été détruit, tandis qu'il n'est que dégradé à Arles.

A Orange, un portique, qui subsiste encore en partie, liait, suivant les conjectures de M. Merimée que nous adoptons, le théâtre à un hippodrome qui lui est contigu. A Arles aussi, des restes de constructions antiques placés en face de la petite porte de l'ancien *jeu de paume*, transformé de nos jours en *salle des spectacles*, frappent l'attention, sans qu'on ait jusqu'à aujourd'hui essayé d'en donner l'explication : on comprend seulement que ces ruines se rattachent au théâtre romain. Ne seraient-ce pas les restes d'un portique qui liait le théâtre à l'amphithéâtre ? Un théâtre antique complet, ce phénix cherché par les archéologues, a été découvert, en 1836, par M. Charles Texier, dans son exploration de l'Asie Mineure (1), dans les ruines d'*Aspendus*. Ce théâtre, élevé sous la domination romaine, est couvert d'inscriptions. Voici la description de l'heureux voyageur ; nous en transcrivons quelques fragments, parce qu'elle renferme sur ces sortes de monuments des renseignements positifs, au lieu de vagues conjectures, et ces renseignements expliquent désormais d'une

---

(1) *Voy.* sur cette expédition scientifique de M. Texier le *Moniteur* du 31 mai, les *Débats* du 7 avril et le *Temps* du 8 décembre 1836.

manière nette et précise les ruines, ici complètes, du théâtre antique d'Arles.

« Le vaste hémicycle du théâtre d'Aspendus est
« composé de deux précinctions et de vingt-neuf
« gradins : la première précinction est entourée
« d'une galerie et l'édifice couronné d'un portique
« de cinquante arcades.

« La scène est ornée de deux ordres de colonnes,
« ionique et corinthien..... Cinq portes conduisent
« de la salle des mimes sur la scène.....

« La scène était couverte par une toiture en
« charpente, dont l'inclinaison est dirigée vers le
« mur; le vide qui existait entre le toit et le plafond
« de la scène servait pour quelques machines :
« cette espèce de comble communique de plein-
« pied avec la salle supérieure. On voit encore les
« attaches des solives et la trace de la pente du
« toit, qui indiquent parfaitement cette disposition.
« Tout le reste du mur de la scène était couvert
« par des peintures et des placages de marbre. La
« scène sur laquelle les acteurs se tenaient était
« aussi en bois, et s'étendait jusqu'aux deux vomi-
« toires latéraux.....

« Deux grandes portes latérales conduisent
« dans les galeries intérieures ; elles portent des
« inscriptions qui indiquent le fondateur et l'archi-
« tecte, etc., etc. »

Venez désormais visiter les ruines du théâtre antique d'Arles, avec la description du théâtre antique d'Aspendus par M. Charles Texier, et vous pourrez, quoique entouré de ruines, reconstituer par la pensée ce monument antique et assigner à tous les débris encore sur place, leur destination et leur usage dans l'antiquité.

Les fouilles de ce théâtre antique sont momentanément suspendues et ne seront reprises qu'à la fin de l'année 1837 et dans les mois d'hiver. Ces fouilles jusqu'à présent n'ont donné aucune inscription lapidaire; il devait cependant en exister. Au théâtre de Ségeste en Sicile, les décorations de la scène étaient en marbres, sur lesquels, quoique mutilés, on est parvenu à déchiffrer en 1834 une inscription grecque (1). A Arles, les inscriptions ont disparu, sans doute lorsqu'on a enlevé les placages de marbre qui couvraient le mur de la scène.

(4) *Voy.* Oposcoli archeologici dell' abbate D. Niccolo Maggiore.—Palermo, 1834, in-8º.

III. — IV.

LES RUINES DU FORUM. — LES AQUEDUCS. — LES ÉGOUTS. — LE MONUMENT DES CAVES DU COLLÉGE. — LES COLONNES DE LA PLACE.

Ditior Arelas sepulta quàm viva.

Les monuments antiques étaient, pour ainsi dire, entassés dans la partie de la ville d'Arles où s'élèvent aujourd'hui l'*Hôtel-de-Ville*, le *Palais de l'archevêché*, le *Collége des Jésuites*, l'*église de Saint-Trophime*, l'*église de Sainte-Anne*.

Les monuments modernes superposés aux monuments antiques, l'exhaussement du sol à la suite des saccagements et des guerres, ont fait disparaître les antiquités et en cachent les débris.

Le sol a été fouillé sans satisfaire la curiosité; les monuments ne se sont montrés que par fragments; un vaste champ a été livré aux conjectures des antiquaires.

Les uns ont cru reconnaître les ruines des *thermes*, c'est-à-dire d'un établissement de bains;

Les autres, les ruines du *forum*.

Celui-ci, des restes des aqueducs antiques;

Celui-là, des vestiges des égoûts romains, *cloacæ*.

Ces conjectures ont chacune leur vraisemblanche; il y a plus, toutes sont également fondées, en ce sens que ces divers monuments paraissent avoir été concentrés dans cette partie de la cité romaine; mais aujourd'hui mutilés et enfouis sous les constructions modernes, il est impossible de les spécialiser et de les reconnaître. Sans bouleverser le sol et détruire les plus beaux édifices de la ville moderne, on ne peut pas rechercher le niveau antique et mettre définitivement au jour les bases des anciens monuments.

A Rome même, Raphaël en fit la proposition à Léon x; mais elle n'eut pas de suite, et certes, ce n'est pas à Arles qu'il faut songer à l'exécuter : j'en atteste l'impossibilité.

Il faut se résigner à visiter en détail et séparément les fragments de monuments enfouis sous le sol et cachés par les édifices modernes; il faut s'abandonner aux conjectures et raisonner par analogie.

L'erreur assez commune à cet égard, ce me semble, consiste à rapporter ces ruines, répandues sur une grande étendue superficielle, à un monument unique, tandis qu'il faut les rattacher à divers monuments dont les formes caractéristiques ont presque entièrement disparu ; du moins, telle est mon opinion.

Dans ces ruines éparses qui occupent un très vaste emplacement sur lequel sont posés aujourd'hui les divers édifices modernes indiqués au commencement de cette note, il faut rechercher à la fois :

1° Les aqueducs qui conduisaient à Arles des eaux abondantes et fraîches, jouissance que les Romains se procuraient dans tous leurs établissements et dont l'aqueduc antique du Gard est un témoin;

2° Les égoûts ou *emissarii*, ouvrages que les Romains ont portés à une perfection étonnante, et qui, à Arles, versaient les eaux surabondantes dans le Rhône, dont le lit était certainement moins exhaussé qu'aujourd'hui, puisqu'on attribue principalement cet exhaussement progressif à l'établissement des digues ou chaussées qui l'emprisonnent;

3° Le *forum* entouré de son portique et les édifices adjacents au *forum*, qui ordinairement en dépendaient, tels que la *basilique* où se jugaient les différends;

4° Le prétoire.

Les aqueducs antiques d'Arles allaient prendre les eaux au delà des montagnes de Saint-Remy, l'antique *Glanum* de la géographie romaine; les vestiges de ces aqueducs sont encore apparents en 1836.

« Une partie du terroir de Saint-Remy », dit M. le marquis de Lagoy dans une *Dissertation numismatique* imprimée en 1834, « une partie du
« terroir de Saint-Remy est arrosée par des eaux
« abondantes qui prennent leur source à près de

« deux lieues de là. Ces eaux arrivent par les restes
« d'un aqueduc antique et souterrain qui, suivant
« la tradition, portait jadis à Arles les eaux de la
« fontaine de Vaucluse; mais, comme on ne trouve
« pas les vestiges de cet ouvrage de l'autre côté
« de la Durance, il est beaucoup plus probable
« que ce canal conduisait à Arles les mêmes eaux
« qu'il n'amène plus aujourd'hui qu'à Saint-Remy.
« Cet aqueduc, beaucoup plus bas que *Glanum*,
« n'aurait jamais pu servir à conduire des eaux
« dans cette ville, qui ne devait cependant pas être
« dépourvue d'un objet d'une si grande nécessité.
« On aperçoit dans les rochers des traces de
« constructions, qui prouvent avec évidence que
« plusieurs des vallons plus élevés avaient été
« fermés par une double muraille pour retenir les
« eaux et former de vastes réservoirs pour servir
« à l'usage et à l'agrément des habitants. On peut
« suivre encore dans les montagnes les vestiges
« des aqueducs qui distribuaient ces eaux. »

Nous avons ajouté dans une *notice* sur ces aqueducs, imprimée aussi en 1834:

« On peut suivre ces aqueducs également à leur entrée et dans leur cours sur le territoire d'Arles.

« Le plus éloigné des deux aqueducs anciens passait donc sous les murs de Saint-Remy, et suivait la ligne des petites Alpines dans la direction de Notre-Dame-du-Château, Saint-Etienne-Dugrès, Mont-Rhedon, et après avoir reçu vers Barbegal les eaux du second aqueduc qui allait recueillir, pour les y amener, les eaux des marais de Castillon entre les communes actuelles du Paradou et de Maussanne, se dirigeait après cette réunion dans le territoire d'Arles, vers le grand Barbegal, où était construit un réservoir d'environ 30 toises de longueur sur 12 de largeur, et de ce réservoir venait atteindre le pont de Chamée, en laissant à droite le grand et petit étang de *Peluque* et suivant l'extrémité du plateau de la Crau qui domine ces étangs.

« Des vestiges de cet aqueduc se rencontrent sur divers points près des domaines de Barbegal, d'Agnel et de Montcalm.

« Du pont de Chamée l'aqueduc se dirigeait vers la ville et traversait le marais du pont de Crau, au moyen d'un pont aqueduc élevé dans la même direction que le pont aqueduc actuel, reconstruit après la grande inondation du Rhône en 1755, qui le renversa; l'aqueduc romain aboutissait vers le rocher sur lequel est emplacée la chapelle de la *Genouillade*. De là, l'aqueduc suivait la colline du Moleyrés, en dessous de la chapelle de Saint-Pierre des Alicamps; on en voit encore des vestiges à côté du premier moulin le plus rapproché de la ville (1).

(1) Le 1er avril 1837, les travaux de curage du canal nommé *d Vigneirat* ont mis à découvert des restes de cet aqueduc antique dans le lit même de ce canal, approfondi par le curage au dessous de son plafond, et sous les arches du *pont de Crau* moderne.

« Enfin, il se dirigeait vers la cité, où il entrait par un canal souterrain creusé sous le rempart en face du cimetière moderne dont l'établissement est récent, puisque ce cimetière a été béni le 28 mai 1786 par M. Dulau, archevêque d'Arles, dont le mandement, en date du 23 du même mois, touchant cette bénédiction, a été recueilli dans ses œuvres imprimées à Arles, chez Mesnier, 1817, tom. II, pag. 301.

« Lors de l'établissement de ce nouveau cimetière, de 1784 à 1786, cette partie du dehors de la ville subit des changements importants.

« On fut obligé de détruire une glacière qui avait nom Saint-Antoine, nom d'une ancienne chapelle des Champs-Elysées d'Arles, construite sur cet emplacement et remplacée par la glacière. Le chemin public qui sépare le cimetière actuel du mur d'enceinte de la ville n'existait pas; on n'y voyait que des sentiers creusés dans les rochers qui occupaient tout cet emplacement, rochers que l'on fit sauter dans les travaux de déblai, de 1784 à 1786, avec la poudre à canon.

« Par ces mêmes travaux et à la même époque, on mit à découvert la partie de l'ancien aqueduc qui traversait cette localité, formait la continuation de la partie du même aqueduc dont on voit encore les vestiges auprès du premier moulin de la colline de Moleyrés, dont récemment on vient de déblayer le canal situé au dessous des remparts de la ville, et qui de ce point introduisait les eaux dans la cité, où l'aqueduc se subdivisait en deux branches. Le temps avait pétrifié les dépôts vaseux charriés dans cet aqueduc par les eaux, et leur avait fait acquérir la dureté de la pierre.

« Une branche de cet aqueduc conduisait les eaux dans la direction de l'amphithéâtre, où les eaux étaient peut-être introduites pour divers usages ; nous disons peut-être, parce que la communication de cet aqueduc avec l'amphithéâtre n'a pas encore été retrouvée : cette communication a pu exister par des conduits de plomb ou de fer que la main des hommes a fait disparaître, et que quelques personnes nous ont assuré avoir vus dans les premiers travaux de déblaiement.

« L'autre branche conduisait les eaux aux thermes romains, dont l'emplacement était dans le voisinage de l'Hôtel-de-Ville actuel.

« Des vestiges encore apparents sur divers points du troisième arrondissement de ce département, et surtout dans le territoire d'Arles près les domaines de Barbegal, de Montcalm et sur la colline de Moleyrés, tracent en quelque sorte la ligne et la direction de ce double aqueduc. »

Les fouilles récentes que la ville d'Arles a fait exécuter l'ont déblayé, depuis son entrée dans la ville, en face du cimetière actuel, jusqu'aux environs de l'amphithéâtre ; des motifs de police ont déterminé l'administration à fermer par une porte l'entrée extérieure, et sous le mur de la ville, de cet aqueduc, dont le tracé est désormais parfaitement connu jusqu'à l'amphithéâtre qu'il contourne. Mais on n'a pas découvert l'entrée des eaux dans l'amphithéâtre; et par ce motif, les hommes les plus instruits doutent encore de cette introduction, autrement que par des tuyaux de métal. On regrette en général et avec juste raison que, dans le déblaiement de 1832, les ouvriers aient enlevé, avec les pierres et les terres d'encombrement, une concrétion minérale de plusieurs pouces d'épaisseur, dont la circulation séculaire des eaux avait revêtu les parois latérales et le fond de la cuvette de cet aqueduc antique.

A Arles, il est impossible de ne pas reconnaître également des aqueducs ou des égoûts antiques dans les constructions aujourd'hui souterraines, que l'on peut visiter dans les maisons situées dans *la rue de la Paix*, sur *le plan de la Cour*, sur les *places de l'Obélisque* et *des Hommes*. Les grands travaux de construction d'égoûts, les fouilles pour conduite d'eau qu'on a exécutées, dans les temps modernes, dans plusieurs capitales de l'Europe, contribuent à nous faire apprécier l'importance que les Romains attachaient à ces sortes de travaux.

Il y a peu d'années, dans ma propre maison *rue de la Paix*, un jeune ouvrier maçon a pénétré dans l'aqueduc antique qui passe sous la cave : il fut obligé d'y ramper comme un serpent; il le trouva obstrué par le dépôt des eaux.

Dans un égoût ou cloaque antique de la maison Guibert, en 1817, on a trouvé une médaille de l'empereur Gordien, dont le règne est de 238 à 244 de l'ère chrétienne, indice de la haute antiquité de cette cloaque; M. Autheman, mon aïeul maternel, découvrit une cloaque en 1781 à son jardin à Trinquetaille, et M. de Barras, en 1777, sous sa maison.

Non loin des aqueducs et des cloaques qui les contournaient sans doute, s'élevaient les arcades du *forum*, dont des fouilles ont mis à découvert en 1835 quelques parties.

LES RUINES DU FORUM.

Ce monument de l'antiquité romaine est parvenu jusqu'à nous tellement mutilé, qu'il est devenu presque impossible de le constater nettement avec certitude et sans conjectures. Voici celles que j'ai fait insérer dans la *Gazette du Midi* des 18 et 19 octobre 1835.

Arles, 15 octobre 1835.

« On vient d'ouvrir à Arles, depuis quelques jours, les ruines d'une longue enfilade de portiques qui signalent un beau et vaste monument romain enfoui, monument dont l'existence jusqu'à présent n'était connue que très imparfaitement et dont l'étude pourra devenir d'un haut intérêt sous le rapport de la connaissance des monuments de l'antiquité, si toutefois l'état, le département et la ville d'Arles consentent à fournir les sommes nécessaires pour déblayer ces ruines, seul moyen de déterminer avec certitude le monument primitif, et de savoir si c'était un *forum* ou des thermes; peut-être, suivant une opinion conciliatrice que je propose moi-même, l'un et l'autre contigus et rapprochés.

« Le propriétaire de l'hôtel du Nord, placé au centre de la ville et sur l'emplacement où l'on suppose qu'étaient situés le *forum* et les thermes, ouvrait, il y a peu de jours, une communication entre la cave de son hôtel et celle d'une maison voisine qu'il vient d'acquérir, lorsque les ouvriers ont pénétré dans une très longue galerie formée par des arcades, dont la construction est la même en général que celle de l'amphithéâtre romain. On rencontre cependant des constructions en pierres moellons mélangées de briques; les arcades supportent le poids des maisons modernes superposées.

« Ces belles ruines sont en grande partie encombrées de terre, comme l'étaient avant le déblaiement les galeries inférieures de l'amphithéâtre; elles ont même servi de catacombes, auxquelles on parvenait par les caveaux aujourd'hui murés de l'église

Saint-Lucien, paroisse avant 1789, mais qui, aliénée en 1793 par le gouvernement, ne subsiste plus que comme un établissement industriel.

« A l'extrémité de la galerie récemment ouverte et que je viens de parcourir, est encore debout une table d'autel des premiers âges du christianisme, en pierre dure, et sur laquelle on a dû célébrer les augustes mystères de notre religion, soit dans les temps de persécution, soit lorsqu'on descendait les morts dans ces galeries et sous ces arcades antiques.

« Les opinions ont toujours été divisées sur la destination du monument auquel ces ruines appartiennent. En effet, depuis long-temps ce monument était connu par d'autres ruines disséminées et visibles dans diverses caves du voisinage; mais, à Arles comme à Rome, les Barbares ont enlevé les bronzes qui les décoraient et qui, en assurant la solidité, pouvaient aussi en faire connaître la destination : les clous de fer de l'inscription sur la frise extérieure ont même disparu. Jusqu'à ces derniers temps un génie destructeur semble s'être appliqué à mutiler les monuments de l'antiquité et achever ainsi l'œuvre des Barbares, qui partout ont mis les bains antiques à ras terre.

« Les uns (et la *Statistique des Bouches-du-Rhône*, tom. II, pag. 436, a suivi cette opinion), ont cru voir dans ces ruines les restes du portique qui entourait l'ancien *forum* d'Arles, place publique où le peuple se réunissait dans l'antiquité et où des galeries lui assuraient un abri en cas de mauvais temps.

« Les autres croient y trouver les restes des thermes, qui en général, comme le *forum*, étaient aussi entourés d'un portique découpé en arcades à jour, thermes dont la ville d'Arles avait certainement été décorée par les Romains, puisqu'on a trouvé des fournaux ou hypocaustes en creusant le piédestal de l'obélisque, et un aqueduc souterrain pour y conduire les eaux. Ces thermes étaient placés dans le voisinage du *forum*, ce qui doit avoir contribué à faire naître une grande confusion entre les ruines des deux monuments, par suite des divers bouleversements que la ville a subis.

« Les fouilles de Pompéi ont constaté que dans cette ville le *forum*, la *basilique* et les *thermes* étaient réunis : peut-être en était-il de même dans Arles antique ; l'exemple de Pompéi et l'état des ruines d'Arles me font incliner vers cette opinion.

« Des fouilles plus développées seront donc indispensables pour fixer définitivement l'opinion, et peut-être restera-t-il toujours des doutes et de l'incertitude, puisque jusqu'à présent on ne distingue que les arcades de la galerie du monument; or, le *forum*, comme les thermes, était également entouré de semblables galeries. Les lieux ont été tellement bouleversés à la surface, qu'il sera peut-être difficile d'obtenir des indications plus précises.

L'opinion d'un *forum* est la plus probable, et il ne faudra l'abandonner qu'autant que les fouilles ultérieures amèneraient la découverte d'inscriptions ou d'objets plus spéciaux à des bains antiques qu'à un *forum*. A Rome même, des inscriptions ont seules révélé la destination primitive et spéciale de plusieurs monuments, et mis fin aux discussions des archéologues.

« L'autel de la primitive église, qui se trouve à l'extrémité de la galerie, est évidemment plus récent que le monument; il date sans doute de l'époque où le monument, saccagé par les Barbares, enfoui d'abord sous les décombres, a servi plus tard de catacombes à une église construite et édifiée sur ses ruines : les chrétiens durent y descendre cet autel pour y célébrer le sacrifice de la croix. Telle est au moins l'ancienne tradition attestée par le chanoine Gilles Duport dans l'*Histoire de l'église d'Arles*, imprimée à Paris en 1690. « La chapelle », dit-il (pag. 328), « qui est sous l'église de Saint-
« Lucien, où il y a encore un autel sur lequel les
« premiers chrétiens disaient la messe pendant la
« persécution des empereurs, est une marque
« authentique de son antiquité. » Cet autel est une nouvelle preuve que le christianisme, dès son berceau, a purifié par la prière, et le *forum* consacré aux affaires, et les thermes consacrés aux agréments de la vie; comme, par le sang de ses martyrs et dans Arles même, il a purifié l'arène des amphi-

théâtres : on sait, en effet, que plusieurs chrétiens ont reçu la palme du martyre dans notre Colisée.

« Des masses d'ossements blanchis sont mêlées aux terres qui comblent jusqu'aux deux tiers les arcades de la galerie.

« On pénétrait jadis sous ces arcades par les caveaux de l'église Saint-Lucien. La galerie du monument romain était devenue en quelque sorte la prolongation des caveaux funéraires de cette église, dont la communication souterraine avait lieu par les arcades du monument, qui ont été murées depuis que cette église et ses caveaux ont été aliénés par la nation.

« Ce monument enfoui, et dont le périmètre, tracé par les ruines connues jusqu'à ce jour, paraît assez vaste pour favoriser la supposition d'un *forum*, d'une basilique et de thermes réunis et rapprochés, est la propriété des possesseurs des maisons superposées ; mais si l'état, le département et la commune d'Arles voulaient affecter des fonds à cette dépense, on pourrait, avec le consentement de ces propriétaires et en les indemnisant, essayer des travaux de déblais dont les résultats seraient certainement avantageux à l'étude des anciens monuments.

« Quant aux deux colonnes de granit soutenant cette moitié de fronton corinthien que l'on voit adossée au mur de la façade de l'hôtel du Nord, je me suis convaincu, en parcourant le monument enfoui, qu'elles sont étrangères à ce monument même, mais seulement superposées sur les ruines; leur base appuie sur une des arcades du *forum*, avec l'architecture et les dispositions duquel elles n'ont aucune relation. Ces colonnes, qui appartiennent évidemment à quelque autre monument antique détruit, ont été transportées, dans les temps modernes, et en quelque sorte plaquées, avec leur fronton, contre la façade de l'hôtel du Nord, soit comme ornement de la place publique, soit pour leur conservation après la destruction du monument, aujourd'hui méconnu, dont elles faisaient partie primitivement, et que Seguier attribuait à Constantin. Ce savant archéologue avait suppléé l'inscription à l'aide des trous de la frise par des recherches ou, plus exactement, des conjectures analogues à celles qu'il employa pour deviner l'inscription de la Maison Carrée de Nîmes, recherches que vient récemment de compléter M. Auguste Pelet (1).

« Les difficultés archéologiques sont ici d'autant plus graves que le monument d'Arles est sans inscription, et que non seulement ce monument est enfoui sous des constructions modernes, mais encore divisé et morcelé par ces constructions qui

---

(1) On sait que la différence entre ces deux antiquaires roule de la lettre G à la lettre M, ce qui change l'époque de la fondation de la Maison-Carrée.

ne permettent pas d'en parcourir et d'en saisir l'ensemble. J'incline d'autant plus volontiers à y voir les ruines de l'antique *forum* d'Arles, qu'à Rome même le *forum*, véritable siége de la puissance du peuple-roi, a subi de semblables révolutions ; une colline artificielle de trente pieds, amas d'immondices et de débris, masquait encore avant 1810 le *tabularium* du Capitole (1).

« L'étendue des ruines du *forum* d'Arles, comme de celles de l'amphithéâtre et du théâtre, justifie d'ailleurs de plus en plus cette proposition des historiens, que sous les empereurs romains la population d'Arles était de cent mille âmes.

« La tradition a toujours placé dans cette localité l'ancien *forum* d'Arles et les édifices qui le décoraient, tels que le temple de Minerve sur les substructions duquel l'église de Saint-Lucien a été bâtie, et qui, par ce motif, fut d'abord nommée l'église Notre-Dame-de-la-Minerve.

« Cette tradition a été recueillie par l'exact et judicieux historien de l'église d'Arles, Gilles Duport, pag. 328 :

« Quelques-uns soutiennent », dit-il, « que « l'église de Saint-Lucien a été appelée d'abord « Notre-Dame-du-Temple, à cause qu'elle était

---

(1) *Voy.* les *Etudes statistiques sur Rome* par M. le comte de Tournon, pair de France, préfet de Rome de 1810 à 1814.— 2 vol. in-8°, avec atlas.

« bâtie devant le temple de Minerve dont on voit
« encore quelques restes (en 1690), c'est ce qui a
« été cause qu'on a donné à l'église dont je parle
« le nom de Notre-Dame-du-Temple avant celui
« de Saint-Lucien.

« On ne l'a nommée ainsi (Saint-Lucien) que
« depuis que Charlemagne y fit laisser par Turpin,
« archevêque de Rheims, les reliques de cet illus-
« tre martyr, que cet empereur avait apportées
« d'Orient et qu'on révère à Arles dans un buste
« de vermeil doré où on les a mises.

« Combien, en général, d'églises chrétiennes ont
été ainsi bâties en Grèce, dans l'Asie Mineure, en
Italie, dans les Gaules, sur les substructions des
temples payens, dont les évêques chrétiens renversèrent, brisèrent ou enfouirent les idoles après
la conversion de l'empereur Constantin!

« A Athènes, les Grecs du Bas-Empire changèrent aussi en église le temple de Thésée et la
chapelle de Minerve, où ils placèrent les images
de saint Georges et de la *Panagia*.

« A Rome, l'église de Sainte-Marie-Majeure est
bâtie sur les substructions d'un temple de Junon;
celle de *Santa-Maria in Capitolio*, sur celles
du temple de Jupiter Capitolin; *Sant'Adriano in
campo Vaccino*, sur celles du temple de Saturne;
San Lorenzo in Mirando, sur celles d'un temple
d'Antonin et de Faustine, etc., etc.

« En général, les temples de l'âge romain de la

Gaule, dont il ne reste que les substructions, sont devenus de même des églises chrétiennes.

A Agen, une église est établie sur les ruines du *fanum* de Jupiter.

« L'église de Saint-Amatre d'Auxerre était un temple consacré primitivement à Bacchus.

« A Nîmes, suivant les recherches du savant M. Pelet, président de l'académie, l'édifice connu depuis long-temps sous le nom de *Temple de Diane*, et au fond duquel était apparemment la statue du dieu de la fontaine *Nemausus*, servait de chapelle, en 1430, au monastère des religieuses de *Saint-Sauveur-de-la-Fontaine*.

« A Nîmes encore, la Maison-Carrée, dédiée aux fils adoptifs d'Antonin, fut, dès les premiers temps du christianisme, convertie en une église dédiée à saint Etienne, martyr. Profanée par les Barbares, puis long-temps abandonnée, les religieux Augustins, en 1670, l'achetèrent; et elle redevint encore église jusqu'en 1789 : elle est aujourd'hui un musée.

« A Marseille, l'église de la *Major* est construite sur les substructions d'un temple de Diane, qui, pour les Phocéens, fondateurs de Marseille, était la grande déesse; tandis qu'à Arles la grande déesse était Cérès, dont le temple est devenu, depuis l'époque la plus reculée, à Arles, l'église de *Notre-Dame-de-la-Major*.

« A Arles aussi, suivant la tradition : 1° les

fondements du monastère de Saint-Césaire ont été établis sur les substructions d'un temple de Jupiter, dont la statue a été retrouvée brisée en deux parties et se voit aujourd'hui, et depuis 1821, au musée de Paris; 2° l'église de *Notre-Dame-de-la-Minerve*, devenue plus tard la paroisse de Saint-Lucien, a été construite sur les substructions d'un édifice du *forum* consacré à Minerve, dont la statue a été découverte, il y a plus d'un siècle, en fouillant le sol de la place adjacente pour y creuser un puits (1).

« Cette note, nécessairement très incomplète, parce que les ruines de l'ancien *forum* d'Arles exigent un plus long examen, n'est qu'un simple avertissement que je désire, M. le rédacteur, que vous rendiez public pour appeler l'attention des archéologues sur ces ruines. Les déblais ne sont pas assez avancés pour décrire, surtout pour résoudre définitivement les difficultés archéologiques que j'indique. »

---

(1) Les ouvrages descriptifs de la Grèce, de l'Italie et de la Sicile fournissent des exemples, trop nombreux pour les indiquer tous, de cet usage des chrétiens primitifs de construire des églises sur les décombres des temples payens qu'ils renversaient. Ainsi l'église dédiée à saint Janvier, cathédrale de Naples, était le temple d'Apollon; ainsi, en Sicile, l'église de Saint-Grégoire, patron de Girgenti, était le temple de la Concorde dédié à la déesse *Omonaia*, et l'église de Saint-Blaise, un ancien temple de Proserpine, etc., etc. A Arles, l'ancienne chapelle de Saint-Blaise paraît aussi être un édifice de l'époque romaine.

Depuis cette note, il n'y a plus eu dans cette partie de la cité, ni fouilles, ni découvertes nouvelles; ailleurs, les substructions de l'église de Saint-Trophime ont été fouillées sans rien révéler.

Le monument des caves et de la grande cour du collége, qui jadis appartenait aux Jésuites, est facile à décrire, mais assez difficile à expliquer. Je conjecture que ce monument était une BASILIQUE où se rendait la justice; en un mot, un tribunal romain adjacent au *forum*. Jusqu'à présent les antiquaires, ne sachant comment le définir, en ont fait un *Panthéon;* mais aucune tradition ne justifie cette explication, et les vestiges du monument sont insuffisants.

Que voit-on encore dans la cave? Une portion de mur antique, qui présente deux niches à plan rectangle cintrées au dessus;

Sur la gauche, une colonne de pierre commune cannelée, rudentée jusqu'au tiers, debout sur une base antique;

Des piédestaux, dépourvus de statues, posés sur le pavé antique et adhérents au mur;

Dans la cour des classes du collége, un reste de corniche.

Dumont a cru trouver dans ces restes les vestiges d'un temple circulaire. Je présume que ces débris appartiennent à une basilique adjacente au *forum*: c'est une induction que je tire du voisinage du *forum*. Les piédestaux et les niches, vides aujourd'hui, supportaient sans doute les statues qui décoraient ordinairement ces sortes d'édifices.

LES DEUX COLONNES DE LA PLACE DES HOMMES.

Ces deux colonnes de granit, soutenant une moitié du fronton corinthien que l'on voit adossé au mur du façade de l'hôtel du Nord, paraissent avoir été détachées d'un monument détruit et placées, pour leur conservation seulement, contre le mur qui les soutient.

L'inscription votive a disparu. On attribue aux lettres en bronze dont se composait cette inscription les petits trous de l'architrave et de la frise que M. Seguier de Nîmes expliqua en 1788 comme suit :

Divo Constantino. Max. Principi. Divi Constanti.
Filio. Divi. Claudi. Nepote.
Domino Nostro Semper. Aug. Fl. Claudio. Constantino.
P. F. I. D. Constanti. F.
Piissimæ Ac Venerabili Helenæ Aviæ.
Faustæ August. Matri Atavisque.

Les mots italiques ont été suppléés par M. Seguier, les autres expliqués par la combinaison des trous qui se trouvent sur la frise, système d'interprétation qui ne donne aucune certitude et qui est presque devinatoire. L'âge de l'édifice et sa destination resteront toujours incertains.

Assez de conjectures.

Mais il était impossible de taire entièrement ces débris de monuments antiques, quoiqu'en proclamant nous-même avec franchise que sur les diverses antiquités réunies dans ce paragraphe, toutes les recherches faites jusqu'à aujourd'hui semblent destinées à exciter la curiosité, mais nullement à la satisfaire, parce que les inscriptions sont effacées. Or, à Pompéi même, sans les inscriptions, les monuments de l'antiquité soulèveraient des discussions entre les antiquaires. Mais le peuvent-ils, alors que sur le frontispice de cet édifice il est écrit en lettres rouges : Basilica ; sur celui-ci : OEdem Isidis, *temple d'Isis?* Si notre grand écrivain, si M. de Chateaubriand a visité, dans cette ville des morts, des thermes superbes découverts en 1824, construits circulairement, avec des niches dans le mur garnies de petites baignoires; ces baignoires précisément, ainsi que d'autres meubles ou ustensiles antiques, ne laissaient aucun doute sur la destination de l'édifice. A Arles, au contraire, il n'y a que des ruines, ouvrages des hommes, ruines sans inscriptions, sans meubles, sans ustensiles, sans restes qui puissent même indirectement préciser la destination des monuments détruits, à l'exception du théâtre et de l'amphithéâtre dont les formes spéciales sont encore suffisamment dessinées pour caractériser ces deux monuments.

Voyageurs ou lecteurs, soyez donc indulgents pour des conjectures, des hésitations qu'expliquent les dégradations et les ruines de certains monuments d'Arles antique.

Parcourez les publications scientifiques sur les thermes de Caracalla à Rome, par M. Blouet, architecte français; sur les thermes de Pompéi, par A. Bruloff, élève de l'académie impériale des beaux-arts de Saint-Pétersbourg. Dans ces ruines de Rome et de Pompéi, on a trouvé au moins des bains, même des vestiges de l'*apodyterium*, du *frigidarium*, du *caldarium*, du *tepidarium*, qui ne laissent aucun doute sur la destination de l'édifice. Il n'en est pas de même à Arles : je n'ai rien vu qui de nos jours soit susceptible de fixer positivement la destination de l'édifice enfoui ; aussi les uns y cherchent les ruines du *forum*, d'autres les ruines des thermes.

A cet égard, les difficultés archéologiques subsisteront long-temps encore, mais l'opinion que ces ruines appartiennent à l'ancien *forum* d'Arles est devenue populaire et semble la plus généralement admise.

Plusieurs graves considérations la fortifient.

Sidoine Apolinaire, qui visita Arles dans le cinquième siècle, à la suite de l'empereur Majorien, mentionne expressément le *forum* au livre II de ses lettres, pour se plaindre de ses amis d'Arles, qui semblaient le fuir lorsqu'il descendait au *forum*, les uns se cachant derrière les statues, les autres derrière les colonnes : *in forum ex more descendo... alii fugere post statuas, alii oculti post columnas.*

Il y avait donc un *forum* embelli de colonnes et de portiques, orné de statues qui, comme à Rome et à Athènes, étaient celles des princes et des protecteurs de la colonie.

La forme du *forum* d'Arles était, à ce qu'il paraît et d'après le tracé des ruines, la même que celle du *forum* d'Herculanum, découvert dans les fouilles de 1765, cour rectangle, environnée d'un péristyle ou portique, ornée des fameuses statues des deux Balbus, protecteurs de la colonie d'*Herculanum*, de la statue de l'empereur Vespasien, etc.

Au *forum* d'Arles devait être placée la colonne milliaire élevée par le préfet du prétoire des Gaules, *Auxiliaris*, sous le règne de Théodose et de Valentinien.

Au *forum* d'Arles devait être également placée la statue élevée par les Arlésiens à *Recilius Titius Pompeianus*, et dont le piédestal, conservé au musée d'Arles, porte cette inscription honorifique malheureusement très mutilée, mais dont les restes indiquent l'érection d'une statue d'honneur, par les Arlésiens, à ce protecteur de la colonie.

Nous la reproduisons ici, telle qu'on peut la lire sur ce piédestal.

... RECILIO. M. F
... T. POMPEIANO
... NQ. DECVRIIS
... VNERAR. FI. PONTIF
... NI ARELATENSES
... CIPES. OPTIME. DE
... RITO. PATRONO
... STATVAE. HONORE
... VS. IMPENDIVM
... P. REMISIT.

Au *forum* d'Arles, enfin, devaient être placées les deux statues de l'empereur Auguste et celle de l'empereur Adrien, dont les restes mêmes ont depuis long-temps disparu, mais dont le souvenir nous a été transmis par le chevalier de Romieu.

Ces marbres servirent long-temps de montoir près d'une hôtellerie.... Profanation!

Cet antique *forum* d'Arles dont l'existence est certaine, où était son emplacement? Etrange question qui constate les bouleversements que ce sol historique a subis! Les recherches les plus exactes n'en font pas conjecturer d'autre que celui désigné dans cette note : il devait être adjacent à la basilique et aux thermes, auxquels devait aboutir un des aqueducs antiques. Or, les ruines de ces divers monuments sont aujourd'hui confondues et morcelées par les édifices modernes superposés : les discerner est impossible.

V.

LES VOIES ROMAINES ET LA COLONNE MILLIAIRE D'AUXILIARIS.

Les débris mutilés de quelques colonnes milliaires ont été, jusqu'en 1836 (1), les seules traces des voies romaines qui traversaient le territoire d'Arles et servaient de moyens de communication de Rome jusqu'à Cadix, c'est-à-dire entre l'Italie, la Gaule Narbonnaise et l'Espagne.

Le plus célèbre de ces débris est la colonne milliaire qu'*Auxiliaris*, préfet du prétoire des Gaules, fit placer à Arles sous le règne de Théodose et de Valentinien, qui, découverte en 1648, dans les fondations de la maison de Calvisson, à l'endroit même où depuis on a construit le collége des Jésuites, est aujourd'hui dans le musée lapidaire.

L'inscription a donné lieu à plusieurs fausses interprétations de la part des auteurs les plus recommandables, parce qu'ils n'ont pas été à portée

---

(1) En 1836, on a découvert dans les plaines de la Crau, vers Farinon, et dans la construction d'un chemin, des blocs de pierre, restes évidents d'une ancienne voie romaine de Salon à Aureille.

d'en vérifier l'exactitude sur la pierre. Voici le texte sans addition ni changement, et tel qu'on peut le lire encore en 1836 :

      SALVIS DD NN
      THEODOSIO ET
      VALENTINIANO
      P. F. V. AC TRIVM
      SEMPER. AVG .XV
      CONS. VIR .INL
      ....XILIARIS. PRÆ
      ......TO. GALLIA
      ....AREL MA...
      ....ARIA PONI S
      M. P. I.

Voici, *en lettres italiques,* les additions qu'il paraît nécessaire de faire pour compléter ce texte, et que le temps a sans doute effacées :

      SALVIS DD. NN.
      THEODOSIO ET
      VALENTINIANO
      P. F. V. AC TRIVM
      SEMPER. AVG. XV.
      CONS. VIR INL*vstris*
      *av*XILIARIS PR*æfectus*
      *præ*TO*rii* GALLIA*rvm*
      de AREL*ate* MA
      *mill*ARIA PONI S*tatvit*
      Mille. Pass. I.

La finale de cette inscription a donné lieu à de vives controverses ; plusieurs écrivains estimables pensent que la direction du milliaire était d'Arles à Marseille, et qu'il faut suppléer au texte incomplet comme suit:

DE ARELATE MASSILIAM
MILLIARIA PONI STATVIT
MILLIARE PRIMVM INCIPIT

Telle est la version de Papon (*Histoire générale de Provence*, tom. i, pag. 52), version qui s'est officiellement glissée dans la *Statistique des Bouches-du-Rhône* (tom. ii, pag. 308), et que Millin a suivie (*Voyage dans les départements du Midi de la France*, tom. iii, pag. 509).

Des diverses versions proposées j'adopte de préférence celle de Pontanus, qui lisait *Mamillaria*: il regardait ce mot comme la tradition du mot grec *Théline*, dérivé de *thélé* (mamelle), surnom que les Grecs avaient donné à la ville d'Arles à cause de la fertilité de son territoire, riche en moissons et en pâturages.

Ainsi a lu également Honoré Bouche, savant historien de Provence, dont le livre a été imprimé en 1664. Tel est aussi le texte adopté par le célèbre Danville (*Notice de la Gaule*) pag. 91, et dont j'estime que Millin et la *Statistique des Bouches-du-Rhône* ont eu tort de s'écarter. Lisez d'ailleurs les nombreux antiquaires indiqués par Millin (à la note 1).

Dans le système qui veut trouver dans cette inscription lapidaire le nom de Marseille (*Massiliam*), il faudrait *de Arelate ad Massiliam;* or, personne n'a jamais lu la préposition *ad*, et la colonne, que *j'ai souvent touchée et examinée*, résiste à cette correction.

J'ai eu l'occasion de m'entretenir de cette difficulté archéologique, au musée d'Arles, en ayant la borne milliaire sous les yeux et sous la main, avec sir James Millingen, archéologue anglais, auteur de grands ouvrages publiés à Rome et à Londres, sur les médailles, les peintures et les monuments de la Grèce (de 1812 à 1831).

« Cette épithète *Mamillaria* est un fait positif », me dit-il, en copiant l'inscription sous mes yeux, telle qu'il me l'a laissée et que je la donne ici; « c'est évidemment le surnom grec de la ville « d'Arles traduit en latin. Il m'est absolument im- « possible de trouver sur la colonne le mot *Massi- « liam* complétement et même par abréviation. »

Je persiste à penser, avec sir James Millingen, avec Honoré Bouché, avec Pontanus, qu'il faut lire *Mamillaria*, surnom de la ville d'Arles, sur le milliaire, dont l'inscription indique le point de départ, mais non la destination, qui reste à découvrir.

Cette destination était sans doute vers l'Espagne: j'adopte à cet égard l'opinion de Bergier, liv. III, chap. XXXIV et XXXV de l'*Histoire des grands chemins de l'Empire*. Voici ses expressions:

« Le chemin jusqu'aux Gades va, sinon toujours
« de droite ligne, au moins du milieu en l'extré-
« mité en biaisant, suivant la nature et situation
« des lieux. Vous trouverez ce chemin par les
« parcelles qui en suivent dans l'itinéraire d'An-
« tonin, savoir: de Rome à Arles, par les Alpes
« maritimes; d'Arles à Narbonne, de Narbonne à
« Carthage en Espagne, de Carthage à Caslona-
« la-Veya, de Caslona à Malaca et de Malaca aux
« Gades qui tiennent les extrémités occidentales du
« monde, de l'Europe et de l'empire de ce côté-là. »

Le même historien des *Chemins de l'Empire* nous suggère (pag. 489) le motif pour lequel le milliaire d'Arles vers l'Espagne a reçu le n° 1.

« Comme donc Milan, ayant reçu », dit-il, « un
« chemin de Rome, le distribue en plusieurs bran-
« ches; ainsi se trouvent en Espagne, en la Gaule
« et ailleurs des cités grandes, lesquelles, ayant
« reçu un chemin de Milan ou d'ailleurs, le par-
« tagent, par après, en plusieurs membres, etc. »

La voie Aurélienne arrivait à Arles: 1° en suivant le littoral maritime et en se subdivisant sur ce littoral en deux branches : l'une passait par Eyguières, Saint-Rhemy (*Glanum*), Saint-Gabriel (*Ernaginum*); l'autre par *Massilia Græcorum* (Marseille), *Calcaria* (Carri) et *Fossæ-Marianæ* (Foz);

2° Une autre branche de la voie Aurélienne conduisait à Arles de Milan, par les Alpes Cottiennes, en passant par Apt (*Apta Julia*), Oppède (*Fines*), Cavaillon (*Cabellio*), Saint-Rhémy (*Glanum*) et Saint-Gabriel (*Ernaginum*).

La voie *Aurelia* avait au reste plusieurs lignes d'embranchement : une ligne de Salon allait à Aureille, et a donné évidemment le nom à cette dernière commune; comme, aux environs de Marseille, le bourg de Septèmes en a dérivé le sien (*septem millia*). — Voyez d'ailleurs sur les itinéraires la *Statistique des Bouches-du-Rhône* et un mémoire spécial de M. Toulousan sur la partie de l'itinéraire maritime.

Arrivée à Arles, la voie Aurélienne se prolongea, avec les conquêtes des Romains, successivement en Languedoc et finalement jusqu'à Cadix.

Arles même, avant que le préfet du prétoire y résidât, était un point central de correspondance pour toute la Gaule. Arles avait ses Champs-Élysées où sa *Nécropolis*, qui s'étendait des deux côtés de la *via Aurelia* et où gisent encore les ruines des monuments funèbres. Une ligne de navigation, décrite dans l'*Itinéraire maritime* d'Antonin, s'étendait de Rome jusqu'à Arles; le port de Fréjus (*Forum Julii*) fut construit pour la station de la flotte destinée à assurer cette ligne et le commerce maritime.

Le milliaire d'*Auxiliaris*, conservé au musée d'Arles, fut évidemment placé par ce préfet du prétoire, sous le règne de Théodose et de Valentinien, sur la prolongation de la voie Aurélienne d'Arles à Cadix. La voie Aurélienne, partie de Rome, se terminait à la métropole d'Arles, et de cette métropole on comptait le premier milliaire d'Arles à Cadix. Deux ramifications de cette voie conduisaient sans doute à Marseille (*Massiliæ Græcorum*), centre commercial; ces ramifications, l'une terrestre par Saint-Rhemy (*Glanum*), l'autre maritime par Foz (*Fossæ-Marianæ*), indiquées par les itinéraires antiques, ont été tracées par M. Matheron, géomètre du cadastre, dans la géographie ancienne de la *Statistique du département.*

Sous la domination romaine, Arles était devenue le centre des opérations politiques, militaires et commerciales des conquérants, qui avaient reconnu les avantages de la position de cette ville, assise sur les rives du Rhône, non loin de l'embouchure de ce fleuve dans la mer Méditerranée, alors plus voisine de la cité, placée entre l'Italie, siége de la puissance romaine, et les Espagnes, dont la richesse, les métaux, les troupeaux, avaient fixé l'attention des Romains qui avaient également colonisé cette péninsule, où de beaux monuments antiques, tels que l'aqueduc de Ségovie qu'on attribue à Trajan et qui depuis près de dix-neuf siècles remplit sa destination, le pont d'Alcantara sur le Tage, de six arches inégales dont l'élévation est de 175 pieds 8 pouces au dessus du niveau ordinaire de l'eau et la longueur de 576 pieds 11 pouces, le cirque de Tarragone, dont on porte les dimensions à 1,100 pieds de longueur, attestent leur passage.

L'édit de l'empereur Honorius, de l'an 418, adressé à Agricola, préfet des Gaules, siégeant dans la ville d'Arles et convoquant à Arles la fédération administrative des sept provinces du midi de la Gaule, ne constate-t-il pas, par les dispositions les plus expresses, la facilité de communication des sept provinces avec la ville d'Arles et les voies de terre et de mer qui aboutissaient à cette capitale de la Gaule méridionale : ROMA GALLULA (1)?

---

(1) Les historiens fixent à l'an 435 du Christ la préfecture d'*Auxiliaris* et la date de la colonne milliaire dont l'inscription, ci-dessus transcrite, a donné lieu à des controverses sans fin. — *Voy.* Saxius, *Misc.*, tom. IV, pag. 193; — Montfaucon, *Antiq. expl. suppl.*, tom. IV, pag. 116. — Grutter, 159, VIII; — Spon, *Misc.*, pag. 166; *Don.*, cl. XI, pag. 108; — Muratory, 467, V; — Maffey, *A. Gall. sel.*, pag. 35; — Orell, *Inscriptionum latinarum selectarum collectio*, tom. II, pag. 75, n° 3330.

VI.

LE CIRQUE ROMAIN, L'OBÉLISQUE ET LE MITHRA.

Les colons romains introduisirent à Arles, avec leurs mœurs et leurs coutumes, les jeux du cirque : ils appelaient cirque ce que les Grecs nommaient stade ou hippodrome.

Le cirque romain d'Arles a complétement disparu.

On ne peut cependant douter de son existence, puisqu'elle est constatée par l'obélisque transporté sur la place de l'Hôtel-de-Ville, par le piédestal des bornes ou *meta* et par le *Mithra*, conservés au musée lapidaire, et qui décoraient le cirque d'Arles avant sa destruction.

Jean Raybaud, avocat, mort le 15 avril 1572, et qui a fait sur le cirque d'Arles une dissertation manuscrite, pense que *ce cirque fut apparemment détruit, vers la fin du Ve siècle, par la rivière du Rhône, qui fit irruption dans l'endroit où il avait été construit et même beaucoup plus avant.*

Les fouilles ont justifié les conjectures de Jean Raybaud. Le cirque était situé hors la ville d'Arles, à environ 400 pas de la cité, du côté du midi et assez près du Rhône. Sa longueur s'étendait du levant au couchant; il occupait des terrains renfermés aujourd'hui dans le bassin du canal d'Arles à Bouc vers l'écluse de *prise d'eau.*

En effet, les monuments du cirque ont été extraits précisément de cette localité.

1º L'obélisque, toujours placé au milieu de la *spina*, fut découvert en 1675, gisant dans le limon du Rhône, dans le jardin de la dame Bourgarel veuve Deloste, à la Roquette, non loin du bassin du canal d'Arles.

2º La statue mutilée de MITHRA fut découverte en 1598, en creusant pour établir les fondations du moulin à eau appartenant aujourd'hui à M. de Jessé-Charleval, à l'embouchure du canal de Crapone et vers la prise d'eau du canal d'Arles creusé en 1831.

3º A la même époque (1598), on découvrit aussi des constructions romaines qui se rattachaient au cirque. Le pont de l'*Amulette*, qui sert de passage en dessous du moulin, paraît aussi se rattacher à un système de constructions antiques.

4º Dans ces derniers temps (1831), en creusant le bassin du canal d'Arles à Bouc, on a découvert sur les mêmes localités des tombeaux en pierre calcaire, des fragments de colonne, deux pavés en mosaïque d'un travail très commun, sans dessins, qui paraissent avoir servi de fonds de baignoires : nouvelles découvertes, il faut en convenir, dont on ne peut tirer aucune induction relativement au cirque; mais son existence est suffisamment prouvée par l'obélisque, le *Mithra* et le piédestal qui portait les trois bornes.

Les Barbares ont détruit tous les cirques, et leurs formes ne nous sont connues que par les travaux des savants artistes, tels que Raphaël Fabretti et M. Paris.

On peut consulter, en outre, le *Dictionnaire historique d'architecture* par M. Quatremère de Quincy, et le *Dictionnaire des antiquités* par M. Monge, v° *Carceres in circo*, v° *Cirque*, surtout l'*Explication des planches* (ii° partie, pag. 240), où la disposition et l'usage de ces sortes de monuments sont très clairement indiqués. D'ailleurs, la mosaïque représentant une course de chars, découverte à Lyon en 1806 par M. Artaud et expliquée par ce savant qui l'a publiée in-folio, a fait cesser les difficultés, en mettant sous les yeux une représentation figurée des antiques courses de chars.

A Arles, il n'existe pas même des ruines pour indiquer l'emplacement du cirque.

Celles du cirque de Caracalla à Rome prouvent au moins que ce cirque présentait un demi-cercle, au milieu duquel est la porte principale, les extrémités se prolongeant en deux ailes.

Peu après le point de centre du demi-cercle, commençait un massif appelé *spina*, épine.

Sur le plan de l'ellipse étaient une porte et six *carcères* ou barrières, devant lesquelles les chars étaient rangés.

« La *spina* était », dit Monge, « un massif de
« maçonnerie qui faisait la corde du segment cur-
« viligne formé par le cirque. Douze voûtes le par-
« tageaient en douze espaces séparés, semblables
« à des prisons, d'où lui vient le nom de *carcères*.
« Douze portes fixées à une même détente s'ou-
« vraient à la fois, au signal de celui qui présidait aux
« jeux, et laissaient sortir les cavaliers et les chars.
« Les *carcères* étaient peintes, comme le dit Ennius:

Spectant ad carceris oras, quà mox emittant pictis faucibus currus.

A quelques pas de chaque extrémité de l'épine et sur la même ligne, un piédestal portait trois bornes que les conducteurs de chars apercevaient des *carcères*.

L'empereur avait sa loge appelée *mœnianum*.

La place des consuls et des sénateurs était au *podium*.

D'autres personnages de distinction occupaient les tours, quelquefois construites au nombre de cinq.

Le peuple remplissait indistinctement le demi-cercle et les ailes, assis sur neuf rangs de gradins.

Ces constructions étaient très considérables; on aurait peine à concevoir que le cirque d'Arles eût aussi complétement disparu, s'il n'était évident qu'il a été détruit dans les guerres du moyen âge, et prouvé que les débris ont servi à réparer les remparts de la cité.

Les seuls vestiges de ce cirque parvenus jusqu'à

nous, sont : l'obélisque, le *Mithra* et le piédestal qui supportait les *meta*.

L'obélisque et le *Mithra* étaient également consacrés au soleil, à qui les cirques étaient dédiés.

Les jeux commençaient toujours par la *pompe*, cavalcade en l'honneur du soleil.

L'obélisque du cirque d'Arles est d'une couleur grisâtre; il a quarante-sept pieds français de haut; il n'a pas été taillé dans les carrières de l'Orient ou de l'Egypte. Plusieurs écrivains ont imprimé, et avec raison, « que c'est peut-être de tous les monolithes « de granit, le seul qui n'ait reçu aucun signe « hiéroglyphique sur ses faces, et dont le granit « soit sorti des carrières de France. Il fut taillé « dans une carrière de l'Estérel, d'où l'on tira aussi « des colonnes qui ornaient autrefois le théâtre » d'Arles et peut-être celui d'Orange. »

Cet obélisque décore depuis la place de l'Hôtel-de-Ville. En visitant ce beau monument du siècle de Louis xiv, nous dirons les vicissitudes que les diverses révolutions ont fait subir, même à la dédicace et au *pyramidion* du monolithe.

Le torse de *Mithra* est certainement le marbre le plus ancien, le plus rare, le plus curieux du musée, quoique ce marbre soit incomplet et mutilé : il manque la partie inférieure et la tête.

Découvert en 1675, les consuls d'Arles l'achetèrent, en 1723, au prix de 27 liv. 14 sols tournois. **Nous décrirons ce marbre en visitant le musée** lapidaire où il est conservé, ainsi que le piédestal qui portait les bornes du cirque, piédestal pris mal à propos pour les bornes elles-mêmes.

De ces diverses antiquités, débris du cirque romain, la plus importante est certainement le torse de *Mithra*, dont la tête, brisée par les chrétiens, n'a jamais pu être retrouvée.

Etait-ce la tête d'un épervier, symbole du soleil, auquel cet oiseau était consacré chez les Egyptiens, à cause de l'élévation de son vol et de la hardiesse de ses regards, consécration que prouve, d'après les monuments de l'antique Egypte, M. Champollion jeune dans le *Précis du système hiéroglyphique des anciens Egyptiens*, chap. v.

L'origine du culte de *Mithra* doit être cherchée dans la Perse, où ce dieu était adoré comme le pouvoir générateur, conservateur, purificateur et défenseur de la société humaine contre les pervers.

Ouvrages à consulter : 1° MITHRIACA, les *Mithriaques*, mémoire sur le culte solaire par M. de Hammer (1833);

2° *Recherches sur le culte de* Mithra par M. Félix Lajard (1825);

3° Le travail très étendu sur le même culte du docteur Frédéric Creuzer, dans son ouvrage allemand *sur les religions de l'antiquité* et les notes de J.-D. Guigniaut, son savant traducteur (1825).

VII.

LE MUSÉE LAPIDAIRE.

Dis te minorem quod geris, imperas :
Hinc omne principium, hùc refer exitum.
Di multa neglecti dederunt
Hesperiæ mala luctuosæ.
   HORACE, Carm., lib. III, od. IV.

Gloriæ majorum.

Au moment de visiter le musée lapidaire, puissent ces restes d'une civilisation effacée nous rappeler sans cesse qu'au milieu des ténèbres du paganisme, l'antiquité avait reconnu que la stabilité et le bonheur des peuples sont subordonnés à leurs principes de morale et de religion !

Presque tous les marbres du musée d'Arles expriment des symboles religieux.

La ville d'Arles, très riche autrefois en monuments de l'art antique, a été successivement dépouillée; tandis que les capitales de l'Europe moderne dépensent des millions pour réunir des antiquités.

Les musées de Rome, de Paris, de Londres, de Naples, sont depuis long-temps célèbres.

Plus récente, la Glyptothèque, ou musée de sculpture de Munich, formée par le roi Louis de

Bavière, sous la direction de Léon von Klenze, son architecte et son ami, est cependant au rang des collections les plus précieuses; les fouilles de la Grèce l'augmentent même chaque jour.

L'Europe savante s'est enrichie des granits et albâtres égyptiens du consul-général Salt et du savant Belzoni, qui ont envoyé de Thèbes en Angleterre la fameuse tête colossale de Memnon, du poids de 300 quintaux. Burchkhart et Champollion ont rapporté, l'un en Angleterre, l'autre en France, des antiquités de l'Arabie, de l'Egypte et de la Nubie. Les musées de l'Europe conservent les bronzes de Dodwel, les marbres d'Egine, les métopes du Parthenon, que le canon turc aurait depuis long-temps pulvérisées si lord Elgin ne les avait enlevées. Les vases de Pompéi, les tables d'Héraclée et tant d'autres monuments, que seraient-ils devenus sans les musées?

Oui, les musées rapetissent l'art antique, mais ils sont indispensables pour conserver.

Il fut un temps où le musée d'Arles occupait tout l'espace de la cité et se trouvait partout : dans les rues, dans les places, dans les églises, dans les maisons et jusque dans les champs (1); mais qu'en

---

(1) En 1836, des colonnes antiques de granit, debout sur les quais du Rhône, servent à l'amarrage des navires.... Un cippe de marbre élevé par des affranchis à leur patrone et dont l'inscription fruste laisse déchiffrer le mot *Colliberti*...., est employé comme borne à l'angle de l'hôtel Barrême, etc.

est-il résulté? l'enlèvement ou la dégradation des monuments.

De 1804 à 1808, des forbans en antiquités ont enlevé à la face du soleil, de nos rues et de nos places, les marbres et les granits pour les transporter par la voie de la mer à Marseille, par celle du Rhône à Lyon, pour en trafiquer.

Sans insister sur une spoliation aussi honteuse que l'autorité ne tolérerait plus, avant 1789, le conseil de l'hôtel-de-ville d'Arles n'avait-il pas aliéné de beaux marbres antiques par des dons volontaires? Générosité sans retour et sans réciprocité.

Où sont les mille tombeaux de nos Elysées? Où sont les statues de nos anciens dieux grecs et romains? Dispersés dans les musées de Paris, de Lyon, de Marseille, ou perdus dans des collections particulières.

Le musée de Paris possède la Vénus d'Arles, donnée en 1651 à Louis XIV, qui la fit placer dans la galerie de Versailles; le torse de l'empereur Auguste, donné par le conseil municipal en 1821, avec le beau tombeau représentant le mythe allégorique de *Prométhée enlevant du ciel le feu sacré*.

Le musée de Lyon conserve avec soin le fameux tombeau antique sur lequel est sculptée la chasse de Méléagre, don que la ville d'Arles fit en 1640 au cardinal de Richelieu, alors archevêque de Lyon.

Le musée de Marseille a reçu d'autres tombeaux.

Avant 1789, on avait, à Arles, transformé en musée les ruines de l'église de Notre-Dame-des-Grâces ou des Champs-Elysées, pour y réunir les monuments antiques. Nous devons à cette idée la conservation de la plupart des restes de ces monuments parvenus jusqu'à nous; ils sont aujourd'hui transférés dans l'église de Sainte-Anne, monument gothique mauresque qui sert de musée lapidaire. Un conservateur, homme de savoir et de goût, M. Huart, assure à nos enfants la transmission de ces précieux débris.

Les antiques n'y sont pas classés systématiquement. Si les localités le permettaient, on devrait les disbribuer en six classes:

1º Les monuments du théâtre antique;

2º Les monuments du cirque;

3º Les autels votifs, que les antiquaires nomment plus exactement pierres votives, véritables *ex voto* du paganisme;

4º Les tombeaux, soit payens, soit chrétiens; les cippes à inscriptions et à portrait, les lacrymatoires, les lampes funèbres et, en général, tout ce qui se rapporte au culte des Mânes;

5º Les monuments des voies romaines;

6º Toutes les autres antiquités ou fragments d'antiquités.

Tel est l'ordre dans lequel cette notice va, non décrire, mais indiquer sommairement les antiquités du musée d'Arles.

I.

Les statues et monuments trouvés à diverses époques dans les ruines du théâtre antique sont indiqués dans la description déjà faite des ruines de ce théâtre; il suffit de répéter ici que ces statues, ces bas-reliefs, ces fragments de marbre les plus précieux, ces serpentines, ces granits, continuent à être conservés au musée, dont ils forment le principal ornement.

Les deux chefs-d'œuvre statuaires du musée sont véritablement la tête de l'empereur Auguste, découverte en 1834, et une autre *tête de femme sans nez*, donnée par les fouilles de 1823.

Cette dernière est considérée généralement comme une tête de déesse, quoique aucun attribut ne caractérise la divinité.

Des fractures au bout des oreilles indiquent qu'on a arraché les pendants, légère mutilation qu'ont également subie la Vénus de Médicis et celle de Milo découverte en 1820.

La couleur du marbre indique, d'ailleurs, que la matière avait reçu jadis ces préparations encaustiques usitées dans l'antiquité, mais dont le secret est perdu aujourd'hui, et qui ont si puissamment contribué à défendre les marbres antiques des injures de l'air et de l'humidité.

Un nouvel examen, au moment d'écrire cette

note, me porte à croire que cette tête est vraisemblablement ce que les maîtres de l'art appellent une *figure iconique*, c'est-à-dire le portrait de l'impératrice Livie, épouse d'Auguste, mais sculpté dans le beau idéal : lumière ardente dans les arts, dont l'éclat pur et sublime, quoique austère, comme la poésie homérique, frappe nos sens, mais que la parole ne peut définir.

La statue de Vénus découverte en 1651, et transportée alors à la galerie de Versailles, était renversée devant les deux colonnes encore debout.

La *tête sans nez*, chef-d'œuvre antérieur à la corruption de l'art grec, a été retrouvée dans les fouilles de 1823.

Si l'on suppose que cette tête est celle d'une grande divinité, ce monument aurait donc été consacré à deux divinités différentes en même temps, ce qui n'est pas dans les usages de l'antiquité.

C'est également dans les fouilles du théâtre qu'on a trouvé successivement, en 1787 le torse, et en 1834, la tête colossale de l'empereur Auguste en marbre blanc, admirable de travail. Il est donc vraisemblable qu'on avait réuni dans le même monument (le théâtre) les statues de l'empereur Auguste et de l'impératrice Livie, son épouse. Les deux têtes ne sont-elles pas également l'une et l'autre dans le beau idéal ? toutes deux, sans aucun symbole de divinité et d'une époque où presque tous les empereurs et toutes les impératrices avaient des statues (1)?

Cette conjecture est d'autant plus vraisemblable, que les têtes de Livie portent en général le diadème et le voile par derrière; or, la *tête sans nez* du musée d'Arles a au dessus du front un trou, qui paraît avoir été fait par le sculpteur pour recevoir ces ornements, symboles d'une femme à la fois impératrice et grande-prêtresse, qui sont sculptés ainsi sur la tête de Livie en marbre trouvée à Rome dans la vigne du cardinal Alexandre Albani. A Arles, les ornements durent être enlevés ou détruits au moment où la statue fut renversée.

On ne sait pas, en général, que la belle tête colossale en marbre blanc de l'empereur Auguste, trouvée en 1834 dans les fouilles du théâtre, appartenait au torse donné en 1821 par le conseil municipal d'Arles au musée de Paris; alors on supposait que ce torse était celui d'une statue de Jupiter mise en pièces. Il est aujourd'hui démontré que ce torse est précisément celui de la statue d'Auguste, puisque la tête d'Auguste découverte en 1834 s'y adapte parfaitement. M. Huart, conservateur du musée d'Arles, a vérifié à Paris, que dans les deux fragments l'endroit de la cassure correspond.

(1) Cependant la tête la plus récemment découverte, évidemment portrait d'Auguste, est, il faut en convenir, d'un style inférieur à la tête de Livie et moins dans le beau idéal.

Le musée de Paris, d'ailleurs si riche, ne devrait-il pas rendre au musée d'Arles le torse? La statue, alors complète, deviendrait l'un des plus précieux marbres de notre musée.

II.

LES MONUMENTS DU CIRQUE.

Ce cirque était situé hors de la ville d'Arles, à environ 400 pas de la ville antique, du côté du midi et assez près du Rhône. Sa longueur s'étendait du levant au couchant; il occupait des terrains renfermés aujourd'hui dans le bassin du canal d'Arles à Bouc, vers l'écluse de prise d'eau. C'est dans le voisinage qu'on a découvert successivement:

La statue mutilée de *Mithra*, sans tête et sans pieds, monument mithriaque, l'unique que possède la France, qui remonte à la plus haute antiquité. Les légions romaines l'apportèrent dans les Gaules; il décorait le cirque, dont on croit avoir découvert des vestiges dans les restes du soubassement d'un édifice romain, en creusant, en 1831, le bassin du canal d'Arles à Bouc.

Il manque à ce marbre mutilé et brisé, indépendamment de la tête, la partie inférieure qui devait contenir trois constellations zodiacales: le CAPRICORNE, le VERSEAU et les POISSONS.

Les neuf autres constellations sont sculptées en relief dans les compartiments formés par les plis du serpent qui enveloppe le torse.

La tête du *Mithra* d'Arles n'a jamais pu être retrouvée, malgré les recherches les plus actives. Elle fut sans doute détachée ou détruite, lorsque les évêques chrétiens renversèrent dans Arles les idoles du paganisme.

Ce marbre fut découvert, ainsi brisé, en 1598, en creusant pour établir les fondations d'un moulin, à peu de distance de l'ancien cirque romain.

Les consuls d'Arles achetèrent, en 1723, le torse de *Mithra*, qui ne portait alors aucune inscription. On plaça postérieurement sur le piédestal celle-ci : Esculapii simulacrum, à cause de la célébrité d'Esculape serpentiforme. A cette époque, le culte de *Mithra*, dieu-soleil, était peu connu, et on crut trouver dans ce marbre un symbole d'*Esculape serpent*.

L'erreur est cependant difficile à excuser, parce que les signes du zodiaque, sculptés en relief sur ce torse, ne se retrouvent dans aucun des nombreux monuments qui représentent Esculape et se rapportent évidemment à des formes symboliques de l'astre du jour, à un Dieu-soleil.

J'ai signalé cette méprise en 1834. Avant moi, Millin l'avait reconnue et remarqué que l'inscription à Esculape était dans un encadrement, ce qui le portait à présumer qu'on en avait gratté une autre qui occupait le champ de la pierre, pour y substituer celle-là, dont il donne la copie, tom. III du *Voyage dans le Midi*, pag. 503. Ce *Mithra* est figuré planche XXXVI, n° 5 de son *Atlas*. Millin, ce nous semble, a défini avec exactitude que ce *Mithra* est le *soleil considéré comme le Dieu vivifiant de la nature et le ministre du créateur*, et que, dans le marbre d'Arles, *le serpent, par ses circonvolutions, est l'emblême de l'année réglée par le cours du soleil, qui semble s'avancer en serpentant dans l'écliptique.*

M. le conservateur du musée a, depuis 1834, fait disparaître cette inscription; il aurait pu y substituer celle du Mithra de la *villa borghèse* : Deo soli invicto Mithræ.

L'obélisque qui décore la place de l'Hôtel-de-Ville et du Musée fut découvert en 1675, dans un jardin, non loin du bassin actuel du canal d'Arles à Bouc : il était gisant et couvert par le limon du Rhône.

Quelques-uns croient retrouver des fragments des *metæ* ou bornes du même cirque, dans le massif circulaire placé au fond du musée, massif dont les sculptures figurent une course de chars. Ces fragments réunis, et qui pouvaient appartenir à plusieurs bornes, puisqu'il y a plusieurs profils dans les ajustements des ornements, ont été découverts en 1825, pendant les premiers mois de la mairie de M. de Chartrouse, dans la démolition d'un avant-corps des remparts de la cité, vers la porte de Laure, où il paraît qu'après la destruction du cirque, les *metæ* avaient été transportées pour être employées comme pierres à bâtir. Heureusement on ne les avait pas brisées, mais enchâssées dans le rempart.

III.

LES AUTELS VOTIFS.

Le musée en possède plusieurs.

Les anciens élevaient ces sortes d'autels partout et pour des causes très différentes.

Ils sont dédiés aux dieux supérieurs ou inférieurs, lorsqu'ils présentent d'un côté un vase sacré et de l'autre une patère (1).

Le plus remarquable de ceux du musée d'Arles est celui consacré *à la bonne déesse*, découvert en 1758 dans les substructions d'un ancien temple payen devenu, dans le ve siècle, l'église Notre-Dame-de-la-Major.

L'autel porte cette inscription :

BONAE DEAE.
CAIENA. PRISCAE. LIB. ATTICE.
MINISTRA.

A la bonne déesse, Caiena Attice, affranchie de Prisca et ministre de la déesse.

(1) Gori, II-2, pag. 256.

Les sculptures sont :

Sur le flanc droit, un vase sacré ou préféricule, dont la panse est décorée de branches d'olivier en relief;

Sur le flanc gauche, une patère, dont le centre présente en relief une tête virile sans barbe, mais surmontée de deux cornes de bélier en forme de volutes (1), symbolisant le soleil dans ce signe du zodiaque : soleil du printemps, dont la chaleur féconde la terre, ce qui explique naturellement la réunion sur cet autel votif des symboles de Cybèle et de Jupiter Ammon, c'est-à-dire de la *terre* et du *soleil* qui la féconde. En général, dit Monge (2), *le soleil adolescent était représenté sous les formes de l'âge viril, avec des cornes de bélier; c'était le Jupiter Ammon de Thèbes et de la Lybie.*

Dans les sculptures latérales de l'autel à Cybèle de notre musée, la tête de Jupiter Ammon, symbolisée par des cornes de bélier en forme de volutes, à la vérité manque de barbe; mais le sculpteur a pu omettre cet attribut, afin d'indiquer le *soleil adolescent*, c'est-à-dire à l'équinoxe du printemps : les cornes de bélier sont évidemment

(1) La figure 6, planche XXVIII, de l'*Atlas* de Millin, présente une inexactitude dans la forme et la position des cornes. Sur l'original les cornes de belier sont en *forme de volutes*, tandis que le graveur de Millin les a figurées en *forme de anse*.

(2) *Dictionnaire des Antiquités, Explication des planches,* planch. x, fig. 4.

une allusion au signe du zodiaque le Bélier, dans lequel le soleil était placé à l'équinoxe du printemps; ce qui arriva environ 300 ans avant l'ère vulgaire. Dans les superstitions dérivées de l'antique Egypte, il faut ainsi remonter souvent à des allusions astronomiques. La science des astres est venue de l'Orient.

Sur la face principale de l'autel du musée d'Arles, en dessous de l'inscription, une couronne de chêne entoure deux oreilles ornées de pendeloques.

Ces oreilles désignent que l'autel a été consacré aux *oreilles de la bonne déesse*. Gruter (1) rapporte une inscription dont les sigles sont *Auribus* B. D. D.; il les explique ainsi : Auribus bonæ deæ dicavit. Suivant Jules Capitolin, Alexandre Sévère consacra deux perles pour les oreilles de Vénus : *auribus Veneris eos dicavit*.

Mais quelle était cette *bonne déesse*? Etait-ce Cérès ou Cybèle?

Jusqu'à ce jour j'avais adopté l'opinion commune qu'à Arles la *bonne déesse* était Cérès; mais je commence à douter. Je lis dans Grégoire de Tours (2) que les habitants d'Autun et d'Arles étaient, comme ceux de Lyon, attachés au culte de Cybèle, adorée aussi sous le nom de Rhée, de la Grande mère ou de la Terre.

---

(1) *Thesaur. inscrip. Gruvii*, 89, 6.
(2) *In vitâ. s. simplic.*, pag. 958.

Sulpice Sévère, le disciple et l'historien de saint Martin, l'apôtre des Gaules, rappelle la coutume des payens de porter la statue de Cybèle sur un char autour de leurs champs et de leurs vergers, s'imaginant que cette superstition y attirait la fécondité.

Le culte de Cybèle était étroitement uni au culte de *Mithra*, dont un symbole mutilé atteste, au moins, l'introduction à Arles.

Sous ces divers rapports, l'autel à la *bonne déesse* me paraît aujourd'hui se rapporter plus vraisemblablement au culte de Cybèle qu'à celui de Cérès.

La couronne de chêne est un symbole de Cybèle, à qui cet arbre était consacré, comme les roses à Vénus, l'olivier à Minerve, le laurier à Apollon, etc.

Les arbres consacrés ornaient presque toujours les autels votifs : le musée d'Arles en conserve plusieurs exemples.

Chez les anciens, dans la peinture et la sculpture surtout, en ce qui concerne le culte et les divinités, rien n'était arbitraire; tout, et principalement les attributs, était ordonné d'après des notions constantes et généralement suivies : il n'est pas un détail des bronzes ou des marbres antiques qui n'ait son explication dans la science de la symbolique payenne.

Les dieux mythologiques étaient eux-mêmes des personnages symboliques et fictifs. — Voyez les infatigables *recherches sur Jupiter* par M. Eméric

David, membre de l'institut (1). Ce savant propose de définir l'archéologie, la connaissance de la religion des anciens dans ses rapports avec les arts; il constate qu'un respect religieux dans les monuments de l'art antique conserve partout les mêmes attributs aux mêmes divinités. Ce que l'Inde et l'Egypte exprimaient par des monstruosités, la Grèce l'exprimait par les attributs divers de ses élégantes figures. — Voyez aussi le grand ouvrage du docteur Frédéric Creuzer sur les *Religions de l'antiquité*, considérées principalement dans leurs formes symboliques et mythologiques.

Les anciens exprimaient par des symboles jusqu'à la destination des lieux. Ainsi, sur les bords du Danube, aux bains de Mehadia, un voyageur français, en 1836, est parvenu à lire plusieurs inscriptions antiques, notamment celle-ci : HYGIÆ ET VENERI, à la santé et au plaisir.

La couronne de chêne de cet autel votif exclut donc positivement Cérès et annonce le culte de Cybèle, car le chêne n'était consacré qu'à Jupiter Dodonéen et à *Rhea* ou Cybèle, suivant Apollodore, IV.

D'ailleurs, le culte de Jupiter et celui de Cybèle étaient étroitement unis.

La couronne de chêne entoure, sur le marbre d'Arles, *la tête invisible de la bonne déesse*, dont les lois sacerdotales ne permettaient pas de repré-

(1) Deux vol. in-8º, Paris 1834. — *V.* Champollion-Figeac.

senter la face sacrée, mais dont la présence est cependant symbolisée par les *deux oreilles*, qui expriment que la déesse a entendu et exaucé les vœux ou la prière de sa prêtresse *Caïena*, qui, comme monument de reconnaissance, lui dresse cet autel votif.

A Athènes, cette *bonne déesse*, Rhée ou Cybèle, était appelée *Porte-vase* (suivant Athénée, le Varron des Grecs, dans les *Dipnosophistes*, liv. 1), parce qu'elle était ordinairement représentée avec un vase dans la main ou appuyée sur un vase ; on peut donc expliquer encore de cette manière le vase qui décore le flanc droit.

Ainsi tous les attributs de ce beau marbre s'expliquent naturellement en le rapportant au culte de Cybèle, et on ne peut le rattacher au culte de Cérès sans méconnaître le système, les idées et le sens mystérieux de la symbolique des anciens.

Des épis de blé avec des pavots, symbole de la fécondité, étaient les attributs ordinaires de Cérès: l'autel que nous décrivons ne les présente pas. Comment donc la méprise a-t-elle aussi long-temps duré ? Faut-il respecter une erreur, parce qu'elle est ancienne ? Cependant Millin, si habile dans l'explication de l'antiquité figurée, Millin l'a signalée depuis 1808 (1). Il rapporte cet autel au culte

---

(1) *Voy.* le chap. XCIV de son *Voyage dans le Midi* et pl. XXVIII, fig. 6, de l'*Atlas*.

de Cybèle; il décrit, au côté gauche de l'autel, la patère décorée d'oves rayonnants qui se réunissent à un centre commun, dans lequel il reconnaît une tête de Jupiter Ammon. Dumont s'est évidemment trompé en conjecturant, d'après les cornes de bélier et le défaut de barbe, que cette tête, au lieu de se rapporter au culte de Jupiter Ammon, d'ailleurs si étroitement uni au culte de Cybèle, ne devait être considérée que comme une simple tête de Faune.

L'antiquité élevait aussi des autels votifs aux dieux Mânes; et, sous ce rapport, les cippes, ornements des tombeaux, avaient souvent la forme d'autel pour recevoir les libations (1).

Les sigles D. M., pour Diis Manibvs, étaient une consécration à ces divinités infernales (2), en l'honneur de qui Rome célébrait tous les ans deux fêtes: les *Ferales*, le vii des kalendes de mars, où l'on portait des offrandes sur les tombes, et les *Lemurales*, le vii des ides de mai, mois des ancêtres, où l'on faisait des pratiques d'expiation.

Le musée possède plusieurs de ces autels dont les sculptures expriment le symbolisme soit payen, soit chrétien du moyen âge, époque pleine de sève et de vie.

(1) Cependant la divinité des Mânes n'était pas avouée universellement; elle était rejetée par quelques sages du paganisme, mais les peuples y croyaient, ainsi que les pontifes et les poètes.

(2) Toutefois l'usage des lettres D. M. subsista, même parmi les chrétiens, pendant les quatre premiers siècles.

Cerbère, symbole de la mort, est sculpté en relief sur le flanc de l'autel votif, consacré aux mânes de *Sempronia* (1), fille de Tertulle.

Le préféricule et la patère, symboles de consécration aux dieux, sculptés sur les flancs du cippe d'*Avilia*, sont des vestiges payens et décèlent une prêtresse.

Le christianisme se montre, au contraire, sur ce tombeau, sur lequel on a tracé le monogramme du Christ entre deux colombes, dont l'une porte l'*olivier de la paix de l'âme*, entre l'*alpha* et l'*oméga*, les deux lettres de l'alphabet grec symbolisant le commencement et la fin.

D'autres sculptures ne sont le plus souvent que des symboles de la profession, de l'âge, du sexe, ou des vertus, ou même des maladies du défunt.

Ainsi deux mains élevées vers le ciel, sculptées sur les tombeaux des personnes mortes fort jeunes, symbolisent une imprécation contre les dieux à l'occasion d'une mort aussi précoce.

Ainsi des pieds gravés sur des pierres sépulcrales désignent ordinairement un vœu d'actions

---

(1) Nous ne donnons pas le texte entier des inscriptions pour éviter les longueurs, et surtout parce qu'elles ont été déjà plusieurs fois imprimées, notamment par le P. Dumont, dans le *Recueil de toutes les inscriptions d'Arles antérieures au* VIIIe *siècle de l'ère chrétienne*, XXVII pages in-4º, 1787.—Millin, chap. XCIV du *Voyage dans le midi de la France*, tom. III, a également donné les plus remarquables d'entre elles (1808).

de grâces pour guérison de maux de pieds, tels que la goutte, etc., etc.

Quelquefois le portrait en profil du défunt orne la pierre tumulaire.

Tel est, au musée d'Arles, le sigle du tombeau de *Domitia Mutina.*

Le cippe de *Julia Servata* présente, d'un côté l'inscription funèbre, et de l'autre son portrait.

Sur le sarcophage de *Sextus Ælius Evitalis*, un niveau sculpté exprime-t-il la droiture du défunt? ou bien la profession d'architecte ou maçon? ou bien encore le niveau de la mort?

Un sarcloir sculpté sur le flanc droit est une invitation symbolique de sarcler les environs du monument, afin d'empêcher les broussailles d'en dérober la vue aux passants, d'en rendre la terre pesante sur la terre du défunt et de l'empêcher ainsi de descendre sur les bords du Styx : c'est la traduction par un sarcloir symbolique de cette formule attestée par des milliers d'épitaphes : *Sit tibi terra levis*, *que la terre du tombeau te soit légère.* L'épitaphe, comme le symbole qui la remplace souvent, indiquent des sépultures de payens, car ils attachaient un grand prix à ce culte des tombeaux. Les ronces, la mousse, le lierre, couvraient le sépulcre de ceux qui ne laissaient que des indifférents sur la terre, et l'on voyait pousser dessus des buissons d'épines et des figuiers sauvages.

Il faut s'arrêter quelques instants devant les monuments que voici.

Le sarcophage en pierre de *Julia Tyrannia*, remarquable par une inscription et par des instruments de musique, symbole de sa profession ou de ses goûts.

  IVLIAE LVC. FILIAE. TYRRANIÆ
   VIXIT AN. XX. M. VIII.
  QVAE. MORIBVS. PARITER. ET.
  DISCIPLINA. CETERIS. FEMINIS.
  EXEMPLO. FVIT. AVTARCIVS.
  NVRVI. LAVRENTIVS. VCXORI

Le beau tombeau de marbre de *Cornelia Jacæa*, décoré de belles sculptures, de têtes de bélier, de guirlandes de fruits. Une tête de taureau, une inscription concise, ornent ce magnifique tombeau, destiné sans doute à une prêtresse des faux dieux.

   D. M.
   CORNEL. IACÆÆ
  SIBI. VIVA. POSVIT
    HEREDES
  CONDENDAM. CV
    RAVER

Le cippe en marbre blanc de Calpurnie, fille de Marius, rappelle un grand souvenir historique;

son authenticité est contestée par quelques antiquaires. Voy. *l'inscription ci-après au § relatif au canal de Marius.*

Le cippe est certainement antique. Peut-être ne remonte-t-il pas au siècle de Marius; on n'y trouve pas le sentiment de la sculpture de cette époque, enfance de l'art romain, mais plutôt la pureté des formes qui caractérise le siècle d'Auguste.

Quant à l'inscription, M. Artaud de Lyon pense qu'elle est véritable, mais d'une plus haute antiquité que le marbre qui l'a reproduite et conservée. Dans son opinion, cette inscription a été transcrite à une époque plus récente que le siècle de Marius, sur un autel antique resté sans inscription. Cela ne serait pas sans exemple : on voit dans le musée d'Arles plusieurs sarcophages antiques dont les tablettes sont restées vides. Dans les carrières de l'Italie et de la Gaule, des artistes plus ou moins habiles façonnaient à l'avance des cippes, des tombeaux et d'autres monuments funèbres, dont, alors comme aujourd'hui dans les ateliers de sculpture, les tablettes restaient vuides jusqu'au moment de l'emploi. Le véritable cippe de Calpurnie a dû exister dans les environs d'Arles. Menacé de destruction, un riche Gallo-Romain aura voulu en conserver au moins l'image et le souvenir, en faisant transcrire l'inscription sur un beau marbre blanc; or, c'est ce marbre qui vraisemblablement nous est parvenu.

Une inscription touchante fixe l'attention sur le tombeau de Parthenope : c'est une mère désolée qui pleure sur la tombe de sa fille décédée à 27 ans.

D
O DOLOR. QVANTÆ.
LACHRIMAE. FECERE.
SEPVLCHRVM. IVL. LV.
CINÆ. QVE. VICXIT. KA.
RISSIMA. MATRI. FLOS. AE.
TATIS. HIC. IACET. INTVS.
CONDITA. SACXOO. VTINAM.
POSSIT. REPARARI. SPIRITVS. ILLE.
UT. SCIRET. QVANTVS. DOLOR. EST.
QVAE. VIXIT. ANN. XXVII. M. X. DIE. XIII.
IVL. PARTHENOPE. POSVIT. INFELIX MATER.
M

Une inscription non moins touchante est gravée sur le sarcophage de marbre de la jeune Chrysogone :

PAX. AETERNA
DULCISSIMAE. ET INNOCEN
TISSIM. FILIÆ. CHRYSOGONE. IV
NIOR. SIRICIO. QVAE. VIX. ANN. III
M. II. DIEB. XXVII. VALERIVS. ET CRY
SOGONE. PARENTES. FILLIÆ KARIS
SIMAE. ET. OMNI. TEMPORE. VI
TAE. SVAE. DESIDERANTISSI.
M. A. E.

Il ne reste que la frise et l'inscription du tombeau d'Hydria Tertulla et d'Æxia Æliana, tombeau dont les restes font regretter la perte.

Il convient aussi de donner quelque attention :

1° A l'inscription honorifique de *Cecilius Titius Pompeianus*, qui a dû être placée sur le piédestal d'une statue élevée au *forum*, par les citoyens d'Arles, à ce protecteur de leur cité (Dumont, n° 22).

De nombreux monuments publics en ce genre, parvenus jusqu'à nous, avaient été consacrés par les *cités* ou par les *municipes* en faveur des magistrats qui avaient bien mérité de leur patrie. En 1836, les fouilles de Todi ont fait découvrir un semblable monument, élevé par ce municipe à son patron *Q. Cecilius Q. F. Atticus. trib. mil.*

2° A celle sur un cippe profilé en marbre, élevé D. M. ET SECVRITATI OEMILIOE EVCARPIOE (Millin, III, pag. 491).

3° A celle sur un cippe pareil, gravée en l'honneur de son époux Paquius Optatus Pardala, qualifié membre du collège des prêtres Augustaux de la colonie d'Arles JVLIA PATERNA ARELATENSIS. Le surnom *Paterna* indique sans doute que la colonie d'Arles a été fondée par *Julius* le père, c'est-à-dire César, et non par *Julius* le fils, c'est-à-dire Octavius. Sur ces mots PATRONO FABRORVM NAVALIVM, Millin ajoute : *Il paraît qu'Arles avait des chantiers célèbres. Ce fut dans cette ville que César fit construire les vaisseaux avec lesquels il réduisit Marseille.*

4° A celle de deux sarcophages en pierre commune : l'un, élevé par C. PVB. BELLICVS, chef d'une corporation d'ouvriers en bois, à son épouse *Venucia Priscilla*, qui elle-même, de son vivant, avait contribué à préparer ce monument; l'autre, élevé à un autre chef de corporation dont le nom est désigné par les lettres Q. Cand. Benigni.

Ces inscriptions et beaucoup d'autres sont faciles à lire, mais elles ne présentent pas un intérêt historique assez général pour les transcrire ici : elles prouvent seulement l'existence de corporations d'ouvriers, d'utriculaires, de constructeurs d'aqueducs, etc., etc. Ces tombeaux, en grand nombre, n'ayant qu'un intérêt de localité et le plus souvent même d'individualité, de plus amples détails sont inutiles.

L'Ancien et le Nouveau Testament fournissent ordinairement les sujets gravés sur les sarcophages chrétiens :

Ici, *la Nativité de Jésus-Christ;*

Là, *Moïse recevant les tables de la loi;*

Sur un autre, *la Prédication de Jésus-Christ sur la montagne;*

Ailleurs, *le Sacrifice d'Abraham,* etc.

Ces exemples suffisent.

Sur chaque sarcophage plusieurs sujets bibliques sont sculptés simultanément. Quelques monuments encore, et nous terminons cette nomenclature de tombeaux qui peut paraître longue.

Un souvenir religieux s'attache au couvercle du sarcophage de saint Hilaire, évêque d'Arles, décédé le 5 mai 449. Ce couvercle, en pierre commune, n'a de remarquable que l'inscription indiquant qu'il a couvert les restes du saint.

SACRO
SANCTAE LE
GIS ANTESTIS
HILARIVS
HIC QVIESCIT

Une croix bouclée, une urne, deux colombes et un cœur entourent cette inscription : nous en faisons la remarque pour constater ces symbolismes chrétiens, que l'on retrouve, ainsi que l'*alpha* et l'*oméga* et le monogramme du Christ, sur le tombeau de CONCORDIUS, qui n'est pas *saint Concorde*.

Le sarcophage où sont représentés la cueillette des olives et un moulin à huile, *torcular*, indique la méthode des anciens pour la fabrication de l'huile. La meule tourne à l'aide d'un levier horizontal autour de l'axe perpendiculaire qui le soutient. Millin a fait graver ce tombeau (planch. LXI, n° 3, de l'*Atlas* du *Voyage dans les départements du midi*).

Dans une chasse sculptée sur le devant de ce troisième sarcophage, les antiquaires remarquent le costume d'un cavalier gaulois, dont le manteau serré ne descend qu'au dessus des genoux, vêtement porté de nos jours encore et sans changement dans les journées rigoureuses de l'hiver, sur mer par nos matelots, dans les plaines découvertes de la Crau par les gardiens de nos troupeaux, et que, dans l'idiome local, on nomme *caban* (1).

C'est ainsi que ces restes lapidaires peuvent nous servir à connaître les mœurs et les usages des temps passés.

La ville d'Arles possédait jadis en ce genre la plus belle collection connue de sarcophages chrétiens des premiers siècles; mais les plus remarquables ont été dispersés.

Les musées de Paris, de Lyon, de Marseille, d'Aix, d'autres musées ou collections particulières en ont reçu.

L'église de Saint-Trophime d'Arles en conserve trois :

L'un, servant de cuve baptismale, représente *des apôtres placés dans des niches et tenant chacun un livre ou rouleau*, sans doute les livres des Evangiles;

L'autre représente *le Passage de la mer Rouge par Moïse à la tête des Hébreux* : les flots commen-

---

(1) *Caban*, terme provençal, dérivé évidemment du primitif *caput*, nom latin, de la tête que ce vêtement enveloppe et protège efficacement. Arles conserve partout des vestiges de son antiquité. — A Constantinople un épais manteau se nomme encore *caban*. (*Correspondance d'Orient* par MM. Michaud et Poujolat, tom VI, pag. 258.)

cent d'atteindre et d'engloutir les chariots et l'armée du Pharaon qui poursuit le peuple de Dieu (1);

Le troisième est le tombeau de Geminus, administrateur des sept provinces, remarquable par la croix bouclée que porte l'un des apôtres. Millin l'a fait graver, planch. LXIX, n° 14.

Les autres ont été réunis dans le musée. Leur description complète serait inutile et trop longue. Il faut les voir.

Ces tombeaux ont été, en général, façonnés dans les carrières de l'Italie et de la Gaule, à l'époque de décadence pour les arts du dessin, après la conversion de Constantin. Le musée de Toulouse en possède de fort beaux (2). Le plus remarquable de ceux du musée d'Arles et le plus remarqué est celui qu'une tradition populaire, mais évidemment fausse, prétend avoir servi de sépulture à Constantin II. Au milieu est sculpté le monogramme du Christ entouré d'une couronne et supporté par une croix *qu'adorent deux soldats*, dont l'un, vêtu

---

(1) Un sarcophage offrant la représention du *passage de la mer Rouge*, et aussi provenant de la ville d'Arles, se voit actuellement dans la cour des *eaux thermales* de la ville d'Aix, où il sert de cuvette à la fontaine.

(2) *Voy.* la belle *Descrip... a du musée des antiques de Toulouse* par M. Alexandre du Mège, secrétaire-général de la société archéologique du Midi (1835). Dans ce bel établissement, riche en monuments antiques et du moyen âge, la disposition systématique des monuments est remarquable.

du manteau de guerre (*paludamentum*), représente, dit-on, Constantin au moment où lui apparut la croix miraculeuse; *les douze apôtres, revêtus de la tunique et du pallium, debout de chaque côté, regardent la croix.*

Parmi les dépouilles nombreuses des tombeaux que renferme ce musée, et qui se rapportent à une société si différente de la nôtre, il faut aussi remarquer :

1º Un masque funèbre en pierre calcaire qui décorait un tombeau, masque plein d'expression lugubre, les yeux hagards et la bouche béante. L'antiquité figurait quelquefois ces masques sur les pierres sépulcrales, quelquefois les renfermait dans les tombeaux, plus rarement les mettait au dessus. L'époque de celui-ci est incertaine.

2º Des urnes cinéraires de verre et de terre cuite, urnes fragiles, qu'ordinairement on scellait dans un mur nommé *massa* dans plusieurs inscriptions.

3º Des ossuaires récemment découverts, formés d'une pierre ronde préparée pour recevoir une urne sépulcrale avec un couvercle en pierre.

4º Une de ces larges dalles avec inscription que les anciens plaçaient sur les sépultures, et que les antiquaires nomment une table sépulcrale. *Mensa sepulcralis* (1).

(1) *Voy.* Grutter, *Inscript.*, 850-6. — Dans l'antiquité chrétienne ses tables sépulcrales servirent d'autels : *mensa Cypriani martyris*, dit saint Augustin, serm. CXIII, *De diversis*, cap. 2.

5° Des lampes sépulcrales de formes diverses, en bronze et en poterie, quelques-unes rares et remarquables.

Ces lampes brûlaient dans les sépultures et se rapportent au culte des Mânes et des tombeaux, culte perpétuel de la part des familles ou des amis du défunt.

Le culte des Mânes était la conséquence du dogme de l'immortalité de l'âme, que les anciens, au milieu des ténèbres du paganisme, n'ont jamais méconnu. Les preuves en sont partout : ainsi les rites payens avaient pour les défunts des *anniversaires* où l'on apportait à leurs tombeaux des libations et des fleurs.

Le jurisconsulte Modestin, qui florissait dans le troisième siècle de l'ère chrétienne, a conservé dans le fragment 44 du liv. XLI, titre IV, des Pandectes de Justinien, un exemple remarquable de ce culte des Mânes ou des tombeaux, culte auquel nous devons tant de lampes sépulcrales : la testatrice *Mævia* accorde la liberté à ses esclaves, nommés *Saccus*, *Eutychia* et *Irène*, sous la condition expresse « d'allumer à son tombeau, chaque « mois, alternativement, les lampes sépulcrales, « et d'y célébrer les solennités funèbres (1). »

---

(1) On peut consulter sur cet usage les *Antiquités du droit romain*, par Heinecke, liv. II, tit. 1er, § 4 : Heinecke, le meilleur guide pour l'étude du droit romain, et dont un savant modeste,

Le divin Virgile, dont les beaux vers ne sont ordinairement que le reflet des mœurs et des croyances du siècle d'Auguste, n'a-t-il pas proclamé l'immortalité des Mânes jusque dans les imprécations d'une reine outragée et d'une amante en fureur, Didon contre le religieux Enée empressé de la fuir.

> . . . . *Dabis, improbe, pœnas;*
> *Audiam, et hæc manes veniet mihi fama sub imos* (1).

Le matérialisme et le néant sont seuls des nouveautés.

6° Des lacrymatoires aussi en grand nombre.

L'opinion qui considère les lacrymatoires comme servant à recueillir des larmes n'est fondée sur aucun témoignage ancien : l'emploi de ces vases était de renfermer des baumes liquides, propres à arroser le bûcher ou la cendre des morts. On mêlait aux cendres des personnes riches des parfums nommés *opobalsamum*.

7° Des figurines en bronze représentant des symboles égyptiens, notamment Harpocrate, le dieu du silence; des bagues et d'autres bijoux de l'antiquité, et notamment un miroir antique de métal. L'ancienneté de l'usage des miroirs ne peut

---

M. Giraud, professeur de la faculté de droit d'Aix, popularise les ouvrages en France. — *Voy.* la *Gazette du Midi* du 17 février 1835.

(1) ÆNEIDOS, lib. IV, vers. 388.

plus être discutée, depuis que les fouilles faites en 1834 et 1835, dans le territoire et le voisinage de l'ancienne résidence de Porsenna, *Clusium*, capitale des Etrusques, aujourd'hui Chiusi, ont donné deux miroirs étrusques dont l'un est doré (1).

C'est également dans les tombeaux des Champs-Elysées d'Arles, cette vaste Nécropolis du Rhône sous la domination romaine, qu'on a trouvé la plupart des bijoux antiques de métal recueillis au musée d'Arles. Le lieu où ils ont été découverts prouve « que les anciens trouvaient une consola-
« tion à entourer les morts de bijoux et d'autres
« objets de luxe, à parer leurs tombeaux avec les
« ornements de la vie et à embellir leurs demeures
« souterraines avec les mêmes objets qui avaient
« embelli les demeures des vivants. » Observation judicieuse faite par M. Bunsen au sujet des fouilles de Chiusi, des vases et des miroirs étrusques, etc.

IV.

Les antiques voies romaines ont envoyé au musée quelques débris de colonnes milliaires. La plus remarquable est celle placée par *Auxiliaris*, préfet du prétoire des Gaules sous le règne des empereurs Théodose et Valentinien (*Voy.* le § v).

---

(1) *Bulletino dell'Instituto di corrispondenza archeologica*, n. III, di marzo 1836.

Cette belle colonne de granit, placée à l'entrée du musée, a été trouvée dans les ruines de l'abbaye de Saint-Césaire, abbaye construite sur les substructions d'un temple de Jupiter, dont cette colonne est un débris.

Celle-ci, en pierre calcaire plus petite et remarquable par l'inscription seulement, est celle érigée par le peuple d'Arles en l'honneur du grand Constantin, et dont l'inscription a été ci-dessus transcrite dans l'introduction historique.

On a réuni dans le musée un certain nombre d'amphores en terre cuite, dont il paraît que, sous la domination romaine, il existait des fabriques à Arles, sur les bords du Rhône, à l'extrémité de l'île de Camargue. Ces amphores, et encore plus la belle collection de lampes sépulcrales, donnent une idée du perfectionnement de la céramie des anciens, sur laquelle a écrit un savant distingué, M. Artaud, ancien directeur du musée de Lyon.

Le musée possède aussi quelques restes des antiques tuyaux de plomb trouvés dans le Rhône, et qui servaient à conduire, de la rive gauche sur la rive droite, les eaux de source pour la population et pour les *villa* des riches romains.

Ces eaux de source étaient amenées à Arles par un aqueduc antique qui traversait la Crau, et dont on voit encore des vestiges sur plusieurs points de cette partie du territoire.

Ces conduits en plomb ont été, il y a quelques

années, retirés du Rhône parfaitement conservés. Une inscription indique leur poids et le nom du fabricant:

C. CANTHIVS POHTINVS FAC.

Telles sont les antiquités les plus curieuses renfermées au musée d'Arles, plein de souvenirs payens et d'un passé détruit. Cette notice rapide, et par cela même incomplète, n'est destinée qu'à inviter les amateurs de l'archéologie à venir le visiter.

Ce musée est d'autant plus intéressant, que tous les monuments ont été découverts ou recueillis dans Arles même. A l'exception de Rome et de Paris, aucun musée lapidaire ne possède des marbres supérieurs, même comparables à la tête de femme connue sous le nom de *tête sans nez*, que je crois un portrait de Livie, à la tête d'Auguste et à plusieurs de nos autels votifs.

Ainsi ce musée est tout retentissant de grands noms et de grands souvenirs: ici, le cippe de la fille de Marius, le vainqueur des Cimbres; là, la colonne milliaire placée au *forum* d'Arles par le préfet des Gaules *Auxiliaris,* sous Théodose et Valentinien, sur la voie romaine que parcouraient les légions, pour de Rome se rendre à l'extrémité de l'Espagne; ailleurs, le tombeau de l'empereur Constantin II; ici, le couvercle du sarcophage de saint Hilaire, et au dessus de tout, comme chefs-d'œuvre de l'art antique, les portraits de l'empereur

Auguste et de l'impératrice Livie, sculptés dans le beau idéal par des artistes de la Grèce.

Le fond du musée est occupé par des plâtres moulés sur l'antique, copies du groupe de Laocoon, si bien décrit par Lessing, chef-d'œuvre admirable de trois sculpteurs grecs : Agesander, Polydore et Athénodore; de l'Apollon du Belvedère; de la Vénus de Milo, considérée généralement comme une Venus victrix; de la Vénus de Médicis, attribuée à Cléomène par M. Visconti; de la Vénus d'Arles; de la Diane chasseresse, du lutteur ou pugile, etc.

Si, dans cette description des antiques du musée lapidaire d'Arles, j'ai cru devoir m'écarter de plusieurs opinions long-temps admises, notamment en ce qui concerne :

1º La tête de l'impératrice Livie, considérée, jusqu'à ma note insérée dans la *Gazette du Midi* du 20 décembre 1836, comme celle d'une déesse;

2º Le torse d'Auguste, qualifié torse de Jupiter, même dans la délibération officielle du conseil municipal du 25 décembre 1821;

3º L'autel à la *bonne déesse*, Rhée ou Cybèle, que depuis 1758 on supposait être dédié à Cérès;

4º Le torse de *Mithra*, Dieu soleil, pris depuis 1723 pour celui d'Esculape serpentiforme;

5º La colonne milliaire élevée par le préfet des Gaules *Auxiliaris*, sous Théodose et Valentinien, prise par tous les archéologues, à l'exception de Bergier, pour le premier milliaire de la voie romaine d'Arles à Marseille ; tandis que ce milliaire me paraît être plutôt, conformément à l'opinion du savant historien des *Chemins de l'empire romain*, le premier de la prolongation de la voie Aurélienne depuis Arles jusqu'à Cadix.

Je n'ai fait, en donnant ces explications, qui sont d'ailleurs à mes risques, que remplir un devoir que m'impose l'honneur de participer aux travaux des sociétés archéologiques de Paris et de Rome, pour qui ces notices ont été principalement rédigées.

Par ce motif, j'ai dû passer sous silence quelques pierres qui ne méritent pas même d'être mentionnées: par exemple, cette prétendue Médée, grossière ébauche en pierre calcaire, dont la dénomination même est une vieille erreur, puisqu'après un examen attentif on reconnaît, par la pose des trois figures du groupe, et surtout par la direction des regards de la mère qui se portent, non vers les enfants, mais sur quelque autre objet dont les enfants paraissent avoir peur, que cette femme se prépare, non à égorger, mais à défendre les deux enfants effrayés, qui cherchent à se réfugier sous les plis de sa tunique.

Parmi les monuments de l'antiquité découverts à Arles et dont il nous faut amèrement regretter la perte ou l'éloignement, indépendamment de ceux déjà nommés, je ne puis me dispenser d'indiquer sommairement ici les plus remarquables.

1° L'épitaphe de Sofronius :

Hic jacet ambigua pietas dolor et pudor,
in se nomine Sofronius.

2° L'inscription païenne tracée sur marbre à côté d'un beau vase gravé en relief :

D. M.

AVILIAE GRATAE ALLITVS
AUG. LIB. UXORI. OPTVMAE

Cette inscription, conservée avant 1789 dans l'église de Saint-Trophime, a disparu lors des troubles civils.

3° Le sarcophage de marbre de CECILIA APRULA, *Flamine désignée.*

D CÆCILIÆ. D. F. APRULÆ. FLAM.
DESIGNATÆ. COL. DEA. AUG. VOC. M
Θ. ANNOS. XLIII. MENS. II. DIES. V
MARITUS. UXORI. PIISSIMÆ. POSUIT.

Dans cette inscription, le *thêta* des Grecs indique la mort : c'est l'initiale du nom grec ΘΑΝΑΤΟΣ. C'est une remarque à faire dans l'explication des inscriptions latines ; on y insère parfois une lettre ou un mot grec : en voilà un exemple. Le sarcophage de Q. Aristius Chresimus, dans le musée d'Arles, en fournit un autre exemple plus remarquable. L'inscription imprimée par Muratori (MCDXXXVI, 1) et par Dumont (n° 88) se termine par le mot grec ΕΥΠΛΟΙ, dont la traduction littérale est *heureuse navigation*, allusion évidente au passage de l'Achéron. Sur les restes d'un autre sarcophage, la barque de Caron est sculptée : symbolismes payens dont l'explication est facile.

4° Le sarcophage consacré à Flavius Memorius, comte de la Mauritanie, transporté au musée de Marseille par les ordres de M. Charles de Lacroix, alors préfet, et que Millin a fait graver (pl. LVI).

5° L'inscription piaculaire découverte en juillet 1693, dans les champs Elysées, sur une table de marbre qui a disparu.

Cette inscription était ainsi conçue:

```
     SAN. A. B. C. SAC. HOL.
     DIA. IN. TER. DEF. AMP.
     AREL. CAL. MAR. OLIM.
              III.
```

On peut lire plusieurs explications conjecturales dans le *Journal des Savants*, pour l'année 1694, tom. XXII, pag. 151.

La traduction la plus vraisemblable est celle-ci:
Sanitatis Auli Balbi causâ, sacrum holocaustum Dianæ in terrâ defodiuntur ampulæ Arelate, calendis martiis, olim tertiis.

Les derniers mots, *olim tertiis*, font sans doute

allusion au changement de calendrier, fait par Jules César, l'an de Rome 708, avant Jésus-Christ 45.

6° Le vase de verre découvert antérieurement à 1693; il est de la grandeur d'un pied et demi, et dans le fond est un carré sur lequel sont ces lettres:

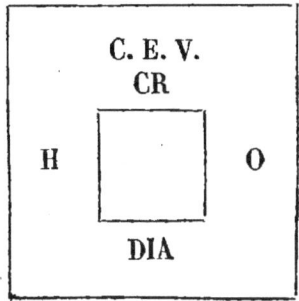

Ce monument a fait dire qu'à Arles, avant que le christianisme eût adouci les mœurs, on offrait à Diane des sacrifices humains; mais cette imputation n'est pas confirmée par l'histoire, et l'induction n'est pas logique, puisque, si le vase de verre découvert en 1693 renfermait vraisemblablement les cendres d'une victime offerte en sacrifice à Diane, cette victime pouvait être un quadrupède, et rien n'indique que ce fût un homme.

Sans doute Diane eut malheureusement des sacrifices humains en Tauride, à Naupacte, aux environs d'Aricie; mais cette Diane, dont les traits primordiaux sont le fétichisme, le culte au fond des bois, des convulsions frénétiques et de larges effusions de sang humain, est trop peu en harmonie avec l'élégante civilisation du siècle d'Auguste, pour qu'il soit permis de supposer qu'un tel culte ait été importé à Arles par les Romains. Il faudrait des preuves plus claires que le jour, et il n'en existe pas. La triste humanité est bien assez malheureuse de ses faiblesses, sans la flétrir encore par des crimes imaginaires.

6° En 1639, on a découvert dans le Rhône, près des murs du grand prieuré de Saint-Gilles, ordre de Malte, un tombeau antique en marbre avec cette inscription payenne :

D. M.
Liciniæ. magnæ. que. matronæ. Lucius.
Severus. t. Julius. Valentinus. t. Julia.
Valentina. fratres. t. Licinius. Rusticus.
C. leg. iii Aug. Maritus.

On croit que ce tombeau est encore dans le Rhône, à la même place, couvert par le limon ou par les eaux : les recherches, lors des basses eaux, n'ont rien produit.

Avant 1789, on conservait dans la chapelle de ce même grand prieuré une inscription latine curieuse, qui depuis a disparu :

Quidve boni maliye in isto condiderim orbe,
Omnia mors claudit et cunctis ultima res est;
Melchior ex stirpe Cossa fraterque vocabar:
Nunc me terra tenet et saxo claudor in isto.
Vixi annos LXXVIII. mens. VII. D. XVI.

Ce Melchior Cossa était sans doute de la famille de l'illustre napolitain Jean Cossa, sénéchal de Provence sous le roi Réné qu'il avait suivi en deçà des monts, et dont la sépulture est dans l'église de Sainte-Marthe de la ville de Tarascon.

7° Terminons cette liste de nos regrets en rapportant l'inscription du beau sarcophage de Servilius Marcianus, que les consuls d'Arles donnèrent, en 1640, à Alphonse-Louis Duplessis de Richelieu, archevêque de Lyon.

En voici l'inscription :

D
SERVILIO. MARCIANO C.
SERVILII. DOMITI. FILIO.
SACERDOTI. AD. TEMPLVM.
ROMÆ ET AVGVSTI.
ARELAT. PROVINCIÆ GALLIÆ.
M

En politique adroit, Auguste voulut que, dans la consécration des temples, on joignit son nom à celui de *Rome*, déesse peinte ordinairement sous les traits de Pallas, assise sur des armes, ayant des trophées d'armes à ses pieds, la tête couverte d'un casque et une pique à la main.

La perte de ce tombeau est d'autant plus pénible à Arles, qu'on ne connaît pas même l'emplacement de ce temple dédié à Rome et Auguste, dont Servilius Marcianus était le pontife. Si son tombeau était dans notre musée lapidaire, il en perpétuerait au moins le souvenir.

On l'a enlevé d'Arles, ainsi que le magnifique sarcophage de Flavius Memorius, remarquable par des sculptures symboliques : sur une face, un combat de deux centaures contre un lion; sur le revers, une urne cinéraire entre deux griffons; sur chaque petit côté, un sphinx.

L'inscription suivante indique que ce tombeau renfermait les cendres d'un *premier lancier de l'empereur, comte de la Mauritanie Tingitane*, dont les *fonctions*, la *prudence* et la *vigilance* sont indiquées par la réunion de ces monstres symboliques.

BENE PAUSANTI IN PACE. FL. MEMORIO
V. P. QUI MILIT INTER JOVIANOS ANNOS XXVIII.
PRO DOM ANN VI PRAELANCIARIS SPE...... PIS
ANN. III. COMES ANI COM MAVRET TINO ANN. III.
VIX AN LXXX PRAESIDIA CON DULCISSIMO.

Saxy en 1629, et Millin en 1808, ont expliqué, commenté cette inscription, et gravé le tombeau (1).

---

(1) En 1813, on a découvert à Milan une inscription avec le monogramme du Christ à la mémoire de M. Derdius, tribun militaire, comme Memorius, *inter Jovianos seniores;* et Labo a fait imprimer à cette époque une note savante sur cette *vieille garde impériale.* — *Voy.* sa dissertation, *Intorno alcun monum. ep. christiani*, p. m. 80.

VIII.

NUMISMATIQUE ARLÉSIENNE.

Les médailles furent la monnaie des anciens: on n'excepte de cette qualification que les *médaillons*, ainsi nommés à cause de leur grandeur et frappés par des motifs particuliers. Les meilleurs ouvrages sur la *numismatique* sont ceux d'Eckhel, *Doctrina nummorum veterum;* de Rasche, *Lexicon rei nummariæ,* et de M. Mionnet, récemment publié sous ce titre: *De la rareté et du prix des médailles romaines.*

La ville d'Arles a eu, sous les empereurs romains, ses triumvirs monétaires: ses coins antiques se trouvent encore, dans les grandes collections, dans la classe des médailles impériales romaines. Un quartier de la ville, nommé de nos jours encore la *Monnaie*, doit inévitablement cette dénomination à ce que là, sous les Romains et au moyen âge, était vraisemblablement situé l'atelier monétaire.

On n'a conservé en cette ville aucune des médailles de Constantin, que quelques antiquaires admettent avoir été frappées à Arles. Sous le rapport numismatique, le musée ne possède rien ; et cependant, à diverses époques, on a trouvé à Arles un grand nombre de médailles romaines impériales, dont il eût été possible de compléter la suite ; les collections particulières de MM. de Lagoy, Jacquemin et Veran les ont recueillies : on n'a conservé à l'hôtel-de-ville qu'un très petit nombre de médailles en bronze, découvertes récemment dans les fouilles du théâtre antique.

On lira, nous en sommes convaincus, avec intérêt la note suivante sur la numismatique arlésienne, qu'a pris la peine de rédiger, pour ces *Etudes statistiques*, M. le marquis Roger de Lagoy, l'auteur de la *Description de quelques médailles inédites de* Massilia, *de* Glanum, *des* Cænicenses *et des* Auscii, description pleine de recherches intéressantes, imprimée à Aix en 1834.

« *Sur la Numismatique arlésienne.* — Ce sujet « mériterait d'être traité avec étendue, et l'on « pourrait y joindre aussi la numismatique du « moyen âge ; mais je pense que cette note est « suffisante pour éclaircir ce que vous me de- « mandez.

« L'on ne connaît jusqu'à présent aucune mé- « daille autonome ou coloniale de l'ancienne ville « d'Arles. Je ne sais plus quel auteur (1) en avait « publié une coloniale, avec la légende Col. Arelat.

---

(1) Je pense que M. de Lagoy fait allusion ici à Golzi.

« Sextan; mais cet auteur ne fait pas autorité, et sa
« médaille n'existe dans aucun cabinet. Je ne puis
« croire cependant qu'une ville si ancienne et si
« importante n'ait pas eu une monnaie particulière,
« tandis que nous voyons que cet avantage était le
« partage de *Glanum*, des *Cænicenses* et d'autres
« lieux tout-à-fait obscurs en comparaison d'une
« des premières cités des Gaules. Le terrain s'est
« exhaussé considérablement à Arles depuis Cons-
« tantin, c'est ce qui arrive dans toutes les villes
« qui éprouvent des bouleversements : il est facile
« d'en juger par la profondeur des fouilles que
« l'on est obligé de faire au théâtre. Il n'est pas
« douteux que le terrain a dû aussi s'élever anté-
« rieurement jusqu'au temps de Constantin ; ce
« serait alors plus profondément qu'on ne l'a fait
« jusqu'à présent, qu'il faudrait creuser pour re-
« trouver le sol de la ville primitive, sur lequel
« gisent peut-être les monnaies de cette époque,
« que nous cherchons vainement ailleurs (1).

« Pendant la durée de la république et pendant
« les premiers siècles de l'empire romain (*Voy.*
« Eckhel, vol. vııı, pag. 518), c'est à Rome seu-
« lement que l'on continua de fabriquer toute la
« monnaie. Plus tard, lorsque les attaques des
« Barbares forcèrent d'entretenir des armées per-

(1) Cette conjecture de M. de Lagoy est justifiée par les médailles trouvées dans les dernières fouilles du théâtre antique.

« manentes sur les extrêmes frontières de l'empire
« et exigèrent souvent la présence des empereurs
« pour s'opposer à l'invasion, on sentit l'utilité
« d'établir dans les provinces des ateliers moné-
« taires plus à portée des lieux où le besoin du
« numéraire se faisait sentir. Ce qui, sans doute,
« hâta aussi l'adoption de cette mesure, est le danger
« que commença à présenter la réunion dans un
« seul lieu d'un nombre aussi considérable d'ou-
« vriers employés à la fabrication des monnaies.
« Effectivement, sous le règne d'Aurélien, tous les
« ouvriers réunis causèrent une sédition si vio-
« lente et si nombreuse à Rome, que, la garnison
« ordinaire n'étant pas suffisante, il fallut employer
« une armée pour en venir à bout par la force. Il
« paraît que l'établissement des hôtels des mon-
« naies dans les provinces date de cette époque,
« puisque c'est sur les médailles d'Aurélien que
« l'on commence à apercevoir les marques de la
« fabrication provinciale.

« L'on voit dans les *Notitia imperii* qu'Arles était
« une des six villes de l'Occident où résidait un
« intendant des monnaies (*procurator monetæ*).
« Tout porte à croire que cet établissement a été
« formé à Arles par Constantin, qui, comme on
« le sait bien, s'était plu à embellir et à enrichir
« cette ville à laquelle il avait donné son nom. Ce
« sont effectivement les médailles de Constantin
« et de Licinius, son collègue à l'empire, qui nous

« offrent pour la première fois le nom d'*Arles* en
« abréviation.

« Voici la manière dont l'hôtel des monnaies
« d'Arles est désigné sur les médailles des trois
« métaux de Licinius, Constantinus, Crispus,
« Constantinus Junior, Constans, Constantius II,
« Magnentius, Constantius Gallus, Helena, Jovia-
« nus, Gratianus, ainsi qu'on peut le voir dans
« Banduri, mais surtout dans Oeco. Après les
« empereurs que je viens de nommer, je crois que
« l'on adopta une autre manière pour désigner la
« fabrication arlésienne; mais cela nécessiterait un
« trop long développement.

« AR — ARL — PARL — P*AR — SAR. — S. AR
« S. ARL — S$_*$ARL — TAR — T. AR — ARL. r —
« Q. AR — Q*AR — Q. ARL — Sous Gratien OF.
« AR. S.

« Jobert (IIme vol., pag. 42), Mengeart (pag. 429)
« et Oeco (pag. 502) s'accordent sur l'explication
« de ces lettres, qui sont toujours placées à l'exer-
« gue du revers des médailles. Selon eux, P*AR
« PARL signifie P*ecunia* AR*elatensis* ou P*ercussa*
« (*moneta*) AR*elate*; — SAR S.ARL, S*ignata* (*mo-*
« *neta*) AR*elate*; — T.AR, T*ertia* (*officina*) AR*e-*
« *latensis*; — Q.AR, Q*uinta* (*officina*) AR*elatensis*.

« L'explication de ces savants ne me paraît pas
« satisfaisante, en ce qu'elle ne suit pas une marche
« uniforme, puisqu'elle sous-entend, tantôt un
« mot, tantôt un autre. Voici une explication plus

« simple et plus naturelle, que je m'étonne que
« l'on n'ait pas donnée. Je vous propose d'expli-
« quer les P. S. T. Q. qui précèdent l'abréviation
« du nom d'Arles par (*officina*) P*rima*, S*ecunda*,
« T*ertia*, Q*uarta*. La lettre numérale grecque г,
« dans ARL. г, désignera le 3me atelier monétaire ;
« OF. AR. S. sera OF*ficina* AR*elatensis Secunda*.
« L'on ne peut pas douter que, dans chaque ville
« monétaire, la fabrication était partagée en plu-
« sieurs ateliers ou officines. Eckel (VIIIme vol.,
« p. 151) cite les médailles de Valentinien, Valens
« et Gratien, sur lesquelles ces officines sont
« indiquées par OF. II—OF. III, etc., et encore
« de cette manière sur des monnaies frappées à
« Rome, R. P*rima* (*Roma prima officina*) R. S*e-*
« *cvnda* — R. T*ertia* — R. Q*uarta*. Voilà bien en
« toutes lettres, l'explication de nos abréviations.
« P. S. T. Q. Plusieurs villes de l'Orient ont dési-
« gné leurs officines par les lettres numérales
« A. B. Γ. Δ. »

Au reste, les monnaies qui portent la marque de la fabrication arlésienne ne sont pas rares : M. de Lagoy en possède plusieurs. Nous avons donné sa note sur la *numismatique arlésienne* sans y rien changer, parce qu'elle nous a paru renfermer tous les renseignements qu'il était dans le but de ces *Etudes statistiques* de réunir.

Je n'ajouterai que peu de mots à cette note de M. Roger de Lagoy.

Rasche, *Lexicon univers. rei num.* (tom. 1, col. 1069), cite une médaille de Caligula portant qu'elle a été frappée à Arles.

Col. Arelate Sextanorum.

Mais un savant étranger, sir James Millingen, a exprimé à son passage à Arles l'opinion qu'en ceci Rasche a été mal informé, et qu'il n'existe pas de médaille arlésienne de Caligula. J'adopte l'opinion de sir Millingen, parce que ce n'est qu'au siècle de Constantin qu'un atelier monétaire a été établi dans la colonie d'Arles : l'histoire, du moins, n'en fait pas mention avant Constantin.

On peut consulter à cet égard le chap. IV du liv. II des *Antiquités d'Arles* par Seguin (1687), et le bel ouvrage de M. Mionnet, *De la rareté et du prix des médailles romaines*, publié en 1827 (2 vol. in-8°).

Seguin et les historiens d'Arles citent comme la plus ancienne médaille arlésienne celle de l'impératrice Hélène, mère de Constantin le Grand, représentée avec un rameau d'olivier à la main et la légende *Securitas reipublicæ*; mais l'authenticité de cette médaille n'est pas même généralement reconnue.

Au contraire, on admet sans discussion celle des médailles arlésiennes de Constantin le Grand; de Fausta, sa seconde femme; de Crispus, son fils; de Licinius, son neveu; de Constantin le

Jeune, né dans Arles l'an de Rome 1069 (de Jésus-Christ, 316); de Constans, second fils de Constantin le Grand; de Constance, son troisième fils; des tyrans Magnence et Decentius, de l'empereur Théodose Ier et de l'empereur Avitus.

Celle de Théodose fut frappée dans Arles lorsque Théodose y fut reconnu empereur d'Orient et d'Occident.

Celle d'Avitus, très rare, fut frappée dans Arles lorsqu'Avitus y fut reconnu empereur, l'an 455 de Jésus-Christ.

Il est pénible de penser et de dire que la bibliothèque d'Arles ne possède aucune de ces médailles, dont quelques-unes sont rares et très recherchées. Telles sont :

1º Celle de *Flavia Maxima Fausta*, née à Rome, mariée à Constantin l'an de Rome 1063 (307 de J.-C.), étouffée dans un bain chaud par l'ordre de son mari, pour avoir causé la mort de Crispus, son fils d'un autre lit, en l'accusant faussement d'avoir voulu la violer (an 326).

2º Celle de Constantius II, moyen bronze, revers rare, suivant M. Mionnet (tom. II, pag. 275) :

Felicitas reipublicæ.

L'empereur, debout, en habit militaire, portant de la main droite une petite victoire sur un globe et tenant le *vexillum* dans la gauche; dans le champ F, à l'exergue S A R.

3º Celle de Constantin le Grand (tom. II, p. 228).

Virtvs Avgvsti. *Lion et massue*, à l'exergue TARL.

4° Celle de Magnentius Tyran, an 303 de J.-C. (tom. ii, pag. 282).

Gloria et reparatio temporvm.

L'empereur, debout, en habit militaire, portant sur la main droite une petite victoire et tenant le *labarum* (1) de la gauche : à l'exergue, PAR.

5° Celle de Constantin Gallus, couronné de lauriers : au milieu, une grande étoile ; à l'exergue, PAR (Mionnet, tom. ii, pag. 289).

Ces médailles et d'autres encore ont entièrement disparu d'Arles ; elles sont disséminées dans les collections des capitales de l'Europe, où on les reconnaît comme arlésiennes aux désignations suivantes : PAR, PARL, SARL, SAR, TAR (abréviations que les antiquaires expliquent ainsi : *percussa Arelate, populus arelatensis*, selon le P. Hardouin ; *signatus Arelate*, ou, selon le même auteur : *senatus arelatensis, tributum Arelatensium*).

---

(1) Le *labarum*, mot barbare : « C'était comme le bois d'une
« longue pique, couvert d'or, orné et traversé en haut par un
« autre bois qui formait une croix, des bras de laquelle pendait
« un voile tissu d'or et orné de pierreries. Au haut de la croix
« brillait une riche couronne d'or et de pierres précieuses, au
« milieu de laquelle étaient les deux premières lettres grecques
« du nom de Christ, entrelacées l'une dans l'autre. Au dessus
« du voile étaient les images de l'empereur et des princes, ses
« enfants. Cinquante de ses gardes, des plus braves et des plus
« pieux, furent choisis pour porter cet étendard (Dinouard). »

En voilà assez sur un sujet qui ne peut faire naître que des regrets inutiles; il est impossible de remplacer les médailles romaines qu'Arles ne possède plus. On n'a pas même conservé des restes matériels de la numismatique arlésienne au moyen âge, notamment les monnaies des rois d'Arles, dont le dernier fut Charles IV, empereur d'Allemagne, qui, le 4 juin 1365 (1), reçut la couronne d'Arles, dans l'église de Saint-Trophime, des mains de l'archevêque Guillaume de Gardia. Il voulut abolir l'usage de célébrer avec pompe dans la métropole d'Arles la *fête des Fous*, fête bizarre, puisque les enfants de chœur étaient aux hautes stalles, et les chanoines étaient à la place des enfants de chœur et remplissaient leurs fonctions; mais il n'y parvint pas, puisque la fête des Fous qui subsista à Aix, dans l'église de Saint-Sauveur, jusqu'en 1543, fut observée à Arles, suivant M. Fauris de Saint-Vincent, jusqu'en 1585; le concile d'Aix tenu à cette dernière époque en ordonna la suppression.

Anibert a fait graver, à la suite des *Mémoires historiques sur l'ancienne république d'Arles*, les sceaux de cette république ou des consuls de la cité et du vieux bourg d'Arles, les sceaux des chefs des métiers de la ville d'Arles, les sceaux des archevêques et du chapitre d'Arles au même siècle.

(1) *Vitæ paparum aveniensium*, Baluze, tom. I, pag. 985.

IX.

DESCRIPTION

DE L'ÉGLISE MÉTROPOLITAINE D'ARLES (1).

Au moyen âge les cathédrales étaient un symbole; elles traçaient, dans leur architecture et dans leurs sculptures, les dogmes, les mystères, les histoires de l'Ancien et du Nouveau Testament : elles représentaient tout le système chrétien.

Une haute pensée religieuse, plus élevée que celle des peintres et des sculpteurs, idéalisait les conceptions de l'architecte; son œuvre, toute d'inspiration et de foi, devenait, sous la direction immédiate des évêques, l'emblême visible du christianisme.

La passion du Dieu Sauveur étant à cette époque le principe de la littérature et des arts, la cathédrale devait être la représentation dans ses formes architecturales du sacrifice de la croix.

« L'édifice tout entier », dit M. Michelet en résu-

---

(1) *Voy.* l'*Essai historique et descriptif*, de M. Alexandre du Mège de Toulouse, *sur la cathédrale d'Arles*, qui fait partie de la collection publiée par M. Engelmann avec planches.

mant les écrivains ecclésiastiques, « l'édifice tout entier, dans l'austérité de sa géométrie architecturale, est un corps vivant, un homme : la nef étendant ses deux bras, c'est l'homme sur la croix, car la croix, c'est la couche du Christ; la crypte, l'église souterraine, c'est l'homme au tombeau; la tour, la flèche, c'est encore lui, mais debout et montant au ciel; dans ce chœur incliné par rapport à la nef, sa tête est penchée dans l'agonie et posée sur les genoux de sa mère, dont la chapelle, à dater du xie siècle, fut en général placée derrière le chœur. »

Toutefois ce n'est que successivement et par degrés que cette architecture symbolique des églises chrétiennes s'est développée, et qu'on a adopté la disposition crucificale, le sanctuaire dirigé vers l'Orient, la nef et les collatéraux.

La métropole d'Arles réunit tous ces caractères : pour la décrire la plume est insuffisante; elle ne peut peindre aux yeux, elle donne à peine la froide dissection des monuments.

Celui-ci a la forme d'une croix; sa longueur est de 78 à 80 mètres, sa largeur varie de 28 à 30, sa hauteur est de 20; le clocher en a 42, avec toutes ses dépendances, non compris le préau du cloître. Cette métropole occupe une surface de 2,400 mètres carrés.

L'exactitude de ces chiffres est garantie par des opérations mathématiques faites, le 20 avril 1833, par feu M. Nalis, ingénieur civil de la ville d'Arles.

Les piliers qui séparent les trois nefs, nus et quadrilatères depuis l'entrée jusqu'au maître-autel, deviennent gothiques et prennent la forme rhomboïdale dans le reste de leur étendue.

Les chapelles qui rayonnent autour des nefs latérales présentent les mêmes différences d'architecture : du côté de l'Evangile elles sont en ogive, et à plein cintre du côté opposé.

Ces constructions sont évidemment de siècles divers et doivent faire de cette cathédrale un objet d'étude pour les hommes de l'art.

Un clocher de forme quadrangulaire domine tout l'édifice; il est surmonté d'une croix placée à 42 mètres au dessus du sol de la place Royale. Cette place sert d'avenue au monument, auquel on montait jadis par de larges et beaux degrés de marbre, qu'on a eu le tort de remplacer par des degrés de pierre commune, mais qui sont d'un accès plus facile.

Cette église est contiguë et réunie aux restes du palais archiépiscopal. On regrette de ne pouvoir lire une longue inscription fruste dont on ne voit plus que les vestiges sur l'une des voûtes de ce palais au rez-de-chaussée, à l'extrémité de la cour, du côté du midi et qui conduisait jadis à la rue des Prêtres : cette inscription sans doute aurait donné quelques éclaircissements sur l'époque de la construction primitive de ce temple chrétien, époque qu'il est impossible de préciser. Les annales d'Arles laissent des incertitudes; les maîtres de l'art sont réduits à des conjectures.

La métropole fut d'abord dédiée à saint Etienne, premier martyr, et plus tard, en 1152, à saint Trophime, natif d'Ephèse en Ionie, disciple de saint Paul; Trophime, que la tradition de l'église désigne comme ayant prêché l'Evangile dans Arles, dès le premier siècle (1). L'époque précise de la fondation primitive est inconnue.

On l'attribue à l'archevêque saint Virgile, en 601 environ (2).

L'an 813, cette basilique, alors sous l'invocation de saint Etienne, existait certainement, puisque Charlemagne fit assembler à Arles, cette année, *in basilicâ Sancti-Stephani*, un concile général pour la réforme des églises (3).

En 1152, l'archevêque Raymond de Montrond y transféra les reliques du bienheureux Trophime, jusqu'à cette époque conservées dans la crypte de Saint-Honorat-des-Aliscamps.

L'apostolat de Trophime dans les Gaules et la

---

(1) On peut consulter sur cette tradition l'*Histoire de l'église gallicane* par Longueval, préface du tom. 1er ; la *Chorographie de Provence* par Honoré Bouche, tom. 1er, pag. 311, 313; l'*Histoire ecclésiastique* de Fleury, tom. 1er, pag. 159, tom. v, page 49, édit. in-4°, de 1750; Baronius, Pagi, *la Gallia Christiana*, etc., etc. — Chateaubriand l'adopte.

(2) Barali, *Chronologie de Lerins*, tom. 1er, pag. 89.

(3) Voy. *Conciliorum omnium generalium et provincialium collectio regia*, in-f°, tom. xx, pag. 382.

fondation de l'église d'Arles, née de ses prédications, offrent toute la certitude que peut donner l'histoire. Le pape Zozime, en le reconnaissant et en proclamant par ce motif la primatie de l'église d'Arles, dans sa première épitre aux évêques des Gaules de l'an 417, n'a fait que se conformer à une tradition universellement reconnue par l'église, même par les historiens profanes; tradition que ne doit pas ébranler une phrase échappée à la plume de Grégoire de Tours, historien d'ailleurs recommandable eu égard à l'époque d'ignorance où il écrivait, car, ainsi que l'avoue son biographe en reconnaissant qu'il a commis de nombreuses erreurs : *Un homme, quelque distingué qu'il soit, ne peut triompher de son siècle : l'outil a manqué à l'ouvrier.*

« Il est difficile », dit le plus savant historien de l'église d'Arles, dont les ouvrages sont manuscrits (Laurent Bonnemant, prêtre et chanoine de cette église, décédé dans sa patrie, après avoir émigré en 1793 (1), « il est difficile de fixer précisément « l'époque de la prédication de l'Evangile à Arles. « Il est arrivé à cette ville ce qui est arrivé aux « empires les plus célèbres. L'antiquité qui en fait

---

(1) Extraits des *Mémoires pour servir à l'histoire de l'église d'Arles et des prélats qui l'ont gouvernée, justifiés par les citations des auteurs originaux*, par Laurent Bonnemant, ecclésiastique de la même ville, tom. 1er, article *Saint Trophime*, pag. 20, manuscrit de la bibliothèque d'Arles.

« la gloire en a rendu l'origine obscure; mais on
« ne peut sans injustice refuser à cette église l'hon-
« neur d'avoir eu pour son premier fondateur un
« disciple même des apôtres. Des monuments res-
« pectables donnent cette qualité à saint Trophime :
« il semble d'ailleurs que ce ne serait pas se former
« une assez noble idée du zèle de saint Pierre et
« de saint Paul, que de croire que, pendant le
« séjour qu'ils ont fait à Rome, ils aient négligé
« une ville si distinguée et si voisine de l'Italie.

« Il faut cependant reconnaître que les monu-
« ments de l'histoire ne nous apprennent presque
« rien de certain touchant les combats et les con-
« quêtes de notre premier apôtre; la tradition de
« notre église sur les travaux de son fondateur
« pourrait y suppléer, si elle avait plus de certitude.
« Je fais profession de la respecter, cette tradition;
« mais comme je dois aussi respecter des lecteurs
« éclairés et ne rien avancer que sur des preuves
« solides, j'ai cru devoir..... (1). On en conclura
« que saint Trophime ne recueillit pas une abon-
« dante moisson, mais que la semence qu'il avait
« jetée, pour être long-temps à croître et à fruc-
« tifier, n'y devint dans la suite que plus féconde.

« Il est à croire que l'Evangile fut prêché à
« Arles dès le premier siècle de l'église : on peu

---

(1) Ces points sont dans le manuscrit original, écrit de la main du chanoine Bonnemant.

« d'éloignement de Rome donne lieu d'en être
« persuadé; mais, faute d'un assez grand nombre
« de missionnaires, celui des fidèles diminua insen-
« siblement, et la religion payenne, protégée par
« les empereurs et leurs lieutenants, empêchait le
« christianisme de se répandre. »

Jean-Marie Dulau, le véritable évêque de l'Evangile, le père du peuple d'Arles, premier martyr, immolé le 2 septembre 1792, à Paris, au couvent des Carmes de la rue Vaugirard, appelait, dans une lettre du 17 novembre 1791 adressée à tous les curés de son diocèse, l'église d'Arles *la mère et la fondatrice des autres églises* (1).

Voici, ce nous semble, comment cette cathédrale antique s'est successivement formée et allongée.

Elle dut être bâtie d'abord sur le plan des primitives égliges romaines, qui ne furent long-temps qu'une dérivation matériellement démontrée des basiliques et des thermes de l'ancienne Rome.

La forme de ces basiliques était, dans l'antiquité, celle d'un parallélogramme, avec un portique à chacune de ses extrémités.

Elles se terminaient par un hémicycle, séparé du reste de l'édifice par une balustrade ou par des colonnes : là était le siége des magistrats.

---

(1) *V.* les *OEuvres* de Jean-Marie Dulau, archevêque d'Arles, recueillies et publiées par Jacques Constant, curé de l'église de Saint-Trophime, 2 vol. in-8º, imprimées à Arles, 1816.

Les chrétiens adoptèrent naturellement cette forme pour la construction de leurs premières églises (1).

L'évêque s'assit au centre de l'hémicycle, à la place du juge.

La table de sacrifice, ou l'autel, fut placée entre

---

(1) On lit dans le numéro d'octobre 1,836 de la *Revue Britannique* un article, tiré du *Quarterly Review*, sur *la chute du polythéisme et de son influence sur les progrès du christianisme*.

Il y est dit que : «L'institution romaine lutta vigoureusement et « long-temps contre l'envahissement chrétien..... et Constantin « même, après l'adoption du christianisme, qu'il commença par « tolérer pour le favoriser ensuite, eut soin de ménager les Pères- « Conscrits et leur paganisme invétéré. S'il parle dans les édits « publics des rites anciens du polythéisme, c'est toujours avec « considération et décence : ce sont les *vieilles observances*, les « *solennités des temples*, *les coutumes solennelles des Gentils*. Ses « successeurs se montrent moins polis. La religion déchue n'est « pour eux que *l'erreur et la démence des anciens*, *le rit des* « *profanes*, *la superstition villageoise* (pagana), *l'impiété dam-* « *nable*, *la stupide erreur du vulgaire et des villageois* (paga- « norum). Constantin attaqua bien plutôt le paganisme par le « dédain et l'abandon que par des violences ; il sévit, non contre « les cérémonies sacrées du paganisme, mais contre la sorcel- « lerie, la devination, toutes les folies théurgiques que le paga- « nisme lui-même avait essayé de condamner. Sans renverser « les temples payens, il leur opposait la magnificence des temples « chrétiens. Ce fut lui qui consacra au culte du Christ la basi- « lique, ou salle de justice, sur le modèle et le plan de laquelle « toutes les églises chrétiennes ont été construites. Le patronage « impérial accordé par Constantin aux prêtres de la nouvelle loi « religieuse les plaça de niveau avec les ministres du culte « payen, mais non au dessus d'eux : malgré la haine que l'em- « pereur portait au sénat de Rome, à ses souvenirs, à son or- « gueil, il n'osa pas aller plus loin. »

l'évêque et le peuple : distribution des églises primitives qu'a retracée le sculpteur sur un des chapiteaux du cloître de Saint-Trophime, et qui de nos jours subsiste encore à Arles dans l'église antique de Notre-Dame-la-Major.

Il n'y eut d'abord qu'un autel dans chaque église : il était sans ornements; les tombeaux des martyrs servaient de tables de sacrifice (1).

Alors, en effet, les autels étaient construits comme une simple table, sans autres décorations que des croix gravées sur le marbre même. Cette table, placée en avant du siége de l'évêque et de ses acolytes, entre le peuple et les pontifes, rappelait l'institution de l'eucharistie et servait à poser les vases, les offrandes et surtout les espèces eucharistiques, d'un volume considérable dans la primitive église, puisque toute l'assemblée chrétienne devait participer à la cène et sous les deux espèces du pain et du vin.

Pour prévenir les accidents et la chute des espèces consacrées, la partie supérieure des autels était environnée d'un contour élevé de quelques pouces qui y retenait les pains et les vases eucharistiques, et, en cas d'accident, en aurait empêché la chute sur le pavé et la profanation.

Telle est la disposition du marbre antique qui

---

(1) *Mensa Cypriani, martyris*, dit en ce sens saint Augustin, serm. 113, *De diversis*, cap. II.

forme la table du maître-autel de Saint-Trophime, en dégageant cette table des ornements modernes. Cet autel était très anciennement, et jusqu'à l'agrandissement du chœur par le cardinal Alleman, placé au fond du sanctuaire (Duport, pag. 302).

On attribue à ce cardinal, archevêque d'Arles de 1421 à 1450, les constructions qui ont formé le chœur actuel, les collatéraux et les chapelles qui l'environnent : dispositions qui ont changé notablement l'édifice primitif, en remplaçant par ce chœur l'hémicycle de la basilique romaine.

Sur la voûte de la sacristie est gravé le chiffre 1655. Ce chiffre, que l'on retrouve aussi sur la voûte du grand grenier de l'ancien chapitre, indique des constructions faites sous MM. de Grignan, oncle et neveu, deux archevêques du même nom qui ont occupé le siége d'Arles depuis 1643 jusqu'à 1697.

Ces dernières localités faisaient partie du monastère des Chanoines, qui ne furent sécularisés qu'en 1484 : on présume que leur réfectoire était sur l'emplacement de la sacristie, et leurs cellules sur celui des greniers.

Le chiffre 1655, gravé sur les clefs des voûtes, fixe l'époque précise où ces localités changèrent de destination. Dans la chapelle actuelle de Saint-Genès, MM. de Grignan, auteurs de ce changement et fondateurs de cette chapelle, choisirent leur tombeau, où l'on voit encore leurs armoiries et leur épitaphe.

D'autres constructions sont dues à François de Mailly, leur successeur immédiat en 1697, le même qui posa, en 1703, la première pierre des nouveaux bâtiments du beau monastère des Bénédictins à Montmajor; le même qui, en 1709, fit fondre les châsses d'argent pour distribuer des secours aux pauvres. On attribue aussi quelques travaux à M. de Janson, qui le remplaça sur le siége d'Arles en 1711, lorsque M. de Mailly fut sacré archevêque de Rheims.

En 1768, M. de Grille, prévôt de l'église d'Arles, fit réparer (1) la chapelle de la Vierge, fermer la petite porte de l'église qui conduisait à la rue de *Cays*, où le portail extérieur subsiste encore avec les armes du chapitre. Cette porte introduisait dans ce qui est aujourd'hui la chapelle du Cœur-de-Jésus, jadis dite *de Guise*, qui renferme deux tombes remarquables, éveillant, comme les dalles funéraires du chœur, des souvenirs historiques.

La première a reçu momentanément les dépouilles mortelles du chevalier de Lorraine, mort au château des Baux, des suites d'une blessure occasionnée par l'éclat d'un canon tiré en signe de

---

(1) C'est le cardinal de Foix, archevêque et prince d'Arles, qui en 1462 fonda et dota cette chapelle sous le nom de Notre-Dame-de-Pitié. Ses armes à *deux vaches paissantes*, quoique frustes, sont encore visibles au point de départ des nervures des ogives.

réjouissance (1); la pierre qui en ferme l'entrée porte le chiffre 1614 et ces mots (2):

> *Semper erat meritis impar, data gloria sæcli;*
> *Cœlestem meritò contulit ergò Deus.*

L'autre dalle porte la date de 1566 et cette inscription :

IC. IASSET S. FRANCIISCUS DE RODULPHIS DE BERE EN PIEDMONT.

D'autres modifications, d'autres embellissements doivent avoir eu lieu avec le progrès du temps; mais ces constructions particulières, ces embellissements ne paraissent pas avoir influé notablement sur l'ensemble de l'édifice primitif : dès lors, il n'entre pas dans notre plan d'en parler.

Les orgues ont été construites en 1503, pendant l'épiscopat de Jean de Ferrier, né à Tarragonne en Espagne, célèbre par diverses légations, et à qui Louis XII donna la permission d'ajouter à ses armes une fleur de lis d'or. En construisant les orgues, on a mutilé une inscription très ancienne, difficile à lire et encore plus difficile à expliquer : on l'attribue à saint Virgile, archevêque du septième siècle. Duport, dans l'*Histoire de l'église d'Arles*,

---

(1) Mémoires manuscrits de Louis Romani à la bibliothèque d'Arles.

(2) C'est sans doute par erreur que l'auteur du *Guide du Voyageur dans Arles* place ce tombeau dans le sanctuaire (pag. 368).

transcrit les trois vers latins qui forment cette inscription aujourd'hui incomplète, et dit que le sens de ces trois vers est que la foi que saint Trophime a prêchée à Arles et dans les Gaules durera autant que le mystique Joseph, qui n'est autre que Jésus-Christ.

Voici le texte de cette inscription donné par M. de Rebattu :

TERRARUM ROMA GEMINA DE LUCE MAGISTRA
ROS MISSUS SEMPER ADERIT : VELUT INCOLA JOSEP
OLIM CONTRITO LETHEO CONTULIT ORCHO

M. de Rebattu, dans l'explication de ces trois vers, imprimée à Aix en 1644, a soin de faire remarquer que la réunion des lettres du commencement, du milieu et de la fin des lignes, forme les premières syllabes des trois mots : *Trophimus, Galliarum, Apostolus* (1).

Les tableaux sont rares dans cette basilique, et ceux qu'elle possède, tels que l'*Immaculée Conception* par Sauvan, tableau placé vis-à-vis la chaire,

---

(1) L'habile chevalier de Romieu a expliqué cette inscription en 1726 :

Pour l'intelligence de cette inscription, dit-il, il faut prendre la première lettre de chaque vers, T R O, qui font *Trophime;* et ensuite celles du milieu, G A L, qui font *Galliarum*, et enfin les trois dernières lettres, A P O, *Apostolus:* la lettre H du mot *Joseph* ayant été transportée dans le mot *orcho*, pour laisser la lettre P toute seule. Voici l'explication :

Trophimus, Galliarum apostolus, ut ros missus est ex urbe

et quelques autres, n'ont rien de remarquable. On y a transporté quelques marbres ; de nombreuses inscriptions latines indiquent la sépulture des archevêques, des dignitaires du chapitre, des chanoines, des bienfaiteurs.

On montre spécialement aux voyageurs :

1° Une *descente de croix* des premiers âges de la peinture, remarquable par le costume, qui est celui des Espagnols au xvime siècle : Nicodème est en fraise, et les saintes femmes ressemblent à des dames de la cour de Charles-Quint.

2° Les tableaux et les marbres qui décorent la chapelle de la Vierge, réparée en 1768 par les soins de M. de Grille, alors prévôt de l'église d'Arles, autorisé par délibération du chapitre du 1er mars 1768.

Le tombeau des prévôts est au passage : 1767 est la date inscrite sur le marbre tumulaire.

La statue de la Vierge, en marbre blanc, de grandeur naturelle, œuvre de Léonard Mirano,

---

Româ, rerum dominâ, geminâ de luce, scilicet Petro et Paulo, ecclesiæ luminaribus : contrito orco letheo, nempè statim post Christi passionem quæ dæmonis et orci caput contrivit, semper aderit, id est semper animas nostras nutriet cibo illius divinæ fidei quem nobis contulit, ut alter Joseph, qui olim Ægypti populum fame pereuntem liberavit.

Saint Virgile, auteur de cette inscription, archevêque d'Arles et vicaire apostolique du pape, y appelle l'église romaine la maîtresse du monde, contre les prétentions de celle de Constantinople, dont le patriarche avait pris avec hauteur le titre d'œcuménique et universel.

sculpteur de Gênes, arrivée à Arles en 1618, bénie en 1619 par l'archevêque Gaspard du Laurens: elle provient de Notre-Dame-de-Grâce ou soit Saint-Honorat, où elle était primitivement.

3° La *Lapidation de saint Etienne*, premier martyr, et l'*Adoration des Mages*, deux grandes toiles peintes par Finsonius pendant le même épiscopat.

Ce dernier tableau est dans la chapelle des Rois, en face du mausolée de l'archevêque Gaspard du Laurens, décédé le 2 juillet 1630, et dont on assure que le roi-mage qui regarde le spectateur est le portrait.

Les sculptures de ce mausolée, dressé en 1677, sont l'ouvrage d'un artiste d'Arles, Dedieu; elles représentent *la Charité* sous les traits d'une femme voilée allaitant deux enfants; des anges soutiennent l'écusson du prélat: ces sculptures ont été mutilées en 1793.

4° Un plus grand travail de sculpture, également en pierre de ces contrées, occupe le fond de la chapelle du Saint-Sépulcre, contiguë à celle de la Vierge.

C'est un *Christ mis au tombeau*. Le groupe est composé de dix personnages, la plupart revêtus de l'habit des religieux de saint Dominique, dont l'église, aujourd'hui détruite, possédait avant 1789 cette vaste composition. On voit que les sculpteurs ne se sont pas astreints à l'exactitude historique des costumes, sévèrement observée depuis par les élèves de David.

Le cardinal de Croze, archevêque d'Arles en 1381, avait fait construire cette chapelle sous l'invocation de saint Martial, son patron; le cardinal Pierre de Foix la décora, en 1450. On y voit encore le mausolée qu'il s'était fait préparer, et que plus tard Philippe de Lévis, cardinal et archevêque d'Arles de 1464 à 1476, s'était destiné; mais l'un étant mort à Avignon et l'autre à Rome, ce tombeau n'a pas reçu leurs dépouilles; aussi les écussons sont vides d'armoiries.

En face est le tombeau de Robert de Montcalm de Saint-Véran, mort en 1685, à l'âge de 43 ans, victime d'une fièvre contagieuse. Le mausolée avait autrefois cette devise : *L'innocence est ma forteresse.* Une inscription touchante exprime la douleur de Blanche de Châteauneuf, sa veuve inconsolable :

D. O. M. ET AMORI CONJUGALI SACRUM.
Mortuus est aliis, at mihi vivit adhuc.

L'Anthologie grecque ne renferme aucune épitaphe qui exprime une sensibilité plus profonde et plus délicate.

Le devant du tombeau est formé avec le marbre du tombeau chrétien de Geminus, administrateur des neuf provinces, décédé à l'âge de 38 ans deux mois, et à qui ses concitoyens, suivant l'inscription latine, ont donné cette preuve de regrets.

Millin et Saxy ont fait graver ce précieux sarcophage. Jésus-Christ est au centre, entre les apôtres saint Pierre et saint Paul, dont l'un porte une croix avec un anse, *crux ansata* (1), symbolisme chrétien de la vie future, désignée autrefois, selon Ruffin et Suidas, aux patriarches et aux Hébreux fidèles par cette *crux ansata*.

Au dessus de Jésus-Christ est son monogramme d'une forme particulière et extrêmement rare : c'est seulement un P traversé par une croix avec une anse, forme que l'on a trouvée aussi sur un sarcophage de l'église de Saint-Aquilin à Milan, qu'on croit être celui de *Galla Placidia*.

L'épitaphe a été sciée il y a long-temps, on ignore par quel motif; heureusement elle a été imprimée par Seguin en 1687, pag. 33; par Saxy, pag. 161.

VIR AGRIPPINENSIS NOMINE GEMINVS
HIC IACET QUI POST DIGNITATEM PRAESIDIATVS
ADMINISTRATOR RATIONVM QVI NOVEM
PROVINCIARVM DIGNVS EST HABITVS
HIC POST ANNOS XXXIIX. M. II. DIES SEX
FIDELIS IN FATA CONCESSIT
CVIVS OB INSIGNEM GLORIAM
CIVES SEPVLCHRALIA ADORNAVERVNT.

(1) Les divinités égyptiennes tiennent quelquefois à la main une *croix garnie d'une anse*, qui est la clef des digues et des canaux, l'emblème de l'inondation et, pour l'Egypte, suivant Caylus, Denon et Mongez, le signe du plus grand bienfait de la divinité; par ce motif, les peintres et les sculpteurs de l'Orient durent attacher ce signe allégorique à la croix de Jésus-Christ, gage de la vie future.

Avant 1789, ce bas-relief était incrusté dans l'église des Minimes, devant le maître-autel, en pierre commune et sans ornements, de la chapelle dédiée à saint Trophime. Millin l'a fait graver, pl. LXIX.

5º La chaire pontificale où l'on monte pour lire l'évangile, construite en 1781, de marbres choisis et mélangés, par Emmanuel Carvalho, sculpteur de Lisbonne : on assure qu'elle est presque en entier composée de marbres et brèches antiques tirés du théâtre. Les sculptures symbolisent les évangélistes. La chaire gothique, de simple pierre, qu'elle a remplacée, portait : *Hoc predicatorium fuit factum anno* M. CCCC. LX.

6º Une grande fresque peinte en 1768 par Visconti de Milan, représentant *saint Trophime préchant l'Evangile dans l'amphithéâtre et abolissant dans Arles le culte des idoles payennes, ainsi que les sacrifices humains*. Le peintre a représenté *la statue de Diane*, à laquelle on rapporte ce culte barbare, *et des mères en émoi, préoccupées de soustraire leurs enfants aux sacrificateurs*, dont la présence et la parole du saint évêque vont paralyser l'action. Il y avait autrefois contre ce mur le tableau de Finsonius.

A l'entrée de l'église on remarque, au côté de l'évangile, un tombeau gothique qui sert de cuve baptismale. Ce tombeau est surmonté de deux colonnes antiques d'ordre corinthien, de basalte noir, qui n'est qu'une lave refroidie. Les colonnes sont fort belles sans doute, mais peu convenablement placées; la composition, dans son ensemble, manque de goût.

Ces deux colonnes sont le reste d'un plus grand nombre qui ornaient le temple de quelque idole payenne, et qu'on avait découvertes près du presbytère de la Major. En 1565, le conseil municipal d'Arles, par une indifférence pour les arts qu'on ne saurait trop déplorer, donna à la reine Catherine de Médicis, régente pendant la minorité de Charles ix, huit colonnes semblables, des sarcophages de porphyre et d'autres antiquités, qui périrent dans le Rhône, près de Vienne, et qui y sont encore (Millin, tom. iii, pag. 504).

Du côté de l'épître est le mausolée de Jean viii Ferrier, natif de Tarragonne, archevêque d'Arles, décédé en 1521, et de Jean ix Ferrier, son neveu et son successeur, décédé en 1550. Ce mausolée se trouve actuellement dans une cour, depuis que la chapelle Saint-Jean est tombée en ruine.

Près du mausolée, une porte introduit dans le palais de l'archevêché.

Une statue colossale de *saint Cristophe portant Jésus enfant* est adossée au premier pilier; la matière et le travail n'ont rien de précieux. Elle a été érigée en 1677, aux dépens de la ville, en l'honneur de Christophe Pilier, avocat, consul et député de la ville auprès de Louis xiv, qui, après l'avoir entendu à Versailles, se retourna vers ses ministres et leur dit : *Je ne savais pas qu'il y eut encore des Romains dans Arles.* On voit sur le billot d'ormeau contre lequel Christophe est appuyé les armoiries de la famille de Pilier, qui sont *trois piliers* : Dedieu d'Arles en fut le sculpteur.

La sacristie est vide des richesses en argent, en or, en pierreries, en manuscrits, qu'elle possédait autrefois; la *sainte arche* en vermeil, ornée à l'extérieur de pierreries et renfermant les reliques de plusieurs saints et martyrs, a été fondue en 1793. On voit encore toutefois dans cette sacristie un modeste reliquaire en cristal, contenant une parcelle de la véritable croix, le portrait en pied du cardinal Alleman et le *pallium* de Jean-Marie Dulau.

Avant 1789, on conservait dans les archives de l'archevêché les originaux des divers conciles tenus à Arles; on y distinguait les seings et les cachets des prélats qui y assistèrent. On y possédait aussi des manuscrits considérables, et notamment celui nommé *la Bulle-d'or.* De ces manuscrits précieux pour l'histoire civile et ecclésiastique, Arles n'en possède plus un seul; tout a été transporté aux archives du chef-lieu du département, conséquence naturelle d'un système de centralisation qui a anéanti les communes (1).

(1) *Voy.* l'*Essai sur la centralisation administrative* par M. F. Béchard, avocat à Nîmes, 2 vol. in-8º, 1837, œuvre de talent et de conscience contre les inconvénients incontestables de la centralisation.

A droite de la sacristie, on monte, par un escalier de vingt-cinq marches, au cloître et dans les bâtiments qui formaient, dans l'origine et avant la sécularisation, le couvent des chanoines réguliers. Ce cloître fixe l'attention des voyageurs instruits et des artistes; il exige, ainsi que le portail et les substructions, un examen spécial.

LE CLOITRE.

Ce cloître, nous l'avons dit, est un véritable musée gothique : son analogie avec le portail est incontestable, puisqu'on retrouve dans les ornements des chapiteaux, des colonnettes et des entre-colonnements du cloître, comme dans les sculptures du portail, les histoires de l'Ancien et du Nouveau Testament, ainsi que les statues des évêques ou des saints protecteurs de l'église d'Arles.

Dans l'origine, le régime claustral modifié était appliqué aux prêtres et aux clercs attachés spécialement au service des cathédrales.

Le cloître de Saint-Trophime était celui du couvent des chanoines réguliers de Saint-Augustin, dont la règle avait été adoptée par le chapitre d'Arles en 1183, sur la proposition de l'archevêque Pierre Aynard, qui lui-même prit la robe blanche. Ces chanoines ne furent sécularisés qu'en 1489 par une bulle du pape Innocent XIII, pendant que le siége d'Arles était occupé par Nicolas Cibo, de Gênes, neveu de ce souverain pontife.

Les inscriptions tumulaires incrustées dans le mur claustral sont antérieures à cette sécularisation; leurs dates sont de 1181, 1183, 1212 et 1241, et relatives à des chanoines réguliers, dignitaires du chapitre, inhumés sans doute dans le préau carré qu'entourent les quatre galeries du cloître, suivant la distribution particulière à ces édifices. On cite ordinairement à ce sujet le préau du cloître de la cathédrale de Pise, de quatre cent cinquante pieds de longueur, tout de terre apportée de Jérusalem et prise au mont Calvaire par l'archevêque Ubaldo Lanfranchi, compagnon d'armes de Richard Cœur-de-Lion.

Les épitaphes du cloître d'Arles n'ont aucune importance, parce qu'elles ne se rapportent pas à des noms historiques, mais à des ecclésiastiques inconnus. Une seule observation est nécessaire : il faut savoir que Guillaume Boson, prêtre chanoine prévôt de Saint-Trophime, auquel se rapporte l'épitaphe de 1181, n'est pas un descendant de Boson, premier roi d'Arles, encore moins le roi Boson lui-même, et que la confusion que se permettent à cet égard les Ciceroni est une ignorance vaniteuse et dont les étrangers doivent sourire.

Le cloître de Saint-Trophime est d'architecture gothique, composé de cinquante arcades divisées en quatre galeries, mais construites à des époques diverses, puisque le style en est différent. Les douze arcades de la galerie du midi, ainsi que les quatorze arcades de la galerie du couchant et les voûtes correspondantes, sont en ogive; tandis que les douze arcades de la galerie du levant sont à plein cintre, ainsi que les voûtes correspondantes. Au centre des galeries, le préau carré a dix-sept mètres du midi au nord et dix-neuf mètres du levant au couchant.

En dehors du cloître est une cour, qu'il faut traverser pour y parvenir de la voie publique : le portail qui y conduit est surmonté, du côté de la cour, des armoiries du chapitre, un aigle impérial. La *Bulle-d'or*, conservée avant 1789 dans les archives du chapitre, assurait aux métropolitains d'Arles de grands priviléges, émanés des empereurs d'Allemagne, qui les avaient déclarés princes du saint empire, avec une souveraine juridiction et une couronne ducale sur leurs armes. Les chapiteaux sont ornés de figurines; les colonnes ont disparu.

A l'autre extrémité de la cour, un portail à plein cintre ouvre sur ce qui est aujourd'hui la voie publique, mais qui faisait partie du couvent avant la sécularisation des chanoines. Dans l'architecture de ce portail, les artistes reconnaissent les traces de ce goût romain-byzantin, qui nous vint de Byzance après la chute de l'empire d'Occident et qui cependant n'a jamais pu égaler en majesté religieuse les belles cathédrales du nord, et dont diverses parties de l'édifice de Saint-Trophime ont conservé les traces plus ou moins affaiblies.

Au reste, cette partie des localités a subi, depuis la sécularisation des chanoines en 1489, des changements qui ont dénaturé la disposition primitive des lieux. L'enceinte de leur couvent s'étendait, avant cette sécularisation, dans ce qu'on nomme aujourd'hui la rue des Prêtres, depuis le portail de la place de l'Obélisque jusqu'au Grand-Arc, à l'extrémité opposée de la même rue. Les maisons qui la bordent occupent l'emplacement du couvent, dont les restes d'architecture frappent encore les regards dans les maisons numéros 4 et 5, possédées par M. Henri Yvaren et par Mme. Grange. Les étrangers s'étonnent de voir dans ces habitations des restes mutilés d'architecture du moyen âge qui font disparate avec les constructions modernes; leur étonnement cessera en leur apprenant que ces localités dépendaient, dans l'origine, des vastes bâtiments d'habitation des chanoines réguliers de Saint-Trophime, sécularisés en 1489.

Leur salle Capitulaire subsiste encore: on y parvient en traversant le cloître; mais leur réfectoire et les autres dépendances de leur habitation, ayant depuis leur sécularisation changé de destination, constituaient, avant 1789, des greniers où le chapitre enfermait ses récoltes en céréales.

L'architecture de ce cloître est en général gothique. Les colonnettes et leurs chapiteaux sont de marbre blanc : les unes rondes, du plus beau marbre; les autres octogones, d'un marbre inférieur, peuvent avoir été prises sur un autre monument ou taillées plus tard. Les marbres sont de différentes espèces; une seule colonnette est en cypolin, quelques-unes sont en brèche, agrégat pierreux formé de fragments qui ont une origine commune avec la pierre qui les unit. A l'exception des feuilles d'acanthe qui appartiennent aux plus beaux temps de l'art antique, les sculptures sont en général médiocres, quelques-unes mêmes mutilées : on peut y étudier l'art au berceau et encore enveloppé de ses langes.

Malgré les dégradations et les mutilations, qui remontent à 1793, époque où cette belle basilique était sans culte, même sans pasteur, et avait été transformée en *temple de la Raison*, on reconnaît facilement les sujets du plus grand nombre des sculptures; en général tirés de la Bible. Le cloître de St.-Trophime est une nouvelle preuve qu'au moyen âge les peintres et les sculpteurs prenaient les sujets, pour l'architecture et la décoration des églises, dans l'histoire sainte et dans l'histoire ecclésiastique.

A gauche, en partant de l'entrée principale, côté de la cour extérieure, on remarque un autel à trois niches, vraisemblablement du seizième siècle, que l'on aperçoit des deux entrées principales : extérieure en venant du côté de la cour, intérieure en venant du côté de la basilique. Cet autel, lors des processions des chanoines dans le cloître, servait de station, et de nos jours encore il reçoit la même destination, lorsque la rigueur des saisons ne permet pas aux processions de sortir de l'église et les circonscrit dans cette enceinte. Alors les marbres reflètent la lueur des torches; l'écho des voûtes porte au ciel, en les répétant, les cantiques de Sion, et les pontifes, étincelants de pourpre et d'or, précédés du chœur des vierges cachées sous de longs voiles blancs, se montrent et disparaissent en longue file derrière les colonnes sveltes et légères du monument.

La galerie première en partant de cet autel (côté du couchant du préau), de quatorze arcades en ogive, fait face à la porte intérieure qui de l'église introduit dans le cloître. Cette première galerie commence par les statues en pied de saint Trophime et d'un apôtre : les sculptures sont du xime siècle, les pilastres revêtus d'arabesques. Une longue inscription en caractères gothiques sur le piédestal est, à l'exception des mots *obiit anno* M.CCC.LXXXVIII, difficile à expliquer, parce qu'elle se rapporte à un dignitaire peu connu, qui paraît être un doyen du chapitre, décédé à cette époque. La lettre entrelacée ou sigle, que croit entrevoir dans cette inscription l'auteur du *Guide* (pag. 385), nous paraît être l'A qui était en usage dans les inscriptions lapidaires des xe, xie et xiie siècles, et qui appartient au mot DECANUS.

Les chapiteaux des colonnettes de cette galerie présentent successivement en relief : sur la première, les têtes des douze apôtres, un lion et un griffon symboliques, la Vierge et saint Joseph; sur la deuxième, les tours de Jérusalem, l'ange Gabriel et la vierge Marie, c'est-à-dire *le mystère de l'Annonciation;* sur la troisième, au centre, la dernière cène de Jésus avec ses disciples, et, sur un des côtés, *sainte Marthe muselant un animal monstrueux et chimérique,* la tarasque, qui a donné son nom à une ville voisine, Tarascon, et dont l'image sculptée dans le cloître d'Arles prouve la haute antiquité de ces histoires fantastiques, merveilleux du moyen âge.

Cette tarasque est une espèce de tortue-dragon, que le jour de Ste.-Marthe une jeune fille mène à l'église enchaîné, pour qu'il meure sous l'eau bénite. Quelques écrivains ont cru y voir un symbole de la violence du Rhône, fétiche de la contrée au moyen âge, comme le Nil est celui de l'Egypte (1).

Sur la quatrième, *la fuite en Egypte de Marie et Joseph avec Jésus enfant;* sur la cinquième,

---

(1) On trouve dans de nombreuses légendes du moyen âge ces animaux apocryphes et fabuleux : leurs sources sont dans des peintures symboliques mal comprises par l'ignorance et la superstition populaires. Les *tarasques*, les *gaivres* et les *gémasques* ne sont que des allégories historiques qu'il ne faut pas confondre avec les animaux gigantesques, monstres antédiluviens, dont la plume savante de Cuvier nous a laissé l'histoire.

l'histoire de Samson, vainqueur du lion et lui-même vaincu par Dalila, *qui pendant son sommeil rase ses cheveux*; sur la sixième, *la lapidation de saint Étienne*, premier martyr et patron de l'église.

La galerie, côté du nord, conduit de la porte intérieure de l'église à la porte des salles du chapitre; à l'angle, le pilier est soutenu par un père de l'église en forme de cariatide et dont le nom n'est plus lisible. Le pilier a plusieurs panneaux, chaque panneau est composé de deux tableaux sculptés : sur la partie inférieure on a représenté les pélerins d'Emmaüs, leur table décorée de colonnes en relief que le temps a effacées; sur la partie supérieure, *les trois Maries portent des vases de parfum au tombeau du Christ.*

Un saint crossé est à l'angle; une inscription au bas indiquait son nom, elle n'est plus lisible; l'encadrement est formé par deux pilastres entourés de rinceaux.

L'autre panneau est également divisé en deux parties.

Le saint sépulcre est au centre; dans la partie inférieure, *les soldats préposés à sa garde sont endormis.* Un ange est sculpté des deux côtés du saint sépulcre, d'où s'élève, dans une nuée, la croix triomphante avec cette inscription : Sepulcrum Dni.

Sur le plan le plus élevé, *Jésus monte au ciel:* l'Ascension.

Le rinceau, ou enroulement de la frise, est en feuilles d'acanthe et entoure les quatre galeries.

La statue de l'apôtre saint Pierre, symbolisé par les clefs, touche à ce pilier et commence la galerie du levant. Les chapiteaux des colonnettes, ici encore, sont sculptés : sur la première, *la résurrection de Lazare*, dont le nom LAZARE (1) se lit avec netteté ; sur la deuxième, *le sacrifice d'Abraham*; sur la troisième, *les Israélites campés dans les plaines de Moab, bénis par Balaam des hauts lieux de Baal*. La scène est caractérisée par l'ânesse de Balaam et par une tour avec cette inscription : ISRAEL. Un pilier supporte immédiatement trois figures de saints, dont l'une est remarquable par les sandales et la besace, symbole des ordres mendiants.

Sur la sixième est figurée *l'apparition du Seigneur à Abraham dans la vallée de Mambré* : Abraham porte sur ses épaules à Sara, dont le nom est lisiblement gravé, le veau gras destiné à ses hôtes. Sur la septième, on distingue *un homme tenant un livre ouvert* sur lequel est écrit PAULUS, *entouré de vieillards qui l'écoutent* : évidemment c'est la prédication de saint Paul dans l'aréopage d'Athènes.

Trois statues entourent le troisième pilier : la première représente l'apôtre saint Jacques, puis-

---

(1) Dans les IIe et IIIe siècles l'Æ était représenté par l'E.

qu'elle porte sur un livre l'inscription Jacobus; la seconde nous offre *le Christ montrant ses plaies à l'apôtre Thomas,* troisième figure de ce groupe.

Sur le chapiteau de la septième colonnette est en relief, mais en raccourci, un vaste tableau : c'est *le peuple d'Israël et ses troupeaux,* et comme sujet principal, *Moïse recevant du Seigneur les tables de la loi,* avec cette inscription : Tabula Moysi.

Les sculptures des huitième et neuvième colonnes sont fantastiques et de pur ornement.

Le pilier le plus rapproché, et qui forme angle, présente, d'un côté, *un apôtre debout,* dont une inscription indiquait le nom, mais elle est entièrement effacée; de l'autre côté, *un Saint présente un livre* sur lequel est gravé le nom Stephanus. Dans les panneaux figurent, d'un côté, *la lapidation de saint Etienne,* martyr; de l'autre, *l'ascension de Jésus.*

Le mur parallèle aux colonnes de cette galerie était découpé en arcades; il conduisait au réfectoire, lorsque ce cloître servait de monastère.

Sous le rapport de l'architecture, les arcs doubleaux de cette partie de l'édifice, ornés de culs de lampe et de feuilles d'acanthe, doivent fixer l'attention.

La galerie du côté nord offre un cintre plein, mais surbaissé du côté du préau pour faciliter l'écoulement des eaux pluviales. Elle commence encore par *la lapidation de saint Etienne,* sujet qui reparaît plusieurs fois, parce que ce martyr était le patron de l'église. Le martyr est entre deux pilastres ornés de rinceaux, et le nom Stephanus est lisible.

Dans les panneaux on a sculpté : sur le plan inférieur, *la lapidation;* sur le plan supérieur, *l'apothéose,* c'est-à-dire Jésus-Christ décernant à Etienne la palme du martyre. Dans la partie supérieure de cette galerie, entre les archivoltes et la corniche, les évangélistes sont symbolisés par des têtes de bœuf, de lion, etc.

Les sculptures des chapiteaux des colonnettes de cette galerie représentent en raccourci :

Le premier, les mystères de *l'Annonciation*, de *la Visitation de la Vierge*, de *la Naissance du Christ* et de *la Purification;* le second, trois aigles et un ange les ailes déployées.

Sur le troisième, *l'ange annonce aux bergers la naissance du Christ.*

Les sculptures qui entourent le deuxième pilier de cette galerie rappellent la flagellation de Jésus : *un soldat est armé de l'instrument de la flagellation; Judas, sur le côté, porte dans une bourse le prix du sang du juste et de sa trahison; le Christ est attaché à la colonne.* Mais ce Christ, ayant été séparé du groupe par accident, n'est plus à sa place; il est conservé au musée d'Arles : sans doute on le rétablira incessamment pour compléter ce tableau.

Sur les chapiteaux des colonnes qui l'avoisinent on distingue :

Sur l'une, *le roi Hérode, le massacre des Innocents et Rachel pleurant ses enfants;* sur l'autre, *la fuite en Egypte, le sommeil des rois mages et l'avertissement du ciel de n'aller point retrouver Hérode;* sur le troisième, *l'arrivée chez Hérode des mages:* leurs trois chevaux accolés, remarquables par des selles arabes à haut dossier, ornent un des côtés du chapiteau.

L'agneau de saint Jean-Baptiste surmonte le troisième pilier, dont les bas-côtés sont occupés par deux statues; l'une est la reine de Saba, l'autre un saint: on reconnaît sur les pierres de ces deux statues des traces ou restes de peinture, usage du moyen âge.

L'adoration des rois mages, leur sommeil, l'avertissement du ciel, reparaissent de nouveau sur le chapiteau de la septième colonne.

Plusieurs sujets occupent celui de la huitième: 1° *la fête des Palmiers* et *l'entrée de Jésus à Jérusalem;* 2° *la conversion de saint Paul:* le sculpteur a choisi le moment où l'apôtre des Gentils est renversé de cheval.

Les apôtres réunis au cénacle et la descente de l'Esprit-Saint, le mystère de la Pentecôte, sont indiqués sur la neuvième.

La statue de saint Mathias, élu dans le cénacle en la place de Judas, suit immédiatement au quatrième pilier: l'inscription n'est plus lisible.

Les panneaux de ce pilier représentent trois

sujets : 1° *le lavement des pieds;* 2° *la cène;* 3° *le baiser de Judas.*

A l'angle une statue supporte une coquille qui sert aujourd'hui de bénitier; elle est adossée à un puits dont l'ouverture et les parois extérieures sont, comme au puits de la cour de l'archevêché, formées avec la base renversée et forée d'une colonne de marbre blanc, qu'on suppose avoir été enlevée du théâtre antique. Là, sans doute, était primitivement le baptistère, auprès du préau du cloître qui, à la même époque, servait de cimetière; car, au moyen âge, le baptistère, comme le cimetière, était auprès de l'église, mais en dehors.

Dans le panneau, Jérusalem, le temple et la montagne sont en relief : le sculpteur a voulu faire allusion aux tentations inutiles de Satan envers Jésus-Christ.

La statue du pharisien Gamaliel, en pied et de grandeur naturelle, sert de montant à ce panneau. Une inscription gothique sur le livre placé entre ses mains porte en caractères gothiques très prononcés : GAMALIEL (*Act. Apost.,* cap. v, 34).

Cette statue d'un docteur pharisien et cette autre statue qui supporte la coquille du baptistère ne seraient-elles point une allusion à la vocation des Juifs et des Gentils? Tout était symbole dans les sculptures de cette époque.

Une autre série de faits, un autre genre d'architecture, se développent dans la galerie du midi, construite en 1380 par l'archevêque Conzié, et qui se termine à gauche par un autel, à droite par le puits, également anciens : ce puits devait fournir l'eau pour le baptistère qui s'y trouve adossé. Au moyen âge, les baptistères étaient auprès des cathédrales, mais en dehors : tels sont encore, dans l'Italie moderne, les baptistères de Constantin à Rome, de Pistoie et de Pise, ce dernier construit en 1153.

Cette galerie, dont la voûte est en ogive, offre cette particularité, que les chapiteaux des colonnettes ne forment qu'un seul bloc, et qu'on y voit alternativement une colonne et un pilastre, puis une colonne et un pilier.

Les sujets des sculptures de cette galerie, au lieu d'être puisés dans la Bible, l'ont été dans l'histoire ecclésiastique et principalement dans celle des ordres religieux : chose naturelle, puisque ce cloître, comme celui de Saint-Jean-de-Latran à Rome, était dans l'origine le couvent des chanoines réguliers de Saint-Augustin.

Première colonne : *des religieux écoutant la prédication du Sauveur.*

Deuxième colonne : *des religieux invoquant la protection de la sainte Vierge.*

Le second pilier est orné de niches vides surmontées d'un baldaquin gothique, indice que ces niches devaient contenir des statues qui ont disparu.

Troisième colonne : *des confesseurs de la foi chargés de liens.* — Chapiteaux fantastiques, un pilastre.

Quatrième colonne : *des martyrs enchaînés;* du côté du préau, *des bourreaux armés de massues;* du côté opposé, un autel de la primitive église; sur le troisième pilier, *des martyrs en surplis et en dalmatique pendus ou déjà la corde au cou : la main de Dieu est étendue vers eux.*

Quatrième pilier : encore *des martyrs enchaînés;* sur le derrière, *des bourreaux armés des instruments du supplice;* sur le devant, *un évêque donnant la bénédiction.* — Trois niches, aujourd'hui privées de leurs statues, décorent également ce dernier pilier.

L'architecte a placé en saillie, du côté parallèle aux colonnettes, des chapiteaux décorés de figures symboliques qui paraissent désigner des pères de l'église mis en présence des martyrs. La voûte de cette galerie, également en ogive, porte, du côté opposé au préau, sur un mur plus ancien qui date évidemment de la même époque que la partie en plein cintre, c'est-à-dire du xime siècle, tandis que la partie en ogive est du treizième.

Contre ce mur on remarque encore les vestiges d'une porte à plein cintre, qui devait introduire dans l'intérieur du couvent : on suppose que le réfectoire était de ce côté. La salle Capitulaire et d'autres appartements servent, depuis 1835, aux écoles gratuites des dames de Saint-Charles ou sont loués comme greniers à blé; il en était ainsi avant la révolution de 1789 et depuis la sécularisation des chanoines en 1489.

Toute la partie de l'édifice destinée à leur habitation, lorsqu'ils étaient réguliers et cloîtrés, a éprouvé et a dû éprouver de notables changements, qui ne permettent plus de constater avec précision l'état primitif de ce couvent

Les sculptures des chapiteaux des colonnettes se rapportent toujours à des sujets de la Bible, répétés même plusieurs fois.

Sur la première, *lapidation de saint Etienne*, sujet qui revient souvent. — Sur la deuxième, répétition de l'histoire de Samson: d'un côté, il est représenté *terrassant le lion*; de l'autre, *Dalila lui coupe les cheveux*. — Sur la troisième, de nouveau *sainte Marthe et la tarasque : un homme s'arme pour assommer cet animal fantastique*, qui cette fois n'est plus le symbole du Rhône, mais vraisemblablement celui du paganisme vaincu par la foi chrétienne. Cette figure prouve que le symbolisme de l'église du moyen âge peut donner lieu à diverses interprétations.

A côté, la statue d'un saint; on voit sur son cothurne les traces de lettres gothiques impossibles à déchiffrer.

Quatrième colonne, *la Magdeleine chez le pharisien versant un vase de parfum sur les pieds de Jésus.* — Cinquième colonne, *deux tours, un ange et sainte Barbe s'appuyant sur une tour percée d'une* TRINITÉ *de fenêtres.* = Sixième colonne, *Jésus couronne la sainte Vierge, que deux anges adorent et encensent* (l'Assomption).—Septième colonne, *descente du Saint-Esprit sur les disciples réunis* (allusion aux fêtes de la Pentecôte).

La quatrième et dernière galerie s'ouvre par l'*Assomption du Christ,* figurée en relief dans l'entre-colonnement.

Un des personnages de ce tableau porte une inscription gravée qui n'est plus lisible.

Les chapiteaux des colonnettes de la quatrième et dernière galerie, en feuilles d'acanthe du côté du préau, présentent, du côté de la galerie, des sujets bibliques sculptés.

Sur la première colonne, *Jésus dans le jardin des Olives, entouré de ses disciples, leur donnant le livre du Nouveau-Testament,* sur lequel est une inscription dont on ne peut lire que le premier mot : TABULA.—De simples feuilles d'acanthe sont sculptées sur les deuxième et troisième. — Sur le chapiteau de la quatrième, *la fille de Pharaon présente à son père Moïse, qu'elle a sauvé des eaux du Nil.*

Les dégradations empêchent de distinguer les autres sujets.

Des figures de saints ornent les entre-colonnements.

Mettre en relief dans les sculptures de ce cloître

les histoires et les mystères des livres saints, telle a donc évidemment été la pensée des artistes ; mais la dégradation de certaines parties des sculptures ne permet pas de traduire tous les détails minutieux de leur œuvre; en outre, quelques figurines fantastiques et bizarres ne peuvent être expliquées que par le goût barbare de l'époque ou des sculpteurs, et n'ont aucun sens symbolique ou historique. Il en est de ces figurines comme des rinceaux et des feuilles d'acanthe, employés simplement pour l'ornement.

Ce cloître s'harmonise avec l'architecture et les sculptures du beau portail de la même église. Les ornements et les statues gothiques sont, il n'en faut pas douter, au moins en partie, de la même époque que le portail. On retrouve dans le cloître, comme sur le portail, des légendes ou des noms inscrits sur la pierre; ce qui caractérise l'enfance ou la décadence de l'art.

L'art et le ciseau grecs ne peuvent avouer que les fûts des colonnettes en marbre blanc et les ornements en feuilles d'acanthe d'une riche sculpture ; tout le reste, même le rinceau ou enroulement de la frise, est du beau moyen âge : il n'est pas en France un artiste qui l'ait vu sans l'admirer. Il a exercé les pinceaux les plus habiles : M. Granet l'a reproduit dans un beau tableau, et M. Huart, professeur de dessin au collége d'Arles, son élève, en a peint des études exposées au salon de

1834, et qui ont mérité les éloges du maître. Si M. Granet lit cette *Notice*, il y trouvera un reflet de nos causeries pendant ses instants de repos.

Un inspecteur des monuments antiques a proposé récemment de fermer ce cloître pour le conserver : cette idée répugne à la population.

Pour prévenir la destruction du Colisée de Rome, le pape Clément x y fonda un calvaire : les stations de la croix ont protégé les ruines et empêché la destruction de ce premier des amphithéâtres. Un calvaire serait encore mieux placé dans le cloître Saint-Trophime : une croix de bois au centre du préau et quatorze inscriptions de bronze ou de marbre dans les galeries suffiraient. Ces stations de la croix seraient spontanément surveillées par la piété ; elles inspireraient le respect aux indifférents et préviendraient les dégâts. Le but de conservation serait atteint sans fermer le monument, et sans en changer par là la destination et contrarier le sentiment religieux.

Le cloître est le vestibule de l'église ; il prépare aux pensées de recueillement. Pour en conserver les sculptures, il suffit d'établir un gardien : fermer le cloître, en interdire l'accès aux fidèles, serait en détruire l'utilité et l'effet moral. Dans l'isolement de ces vastes galeries, sur ce préau qui renferme les ossements blanchis d'anciens ministres du Très-Haut, en lisant ces inscriptions funéraires vieilles de plusieurs siècles, en présence de ces prélats de marbre vénérables dans leur immobilité, le corps s'humilie, l'esprit s'élève à Dieu et les vanités de la vie se taisent : les douleurs se calment en face du dogme consolateur de l'immortalité de l'âme.

LE PORTAIL ET LES SUBSTRUCTIONS.

La date de la construction du grand portail de marbre de l'église de Saint-Trophime n'est chiffrée sur aucune pierre du monument; mais on s'accorde à la placer vers le milieu du XIIme siècle ou, au plus tard, au commencement du treizième.

Le chanoine Gilles Duport se borne à dire (pag. 3o3) qu'il y a lieu de croire *que ce portail n'a point été bâti par saint Virgile en 6o1, à cause qu'il n'a pas de rapport avec cet ancien bâtiment et qu'il n'a été fait que long-temps après.*

Millin en retarde la construction jusqu'au XIIIme siècle.

M. Eméric David l'a placée vers le milieu du XIIme, dans un écrit inséré dans les *Mémoires de l'académie des inscriptions et belles-lettres* (1).

« Parvenue », dit-il, « au XIIme siècle de notre

---

(1) *Essai sur le classement chronologique des sculpteurs grecs les plus célèbres* par M. Eméric David, publié en 1806, réimprimé en 1807, et dont la troisième édition est dans le cent vingt-quatrième tome de la *Collection des auteurs classiques latins* publiée par N.-E. Lemaire.

« ère, la sculpture grecque n'offrait plus qu'une
« pure routine, mais étonnante dans ces vieux
« jours; cette routine n'avait point entièrement
« oublié la savante théorie dont elle avait reçu
« l'héritage. Le portail de l'église de Saint-Tro-
« phime d'Arles, terminé en 1152, dernier soupir
« du ciseau grec, reporte l'imagination vers les
« plus belles époques de l'art : on y retrouve encore
« dans les attitudes, du naturel ; dans les draperies,
« de la simplicité ; dans les têtes, de la vérité, de
« la dignité, de l'énergie, et quelquefois sur les
« bas-reliefs, d'heureuses réminiscences des com-
« positions antiques. »

M. Jacquemin, dans la *Statistique de la ville d'Arles* (pag. 341), conjecture que ce portail, commencé en 1221 par Hugues Béroard, archevêque d'Arles, fut terminé par Jean Baussan, son successeur. Cette conjecture, que j'adopte et qui ne s'écarte pas trop d'ailleurs du sentiment de MM. Eméric David et Millin, est justifiée par la forme des insignes épiscopaux de la statue de saint Trophime, qui porte la mître et le *pallium* tels qu'ils furent modifiés en 1233, sous Jean Baussan.

Quant aux deux petites portes carrées de pierre de chaque côté du grand portail de marbre, l'époque précise de leur construction est connue. Le chanoine Gilles Duport imprimait, en 1690, qu'elles venaient d'être construites depuis peu (pag. 304). La tribune, au dessus de l'entrée principale, et les degrés pour y monter sont de la même époque.

Le portail offre dans ses sculptures un vaste tableau : la *représentation symbolique*, non seulement du *Jugement général et dernier*, mais encore des traits historiques les plus remarquables de l'Ancien et du Nouveau Testament, c'est-à-dire l'histoire complète du genre humain et de la religion, depuis *la création d'Adam et Eve jusqu'au jugement dernier, le commencement et la fin.*

M. Eméric David a retrouvé dans ce portail les dernières réminiscences de la sculpture grecque. Tous les costumes sont romains. Il renferme, il faut en convenir, un mélange étrange de sujets religieux et grotesques; mais tel est le type de la sculpture du moyen âge, expression, suivant M. Laurentie, de superstitions que l'artiste a prises pour de la poésie ou plutôt, comme l'écrivait de Rome même, en février 1835, M. Robert : *Insurrection contre le classique et ses lois, indépendance totale des arts proclamée par le génie chrétien.*

Les deux ventaux de la porte principale viennent se fermer sur une colonne antique de granit : sur le piédestal de la colonne, allongée d'un morceau de marbre blanc, *quatre hommes sont agenouillés*, symbole du triomphe de la foi sur les nations barbares.

Dans les entre-colonnements on a sculpté en relief, mais dans de petites proportions, les principales histoires de l'Ancien-Testament, telles que Samson sur les genoux de Dalila, *un philistin lui coupe les cheveux*, etc.; pour le Nouveau-Testament, on trouve celles qui se rapportent à la sainte Vierge, à l'enfant Jésus, à l'adoration des mages, à saint Joseph, à la fuite en Egypte, etc, etc.: chacune de ces histoires forme un petit carré en relief. L'art est à sa naissance, comme dans les reliefs analogues du cloître.

On remarque parmi ces sculptures *une âme que deux anges élèvent et présentent à l'Eternel*, c'est celle de saint Etienne, premier martyr, à qui cette église fut d'abord consacrée, et dont l'entière légende est rappelée par d'autres sculptures : là, *deux hommes sont prêts à le lapider;* ici, *le martyr semble monter au ciel.*

Les côtés intérieurs et les grands entre-colonnements sur le premier plan sont décorés de statues en pied qui portent les marques distinctives des apôtres et leurs noms gravés perpendiculairement.

Une figure d'évêque portant la crosse, accompagné de deux assistants et de deux anges soutenant la mître, représente saint Trophime, premier évêque. On lit sur son *pallium* ce distique gravé perpendiculairement:

Cernitur eximius vir, Christi discipulorum
De numero Trophimus, hic septuaginta-duorum.

A la droite du portail, le plus près de la porte, est saint Pierre tenant un livre fermé, sur la couverture duquel est gravé ce vers :

Criminibus demptis, reserat Petrus astra redemptis.

Après vient saint Jean l'Evangéliste tenant aussi un livre fermé, sur la couverture duquel on lit ces caractères gothiques :

XPI *Dilectus Joes est ibi sectus.*

C'est après saint Jean et en contournant qu'on voit saint Trophime, revêtu de ses habits pontificaux, avec le *pallium* à l'antique, sur le pendant duquel est gravé le distique *cernitur, etc.*, ci-dessus imprimé. Après est placé saint Jacques tenant un livre fermé, sur lequel on lit : *scs Jacobus.* Vient ensuite saint Barthélemy portant un livre ouvert, et sur les deux feuillets qui se présentent on lit : *scs Bartolomœus.*

A la gauche du portail et le plus près de la porte est saint Paul, avec un rouleau déployé qui descend de son épaule gauche jusqu'au dessous de sa poitrine. Sur ce rouleau est gravé ce distique :

Lex Moysi celat quod Pauli sermo revelat,
Nam data grana sina per cum sunt facta farina.

Saint André vient ensuite; il tient un livre fermé sur lequel est gravé un vers qu'il n'a jamais été possible de lire. Sur le bas sont représentés *cinq pains*, allusion au chapitre vi, vers. 9, de l'évangile de saint Jean.

Après saint André et en contournant est représenté *le martyre de saint Etienne*; il a sur l'épaule gauche une espèce d'étole sur laquelle on lit ces quelques lettres : *Pro-xpo-ste-phs*; le reste ne peut se lire, mais cette inscription désigne évidemment *Etienne, proto-martyr*. Après saint Etienne est saint Jacques tenant un livre ouvert, sur lequel on lit : *scs Jacobus*. Enfin, en suite de saint Jacques vient saint Philippe; sur la couverture de son livre on lit : *scs Philippus*.

Les sculptures les plus élevées du fronton de la corniche se rapportent au jugement général et dernier. Au dessus du tympan, *des anges sonnent de la trompette pour appeler les nations autour du trône de l'Eternel*. Dans le tympan, Jésus-Christ est au centre d'un médaillon, emblème de l'univers: sa tête porte une couronne, insigne de souveraineté; une croix, symbole de son sacrifice et de son triomphe, surmonte la couronne; *il lève la main pour rendre ses irrévocables arrêts*. Autour de lui, *un lion, un bœuf, un aigle et un ange*, symboles des évangélistes, *présentent les livres sacrés de la foi*.

L'arcade est circulaire, elle est formée de plusieurs bandes; sur la plus élevée, *des anges groupés prient le Seigneur et chantent ses louanges*. Des scènes du jugement dernier sont sculptées en relief sur la frise. Au milieu, les douze apôtres assis tiennent chacun à la main le livre des Evangiles, symbole de l'apostolat. A gauche sont des âmes, les unes prêtes à entrer en paradis, les autres allant paraître devant Dieu ; à droite, *des hommes nus et enchaînés par un même lien, dont un démon tient l'extrémité, sont traînés à l'enfer :* leurs pieds touchent déjà les flammes. Au retour, *un groupe de damnés se tord au milieu du feu;* au retour opposé, Adam et Eve rappellent le péché originel et la mort.

Des méandres et des vagues sont sculptés sous la frise : est-ce un symbole des démons ou des péchés capitaux? ou plutôt ces emblêmes et ces animaux fantastiques, d'un masque maussadement gai, sont-ils la représentation des schismes et des hérésies que terrassèrent les pères de l'église? Faut-il enfin n'y voir que de simples ornements?

Il paraît généralement admis aujourd'hui par les maîtres de l'art, et notamment par M. S. Hittorf, que ces ornements d'origine orientale et introduits dans l'occident de l'Europe par les Arabes, ne figuraient en général que pour le plaisir des yeux ; c'est ainsi qu'on admire encore autour des portails et des gouttières des cathédrales du moyen âge une multitude de monstres grotesques sculptés avec autant d'adresse que de bizarrerie. M. L. Vitet, inspecteur général des monuments historiques de France, en a fait la remarque dans l'histoire de nos anciennes villes et l'a appliquée à la cathédrale de

Dieppe; peut-être ne faut-il pas chercher d'autre explication aux monstres sculptés sur les portes inférieures du portail de Saint-Trophime.

L'entrée des substructions de l'église de Saint-Trophime est dans l'intérieur des nefs, mais cachée par une dalle du pavé, vers l'entrée principale dont on vient de lire la description, entre le mausolée de l'archevêque Jean Ferrier et le tombeau gothique qui sert de cuve baptismale.

La configuration du sol sur lequel est bâtie cette basilique fournit, ce semble, l'explication la plus vraisemblable de ces substructions; celles-ci, d'ailleurs, présentent des vestiges, informes il est vrai, de quelque édifice romain qui ne subsiste plus et dont la destination primitive est même incertaine, peut-être les ruines des thermes ou du palais du prétoire.

L'édifice entier de Saint-Trophime est bâti sur un rocher élevé dont la déclivité va de l'est à l'ouest, et qui se dessine avec roideur aux deux côtés de l'édifice : d'une part, dans la rue de la Calade, et d'autre part, dans celle des Prêtres, parallèle à la première.

L'avenue du monument, côté de la place de l'Obélisque, est dans le pli de terrain le plus bas, tandis que le sanctuaire, le clocher et le cloître ont leurs fondations sur la partie la plus culminante. L'architecte, n'ayant pu dissimuler ces inégalités du sol, a voulu du moins y remédier par des marches ou degrés en marbre et en pierre, ainsi que par des substructions destinées à supporter le pavé des nefs et à le niveler.

On ne parvenait jadis à la principale entrée que par de larges marches de marbre blanc, remplacées de nos jours par huit degrés de pierre commune. Dans l'intérieur même, il faut monter quatre marches pour, des nefs, parvenir au sanctuaire et au chœur ; on en monte vingt-cinq pour atteindre le cloître, le préau, l'ancien couvent des chanoines et toutes leurs dépendances. Il faut aussi parcourir neuf marches, si l'on veut sortir par la porte latérale qui ouvre une autre issue sur la rue de la Calade, du côté opposé au cloître.

On a exploré récemment les substructions de l'église de Saint-Trophime ; des déblais considérables ont été enlevés, et l'on a pu pénétrer dans des constructions souterraines, qui indiquent les restes d'un édifice romain sur lesquels le monument chrétien a été établi.

Mais quel était cet antique édifice? Sont-ce des ruines du palais du prétoire, d'un aqueduc ou des thermes? A cet égard, l'opinion flotte encore incertaine : les uns invoquent la tradition que le préteur céda sa demeure pour l'établissement de l'église; les autres croient y voir une dépendance des thermes, parce qu'en 1675, en creusant les fondations du piédestal de l'obélisque, on mit à jour les restes d'un *hypocaustum,* chauffoir destiné au service des bains, soit publics, soit adjacents au palais du prétoire.

Dans notre conviction, ces substructions, véritablement ruines d'un monument romain, mais dont les formes essentielles et caractéristiques ont disparu, n'ont jamais été une crypte ou des catacombes des âges primitifs du christianisme.

Les cryptes et les catacombes où s'assemblaient les premiers chrétiens sur les tombeaux de leurs frères martyrs, et qui rappellent les hypogées et les villes des morts des peuples de l'antiquité, ne furent construites que lorsque l'église naissante était persécutée, dans les trois premiers siècles; elles ne furent plus nécessaires dès que la croix s'éleva triomphante sur le trône des Césars (règne de Constantin, dans le ivme siècle). Or, la date la plus éloignée que l'on fixe aux constructions primitives de l'église de Saint-Trophime étant le septième siècle, sous l'épiscopat de saint Virgile, et le christianisme étant alors devenu la religion de l'empire, il n'était plus nécessaire de creuser des cryptes et des catacombes pour y cacher les cérémonies du culte chrétien.

Les substructions de Saint-Trophime ne présentent d'ailleurs aucun des caractères connus des catacombes du Vatican, de la *villa Pamfili*, de *San-Lorenzo* et de Saint-Sébastien à Rome. Ces substructions me paraissent n'avoir été employées par l'architecte que pour niveler le terrain; aussi n'occupent-elles pas l'entière longueur du vaisseau, mais seulement une partie, depuis l'entrée principale de l'église jusqu'au point où elles atteignent le rocher qui sert de base au corps de l'édifice : rocher dans lequel on a creusé pour les archevêques, pour les dignitaires du chapitre et pour les chanoines, des tombeaux à l'abri de l'eau et de l'air, et qui, par ce motif, conservent intacts les dépôts qui leur ont été confiés.

Les substructions ne dépassent pas la moitié de la longueur de l'édifice et se terminent vers le milieu, c'est-à-dire un peu au dessus du pilier auquel la chaire est adossée.

Telle est la cathédrale d'Arles, l'une des plus anciennes des Gaules et, sous plusieurs rapports, un des plus beaux monuments du moyen âge.

ÉCLAIRCISSEMENTS.

De l'apostolat de SAINT TROPHIME *à Arles, et des églises de* SAINTE-MARTHE *à Tarascon et de* SAINT-GILLES*, département du Gard.*

L'apostolat de Trophime, disciple de saint Paul, à Arles, dès le premier siècle de l'ère chrétienne, est une tradition de l'église dont l'autorité doit prévaloir contre les adversaires récents de cette tradition antique, qui se réfutent réciproquement, ne fût-ce que par leurs variations.

Ces adversaires, les voici :

1° Jean de Launoy, célèbre docteur de Sorbonne, esprit frondeur et indépendant, surnommé de son temps le *dénicheur de saints*, qui dans diverses dissertations, dans le dix-septième siècle, vint combattre par animosité contre les Dominicains la tradition des églises de Provence touchant l'apostolat de leurs saints tutélaires et notamment de saint Trophime ;

2° Papon, historien du dix-huitième siècle, qui nie cet apostolat ; mais son *Histoire de Provence* a été publiée à une époque de doute philosophique (1777-1786) ;

3° Millin qui, dans les tom. II et III du *Voyage dans le midi de la France en* 1807, a résumé tous les arguments favorables à l'opinion de l'historien Grégoire de Tours, qui fixe au troisième siècle l'arrivée à Arles de Trophime, qui ne serait plus dès lors le disciple immédiat des apôtres ;

4° Enfin, M. Louis Jacquemin qui, en 1835, dans le *Guide du voyageur à Arles*, dit (pag. 318) : « Il convient d'abandonner le sentiment de Gré-
« goire de Tours, et on peut, sans trop crain-
« dre de se tromper, faire remonter l'épiscopat de
« Trophime vers la fin ou tout au plus vers le
« milieu du second siècle. » Mais cette opinion, ou cette modification nouvelle des précédentes opinions, n'est accompagnée d'aucune preuve.

J'oppose à Launoy, à Papon, à Millin et à M.

Jacquemin l'autorité de la tradition de l'église romaine, tradition uniforme, non interrompue et qui n'a pas les incertitudes et les variations qui sont à remarquer entre les adversaires de cette tradition, tradition dont voici encore quelques preuves :

1° Les lettres du pape Zozime, de l'an 417, qui conservent à l'évêque d'Arles le droit de métropolitain sur la province Viennoise et sur la première et sur la seconde Narbonnaise, tant pour les ordinations des évêques que pour les jugements. Le pape fonde les prérogatives de l'église d'Arles sur la dignité de saint Trophime, que le Saint-Siége y a envoyé pour premier évêque et qui a été la source de la foi dans les Gaules. Cette lettre est datée du 11 des calendes d'avril, sous le consulat d'Honorius et de Constantius, c'est-à-dire le 22 mars 417 (1). Dans une autre lettre du même jour à Hilaire, évêque de Narbonne, le pape Zozime déclare itérativement *que le privilége de l'église d'Arles est confirmé par une possession continuelle depuis saint Trophime* (2). L'authenticité de ces lettres du pape Zozime serait vainement contestée, puisqu'elles sont citées par le concile de Francfort, tenu en 794, au canon huitième, et par le pape Anastase IV, dans une bulle adressée

---

(1) Fleury, *Histoire ecclésiastique*, tom. v, in-4°, pag. 497.
(2) Fleury, *ibid.*, pag. 498.

à Raymond de Montrond, archevêque d'Arles, du 26 décembre 1153, confirmative de tous les priviléges de l'église d'Arles.

2º La requête des dix-neuf évêques de la province d'Arles, présentée en l'an 450 au pape saint Léon. Ces évêques parlent ainsi : *Il est notoire à toutes les Gaules et n'est pas inconnu à Rome que la cité d'Arles a été la première qui a reçu un évêque, savoir : saint Trophime ; que d'elle, la foi s'est répandue dans le reste des Gaules, etc.* (1). Les évêques se servent des paroles *missum à beatissimo Petro, apostolo, sanctum Trophimum*, et plus loin, *ab apostolis* ; or, ces paroles, les dernières surtout, *ab apostolis missum*, ne signifient pas ici le Saint-Siége apostolique, mais la personne même de saint Pierre et des premiers apôtres, ainsi que l'observe le P. Longueval (*Histoire de l'église gallicane*, dissertation préliminaire).

3º La première homélie de saint Hilaire ou panégyrique de saint Trophime (*Hilarius, homel.* 1, *de sancto Trophimo arelatense*), et la seconde homélie du même évêque sur le même sujet (cinquième siècle).

Je n'ignore pas que quelques écrivains objectent que la première homélie n'est pas de saint Hilaire, et qu'on ne la lui a attribuée que parce que l'auteur de ce discours est inconnu. Quoi qu'il en soit, ce

---

(1) Fleury, *Histoire ecclésiastique*, tom. VI, pag. 353.

discours est toujours d'une haute antiquité et prouve la *tradition*, puisqu'il est dans les bréviaires les plus anciens de l'église d'Arles et, d'ailleurs, du style brillant et métaphorique qui caractérise saint Hilaire.

Au reste, si sur des questions historiques de cette nature l'autorité de la tradition n'est pas respectée, on viendra insensiblement à révoquer en doute une partie de l'histoire des premiers siècles chrétiens, puisqu'il est incontestable que l'histoire chrétienne du premier siècle ne peut être prouvée que par les évangélistes et par la tradition : Jésus-Christ n'écrivit rien, sept de ses apôtres n'ont rien écrit (1), il en fut de même de la plupart de leurs premiers disciples qui n'ont laissé que leurs œuvres.

Et d'ailleurs, les faits historiques bien avérés ne confirment-ils pas la tradition que Trophime, le disciple, est le fondateur de l'église d'Arles? Arles n'a-t-elle pas été *une des premières villes qui dans les Gaules obtinrent un siége épiscopal* (2)? On ne conteste pas la tradition catholique, que Pierre envoya dans le premier siècle des missionnaires en Sicile, en Italie, dans les Gaules, sur les côtes d'Afrique et même dans la Grande-Bretagne (3) :

---

(1) Saint Luc et saint Marc n'étaient que disciples.

(2) Préface du *Guide du voyageur dans Arles*.

(3) *Voy.* pour l'Angleterre, l'ancienne *Britannia*, l'épitre de saint Paul aux Romains, I, 8 ; *Fides vestra annuntiatur in*

In ultimos orbis Britannos. Trophime, disciple de St. Paul, fut un de ces missionnaires. Alors l'église d'Arles prit naissance; sans doute cette église fut obscure et faible dans ses commencements : elle ne devint triomphante et ne prit un caractère public et historique que sous l'empereur Constantin, qui assembla à Arles, l'an 314, un concile où saint Marin, évêque d'Arles, assista, et qui anathématisa la doctrine des donatistes. Mais il ne s'agit dans cette note-ci que de l'époque de la fondation de l'église d'Arles; or, avant le siècle de Constantin, les églises des Gaules avaient été fondées par des missionnaires. En 177, saint Irénée fut persécuté à Lyon et y reçut le martyre en 203; saint Genès eut la tête tranchée dans l'amphithéâtre d'Arles en 307 ou 308, pendant le séjour que fit à Arles Maximilien Hercule (1) : ce martyre prouve que la foi était répandue à Arles déjà depuis long-temps. La lettre que saint Cyprien, évêque de Carthage, écrivit en 252 au pape saint Etienne, le prouve également : dans cette lettre, l'évêque de Carthage se plaint au pape que Marcien, évêque d'Arles, était attaché à la secte de Novatien; il

---

universo mundo; — Suet., *In Claud.,* XXV; — Tacit., *Ann.,* XV, 44; — John Lingard's, *History of england,* chap. Ier, *Introduction of christianity.*

(1) *Mémoires* manuscrits *sur l'histoire ecclésiastique d'Arles,* par Bonnemant, tom. Ier.

provoque son excommunication et son remplacement. A la fin de la lettre, il dit : « Ne manquez pas « de nous faire savoir celui que l'on aura mis à « Arles à la place de Marcien, afin que nous sa- « chions à qui nous adresserons nos frères et à qui « nous écrirons. *Significa planè nobis qui in locum* « *Marciani Arelate fuerit substitutus, ut sciamus* « *ad quem fratres nostros dirigere et cui scribere* « *debeamus* (1). » Par ces mots : *Fratres nostros*, l'évêque de Carthage désigne évidemment les évêques des Gaules dont Arles était métropole.

Saint Adon, archevêque de Vienne, mort le 16 décembre 875, rend formellement témoignage à l'apostolat de Trophime à Arles, dans son *Martyrologe* imprimé à Rome en 1745, in-f°, pag. 25 et 33; et, dans son livre *De festivitatibus apostolorum*, il ajoute que saint Trophime d'Arles est le même Trophime que saint Paul laissa malade à Milet, qu'il fut ordonné à Rome et de là envoyé à Arles.

Les pierres et les marbres de nos églises ne confirment-ils pas, enfin, cette tradition ?

N'est-ce pas le sens littéral de l'inscription gravée sur la bande tombante du *pallium* de la statue de Trophime (*voy*. ci-dessus, pag. 205)? N'est-ce pas ce qui est gravé en grands caractères gothiques

---

(1) Voy. *Epistola* LXVII *D. Cypriani:* coll. latine des SS. Pères publiée par MM. Caillau et Guillon, tom. XIV, pag. 252.

au fond de la tribune où est placé le buffet des orgues (inscription déjà imprimée, pag. 175), qui rappelle les premières syllabes des trois mots TRO*phimus* GAL*liarum* APO*stolus?*

N'est-ce pas, enfin, ce qui résulte de cette autre inscription en vers latins, figurée par Millin, tom. III, pag. 542, long-temps conservée, et jusqu'en 1793, dans la sacristie de l'église de Saint-Honorat, imprimée dans toutes les histoires de l'église d'Arles, dont je crois inutile la traduction littérale, mais que j'invoque comme une preuve de l'antiquité de la tradition qui regarde Trophime, disciple de saint Paul, comme le fondateur de l'église d'Arles?

> *Trophimus hic colitur, Arelatis præsul avitus,*
> *Gallia quem primum sensit apostolicum.*
> *En hunc Ambrosium proceres fudere nitorem*
> *Claviger ipse Petrus, Paulus et Egregius :*
> *Omnis de cujus suscepit Gallia fonte*
> *Clara salutiferæ dogmata tunc fidei.*
> *Hinc constanter ovans cervicem Gallia flectit,*
> *Et matri dignum præbuit obsequium :*
> *Insignisque cluens præstanti gloria semper,*
> *Gaudet apostolicas se meruisse vices.*

Ainsi la tradition de l'église romaine sur l'apostolat à Arles de Trophime, disciple de saint Paul, justifiée par divers monuments cartulaires ou lapidaires, contredite par aucun, ne peut être affaiblie par l'opinion de Grégoire de Tours, historien d'ailleurs étranger à la Provence, et encore moins par Jean de Launoy ou par l'historien Papon.

Un ecclésiastique de la ville de Tarascon (M. l'abbé Faillon), professeur au séminaire de Saint-Sulpice à Paris, a fait imprimer en 1835 (1) une bonne description de l'église de Sainte-Marthe à Tarascon, suivie d'un *Essai sur l'apostolat de sainte Marthe, de Béthanie et des autres saints tutélaires de Provence* : il combat les erreurs et les sophismes historiques de Launoy, qui déclara la guerre à tous les saints de l'ancienne Provence.

M. Faillon se plaint avec raison que Papon, le dernier de nos historiens de Provence, écrivant sous l'influence de Launoy, ait rejeté nos traditions sans les examiner sérieusement; et cependant cet écrivain n'ignorait pas l'invasion de la Provence au VIIIme siècle par les Sarrasins, les ravages qu'ils y commirent pendant trois cents ans et la destruction de nos archives à cette époque : il déclarait lui-même, après les avoir visitées avec soin, avoir trouvé peu de chartes antérieures au XIme siècle.

La renaissance des archives de Provence date de cette dernière époque. A partir de cette seconde période, les monuments les plus irrécusables attestent que la tradition touchant nos saints tutélaires

---

(1) *Monuments de l'église de Sainte-Marthe, à Tarascon, département des Bouches-du-Rhône;* 1 vol. grand in-8º, avec des planches. Paris, 1835. — Imprimerie d'Adrien Leclerc.

était immémoriale et universelle dans cette contrée.

Il s'appuie de nombreuses dissertations historiques.

Il cite une bulle du pape Urbain II, de l'an 1096, du 17 des calendes d'octobre, qui ne désigne pas l'église de Tarascon autrement que par l'église de Sainte-Marthe.

L'auteur, dans une seconde partie, donne la solution des difficultés que Launoy, Papon et d'autres auteurs ont imaginées contre les traditions religieuses de la Provence.

Il démontre avec force que la tradition de l'église romaine est, que saint Trophime d'Arles, envoyé par saint Pierre, est le même que Trophime, disciple de l'apôtre saint Paul (1).

Il combat victorieusement Papon, qui le nie.

Le rédacteur de cette partie de la *Statistique du département* ayant adopté les raisonnements

---

(1) « Pierre », dit M. le vicomte de Châteaubriand, « envoya « des missionnaires en Sicile, en Italie, dans les Gaules et sur « les côtes d'Afrique. Saint Paul arrivait à Éphèse lorsque « Claude mourut, et il catéchisa lui-même dans la Provence « et dans les Espagnes. » (*Etudes historiques*, tom. I|er, pag. 94, édition de 1831).

Or, Trophime, premier évêque d'Arles, étant disciple de saint Paul, dut le suivre dans ses voyages et même, après avoir été évêque d'Arles, être rappelé comme les disciples Tite et Timothée. — *Voy.* l'*Epître à Tite*, chap. III, v. 12; celle à *Timothée*, chap. IV, v. 8 : *Festina ad me venire cito*.

de l'historien Papon, il est convenable d'en indiquer brièvement la futilité.

Papon prétend que saint Trophime, disciple de saint Paul, n'est point venu à Arles, *parce que, d'après les Grecs, il eut la tête tranchée en Asie.*

Mais *ces Grecs* ne sont ni Eusèbe ni les anciens historiens de l'église, ce sont les *Menées* et le *Menologe*, ouvrages modernes composés au xme siècle, même plus tard.

Pourquoi, d'ailleurs, Trophime, disciple de saint Paul, n'aurait-il pu être décapité en Asie, après avoir fondé l'église d'Arles?

Sa décapitation prouverait seulement son retour en Asie, après son apostolat à Arles.

Les premiers évêques des Gaules furent en général des apôtres qui, leur mission remplie, portèrent ailleurs le flambeau de la foi.

Si nous consultons les historiens profanes, ils répondront:

« Les premiers évêques chrétiens de la Gaule « avaient été naturellement ses premiers apôtres, « par conséquent des étrangers, des Romains, « surtout des Grecs (1). »

L'opinion systématique de Papon ne saurait donc prévaloir sur ce que l'église gallicane a de plus vénérable dans ses traditions, sur le témoignage

(1) M. Fauriel, *Histoire de la Gaule méridionale*, tom. Ier, pag. 402.

solennel de dix-neuf évêques touchant l'origine de leurs propres églises, sur les recherches et sur l'opinion des savants les plus versés dans l'histoire de l'église gallicane, et qui en ont étudié l'origine: le père Longueval, le cardinal Baronius, le père Pagi, Denis de Sainte-Marthe, le père Sirmond, M. de Marca (1), dom Ruinart, le père Alexandre et beaucoup d'autres, qui ont approfondi ce point d'histoire plus que ne l'a fait Papon.

C'était d'ailleurs le sentiment des évêques de Provence au Vme siècle. Ecrivant à saint Léon, alors pape, au nombre de dix-neuf, l'an 450, ils lui disaient après le pape Zozime : « Toute la Gaule « sait, et la sainte église romaine ne l'ignore pas, « qu'Arles, la première ville des Gaules, a mérité « de recevoir de saint Pierre saint Trophime pour « évêque. »

Quelle influence peuvent donc, en présence de cette tradition, conserver les paradoxes de Launoy, dont les erreurs ont été proclamées et condamnées par un arrêt de 1641 du parlement de Provence, comme par le sentiment unanime de l'église catholique. Nous nous sommes convaincus, après un examen approfondi de l'*Histoire de la Gaule méridionale*, que le christianisme a dû s'établir promptement

---

(1) *Voy.*, sur l'apostolat de saint Trophime à Arles, *Epistola* (de M. de Marca) *ad clarissimum virum Henricum Valesium, de tempore quo primùm in Galliis suscepta est Christi fides.*

et dès le premier siècle à Arles, précisément parce que la colonisation romaine lui en avait frayé le chemin.

Des monuments religieux autres que l'église de Saint-Trophime méritent de fixer l'attention des voyageurs dans les environs d'Arles. Telles sont principalement l'église de Sainte-Marthe à Tarascon et l'église de Saint-Gilles (*Santi-Ægidii*), département du Gard : l'une se rattache à l'histoire du bon roi Réné, comte de Provence, qui l'affectionnait vivement; l'autre aux souvenirs glorieux du roi de France saint Louis et à l'époque des Croisades, siècle de ferveur et de foi.

EGLISE DE SAINTE-MARTHE A TARASCON (1).

L'église de Sainte-Marthe est divisée en deux principales parties, l'église basse et l'église haute.

L'église basse de Sainte-Marthe est la plus ancienne de la ville : rien n'indique précisément la date de la fondation. Elle est fermée d'une grille de fer qu'offrirent, en 1466, deux habitants de

---

(1) *Voy.*, pour les développements, *les Monuments de l'église de Sainte-Marthe* par M. l'abbé Faillon. — In-8º, 1836.

Tarascon. On doit y remarquer le *puits de sainte Marthe*, un tombeau gothique de sainte Marthe enfin, un sarcophage en marbre statuaire exécuté à Gênes et mis en place le 17 avril 1653. Ce tombeau, beau travail de la sculpture moderne, porte cette unique épitaphe :

> SOLLICITA
> NON
> TURBATUR

On attribue au célèbre Puget un bas-relief en pierre, qui représente sainte Marie-Magdeleine dans une grotte, à demi couchée sur une natte, les yeux fixés sur un crucifix.

En sortant de l'église souterraine et montant dans l'église haute, on rencontre à gauche le tombeau de Jean Cossa, sénéchal de Provence sous le roi Réné, décédé en 1476. Ses pieds posent sur un chien, symbole de la fidélité du sénéchal à son roi.

L'église supérieure se compose d'une partie de l'ancienne église de Sainte-Marthe et de constructions récentes.

L'église haute fut achevée en 1197 et consacrée par Imbert d'Aiguières, archevêque d'Arles, assisté de Rostang de Marguerite, évêque d'Avignon. Un bas-relief incrusté dans le mur du portail retrace la cérémonie de la consécration et la rappelle par une inscription latine et en lettres gothiques, dont voici la traduction :

Mille deux cent moins trois ans s'étant écoulés depuis l'incarnation, le prélat Imbert, accompagné du prélat Rostang, consacra l'église le 1ᵉʳ de juin.

Le clocher ne fut bâti qu'au xvᵉ siècle et à diverses reprises : l'architecture de cette église, par ce motif, est sans régularité. Une cloche fondue en 1469 porte cette inscription :

Mente sancta spontanea honore Deo et patriæ liberatione.
X P S *rex venit in pace Deus homo fct. est.*

Une inscription tumulaire de Rostang Gantelmi, du 5 des ides de février 1202, est incrustée dans le mur du portail, dont les parties intérieures sont sculptées. Il reste peu aujourd'hui des ornements que le portail renfermait jadis; c'étaient des sujets sculptés religieux ou bibliques, tels que les quatre animaux mystérieux, la figure des quatre évangélistes, et sur les deux côtés extérieurs : d'une part, la *résurrection de Lazare;* de l'autre, *sainte Marthe livrant au peuple le monstre qui désolait cette contrée*, la Tarasque.

Un chapiteau des colonnes offre trois têtes de chien sortant du même cou, sans doute symbole de la vigilance, figuré par Cerbère.

Il n'entre pas dans le plan de ces notes d'y insérer une description de l'église de Sainte-Marthe; nous ajouterons donc seulement que cette église renferme une suite de grands tableaux exécutés presque tous par des artistes célèbres : Nicolas Mignard, Carle Vanloo et Vien, directeur de l'académie de France à Rome, tableaux que les étrangers admirent avec raison, et dont on trouve la description complète, exacte et développée dans le livre de M. Faillon, qu'on peut appeler le *Guide du voyageur dans l'église de Sainte-Marthe à Tarascon.*

ÉGLISE ET VIS DE SAINT-GILLES

(département du Gard).

Parmi les monuments religieux et historiques de la Gaule méridionale des environs d'Arles, il est impossible de ne pas mentionner l'église de la célèbre abbaye de Saint-Gilles, ville dont le nom dans l'antiquité fut *Rhoda Rhodiorum*, colonie que les Rhodiens fondèrent sur les bords du Rhône suivant Pline l'Ancien, lib. III, cap. IV.

Sur le perron de cette église, en 1209, Raymond, comte de Toulouse, fit amende honorable. Pierre de Vaulxcernai, auteur contemporain, nous en a transmis le souvenir.

L'église de Saint-Gilles est un monument admirable de l'art bysantin ; la façade est de la période romane.

Il faut distinguer, quant à la date des constructions, l'église *inférieure* et l'église *supérieure*.

L'église inférieure est vaste, bien éclairée ; les piliers corinthiens qui la divisent en deux nefs sont revêtus en marbre. On l'appelle improprement église *souterraine*, puisque du cloître on y pénètre à plein pied ; elle est au même niveau que le cloître, dont évidemment elle était l'église : elle est trop vaste pour que j'ose la nommer *la chapelle du cloître*. On dut la construire pour célébrer le saint sacrifice, en attendant la construction de l'église supérieure.

L'église inférieure n'a jamais été plus grande. Elle a été bâtie avant la fin du xime siècle. En 1096, le pape Urbain ii, après le concile de Nîmes, se rendit à Saint-Gilles, et il fit la dédicace, en l'honneur du Dieu tout-puissant, de cette première partie de la basilique.

L'église supérieure, dédiée à saint Gilles, patron de la cité, et dont elle a pris le nom, fut commencée en avril 1116. Voici l'inscription lapidaire qui le prouve :

.... O. DNI. MCXVI. HO [. T. — PLV
.... GIDII EDIFICARI CEPIT
..... PL. FR. II. N OCTAB. PAS [HE

ou

Anno Domini mcxvi *hoc templum Sancti Egidii edificari cepit mense Aprili feriâ* ii. *in octabâ Pasche.*

Cette inscription existe encore aujourd'hui; en général, on l'a inexactement imprimée.

On voit, d'après ces deux époques, que cette basilique a été commencée vers le milieu au plus tard du XIme siècle et continuée dans le douzième. C'était l'époque de la construction des plus beaux monuments religieux de France, de l'église de Saint-Denis, des cathédrales de Paris, de Laon, de Verdun, etc. Mais l'église de Saint-Gilles n'a jamais été achevée, et a été ruinée par les guerres de religion en 1562 et en 1622 au mois de juillet.

En 1562, l'église fut pillée et changée en une forteresse : elle dut subir de grandes dégradations dans ce changement. Enfin, en 1622, le duc de Rohan, général des églises réformées en Languedoc, ne pouvant se maintenir dans le fort ou église de Saint-Gilles, en ordonna la démolition; ce qui fut exécuté au moyen de la sape.

Voici un plan figuratif des deux églises, inférieure et supérieure :

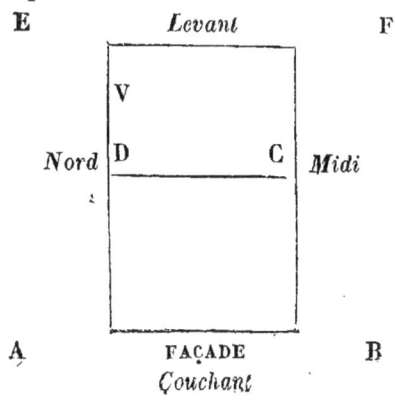

ÉGLISE SUPÉRIEURE

(*telle qu'elle était avant* 1562).

Façade AB, 16 toises ou un peu plus de 31 mètres.

Longueur AE ou BF, 42 toises 3 pieds ou 83 mètres.

Vieux chœur C. D. E. F. qui n'a pas été rétabli. On trouve la vis de Saint-Gilles en V, du côté du nord.

La longueur du vieux chœur est de 16 toises ou 31 mètres.

ÉGLISE MODERNE.

Façade, la même que l'ancienne : 16 toises ou 31 mètres.

Longueur AD ou BC, 52 mètres ou 26 toises.

ÉGLISE INFÉRIEURE.

Même longueur et même largeur que l'église moderne.

Quant à l'épaisseur des murs, elle est d'environ trois mètres partout, tant dans l'église inférieure que dans la supérieure.

—

Ces notes sont destinées à rectifier quelques erreurs échappées à M. Prosper Merimée relativement à cette église (*Notes d'un voyage dans le midi de la France*, pag. 236). Ce savant a été mal informé en ce qui concerne l'histoire du monument. Ainsi on lui a dit que tout aurait été démoli sans un cordonnier, président d'un club, qui demanda grâce pour la fameuse vis et sauva ainsi la portion du transsept gauche où elle est placée. Il y a erreur, involontaire sans doute, en ceci, et je crois rendre *à chacun ce qui lui est dû*, en rappelant que ce n'est pas un cordonnier, mais M. Michel, notaire de Saint-Gilles, décédé seulement depuis trois ans, qui sauva la fameuse vis et une partie des bâtiments.

L'histoire du monument renferme quelques autres erreurs. Ainsi l'abbé de Saint-Gilles était *prieur crossé et mitré*, mais nullement *évêque*. Ces légères inadvertances sont faciles à rectifier.

Dans la partie purement descriptive, M. Merimée est admirable de vérité; aussi, pour donner une idée du monument, nous suffira-t-il de transcrire sa description du magnifique portail.

« C'est sur la façade », dit-il, « que s'est épuisé
« tout le caprice, tout le luxe de l'ornementation
« bysantine. Elle se présente comme un immense
« bas-relief de marbre et de pierre, où le fond
« disparaît sous la multiplicité des détails. Il semble
« qu'on ait pris à tâche de ne pas y laisser une
« seule partie lisse: colonnes, statues, frises sculp-
« tées, rinceaux, motifs empruntés au règne vé-
« gétal et animal, tout cela s'entasse, se confond;
« des débris de cette façade on pourrait décorer

« dix édifices somptueux. Devant tant de richesses
« prodiguées avec une profusion inouie, le spec-
« tateur ébloui d'abord, attiré de tous les côtés
« à la fois et ne sachant où arrêter ses regards,
« a peine à reconnaître des formes générales. C'est
« l'inconvénient du style bysantin; on ne peut
« l'apprécier que de près. — Du plus loin qu'on
« aperçoit un monument grec ou romain, on en
« saisit l'ensemble, on en devine les détails; mais
« un édifice du xiime siècle, c'est un bijou qu'on
« doit, pour ainsi dire, examiner à la loupe.

« Il faudrait un volume pour décrire la façade
« de Saint-Gilles ; je n'entreprendrai pas cette
« tâche au dessus de mes forces. »

Certes, je dois l'entreprendre moins encore et me borner à indiquer aux lecteurs les *Voyages pittoresques et romantiques dans l'ancienne France*, par Charles Nodier, Taylor et Cailleux. Les planches du monument ont été publiées, mais non encore la description écrite, que le style brillant des voyageurs littéraires rendra intéressante.

Planch. 287: *Façade de l'église de Saint-Gilles.*
Planch. 288 : *Vis de Saint-Gilles.*
Planch. 289: *Eglise souterraine de Saint-Gilles.*

Ici il eut mieux valu dire *église inférieure de Saint-Gilles*, car cette église n'est pas *souterraine*, puisqu'elle est de niveau et en communication avec le cloître, dont elle était sans doute la chapelle,

La vis de Saint-Gilles est un escalier dont les marches portent sur une voûte rampante sur le noyau. Cet escalier, renommé parmi les architectes puisqu'il a donné son nom à la forme d'escalier dont il s'agit, appartient, non à *l'église*, mais au *prieuré* adjacent à l'église et dont il est désormais la seule ruine conservée.

M. Merimée a eu raison de fixer l'attention sur une maison située dans une petite rue en face de l'église, parce qu'elle offre un modèle précieux de l'architecture civile au moyen âge.

SAINT AMBROISE.

Je n'ose adopter l'opinion développée dans une dissertation latine de Théophile Raynaud, jésuite, imprimée à Lyon en 1632 et dédiée à Jean Jaubert-Barraut, alors archevêque d'Arles, que saint Ambroise, un des grands hommes et des saints du christianisme d'Occident, soit né vers le milieu du IVme siècle, *dans le palais de son père, préfet de la Gaule méridionale et résidant à Arles*. Je crains que ce soit plutôt à Trèves qu'il faille placer la naissance de ce grand homme, digne d'avoir eu saint Augustin pour disciple (1) et pour panégy-

(1) Personne n'ignore qu'Augustin, envoyé par Symmaque,

riste. Je lis, en effet, dans les *Fastes universels* (1) que le père de saint Ambroise a été préfet du prétoire des Gaules, c'est-à-dire gouverneur de la province romaine dans les Gaules, dans le IVme siècle après Jésus-Christ, de 330 à 340 ; mais, à cette époque, Trèves était encore le siége de la préfecture des Gaules. Les historiens varient sur l'année de la naissance de saint Ambroise, mais la placent, en général, vers l'an 340, c'est-à-dire avant la translation définitive à Arles du siége de la préfecture des Gaules, puisque cette translation n'eut lieu définitivement que vers l'an 392 (2). Antérieurement, le préfet des Gaules résidait tour à tour à Arles, à Lyon ou à Trèves, mais plus souvent dans cette dernière ville ; et c'est sans doute par ce motif que l'*Histoire littéraire de la France*, par les Bénédictins (tom. 1, p. 236), fait naître saint Ambroise à Trèves l'an 340, où, suivant les mêmes historiens, *il fut élevé pendant*

---

préfet de Rome, à Milan, comme maître d'éloquence et accueilli avec bonté par Ambroise, alors évêque de Milan, commença sa conversion à ses sermons et reçut le baptême la veille de Pâques de la propre main d'Ambroise. — *Voy.* la vie de saint Augustin, au vol. 108 de la *Collection des pères de l'église* de MM. Caillau et Guillon.

(1) Par M. Buret de Longchamps (1822), dans le tableau relatif au IVme siècle de l'ère vulgaire.

(2) *Voy.* à ce sujet la dissertation des PP. Bénédictins, dans l'*Histoire du Languedoc*, tom. 1er, note 48.

tout le temps que son père y exerça la préfecture.

L'auteur de la vie de saint Ambroise insérée au volume LV, publié en 1836, de la *Collectio selecta SS. ecclesiæ patrum* par MM. Caillau et Guillon, a suivi, ainsi que le jésuite Bérault-Bercastel, dans les *Siècles chrétiens* ou *Histoire du christianisme* (tom. 1er, pag. 474, éd. de 1775), l'opinion des Bénédictins, et je ne crois pas pouvoir m'en écarter. Fleury (*Histoire ecclésiastique*, tom. IV, pag. 316), se borne à dire que ce grand évêque *était fils d'Ambroise, préfet du prétoire des Gaules.*

X.

L'HOTEL-DE-VILLE D'ARLES, LA PLACE ROYALE ET SES MONUMENTS.

> *Pater Tiberii, quæstor Caii Cæsaris, Alexandrino bello classi præpositus, plurimùm ad victoriam contulit; quare, et pontifex in locum P. Scipionis substitutus, et ad deducendas in Galliam colonias, in quis Narbo et Arelate erant, missus est.*
>
> C. SUETONII, Tiberius, IV.

Cet hôtel-de-ville est situé entre la place Royale, décorée de l'obélisque, et le plan de la Cour, où l'on voit encore les siéges de pierre sur lesquels, à une époque reculée, se rendait la justice.

Jacques Peytret a construit l'hôtel-de-ville d'après le plan de Jules Hardouin Mansard, premier architecte du roi.

La première pierre de fondation fut placée par les consuls d'Arles, le 22 juin 1673, au coin de la tour de la Grande-Horloge, monument de la renaissance que l'architecte fit bien de respecter.

Sur les deux grandes façades, nord et midi, des médaillons représentaient jadis les six premiers rois d'Arles avec leurs noms, *Arelatensis rex*

Boson, Louis Boson, Hugues, Rodolphe, Conrad dit le Pacifique et Rodolphe II.

Louis XIV, sous la forme du soleil, était placé sous le couronnement de l'édifice, entre deux Renommées ayant deux prisonniers à leurs pieds.

Sa statue pédestre était élevée dans l'intérieur, dans le grand vestibule, sur un piédestal, vis-à-vis le grand escalier.

La salle du Conseil, boisée et sculptée par Bondon, habile sculpteur d'Avignon, était décorée des portraits des rois de France, de tableaux et de médaillons représentant :

1° *Constantin le Grand faisant édifier à Arles des monuments;*

2° *Le couronnement d'Avitus empereur, sur un trône de gazon élevé à la hâte au nord de la ville, sur la colline du Moleyrès, en présence de Théodoric, roi des Visigoths, de l'armée et des députés de l'assemblée générale des provinces des Gaules;*

3° *Childebert et ses Francs, célébrant à Arles,* en l'an du Christ 539, *les jeux du cirque;*

4° *Le couronnement de l'empereur Frédéric Barberousse dans l'église métropolitaine de Saint-Trophime par l'archevêque d'Arles, Raymond de Bolène, en présence de Béatrix de Bourgogne, sa seconde épouse, et de Philippe, son fils aîné;*

5° *Les députés d'Arles prêtant,* en 1250, *serment d'hommage et de fidélité à Charles d'Anjou, comte de Provence;*

6° *Le mariage de Louis II d'Anjou, comte de Provence, avec Yolande d'Arragon*, célébré dans l'église métropolitaine d'Arles, le 2 décembre 1400, par Nicolas de Brancas, évêque de Marseille ;

7° *L'entrée de Charles IV, empereur d'Allemagne, à Arles*, où il se fit couronner, dans l'église de Saint-Trophime, roi d'Arles, le 5 juin 1364, jour de la Pentecôte ;

8° Le portrait de Louis le Grand peint en manteau royal, par Jacques Vins et placé en 1705.

En 1793 on a brûlé sur la place publique ces tableaux, mutilé les sculptures, gratté les écussons des deux façades, brisé la statue du grand roi.

Aujourd'hui on visite dans la grande salle un beau tableau de chevalet commencé par Natoire et terminé par Lemoine en 1738, dont le sujet religieux est la *guérison de l'aveugle par Jésus-Christ*, cédé en 1821 par le musée royal de Paris, en échange d'un torse en marbre antique trouvé dans les fouilles du théâtre romain.

L'ancien blason de la ville d'Arles était un lion accroupi, d'or sur un fond d'argent, avec la *demande* du franc carton, fond d'azur avec une fleur de lis d'or.

Voici ce que porte, à cet égard, une délibération du conseil municipal d'Arles du 24 novembre 1814, que je transcris littéralement :

« Nous lisons dans Suétone » (*in vitâ Tiberii*, *cap.* IV) « que, l'an 43 avant J.-C., César envoya

« dans notre ville Claude Tibère Néron, père de
« l'empereur Tibère, pour y fonder une colonie
« composée des soldats de la sixième légion. Cette
« colonie prit pour armes un lion. A cette pre-
« mière autorité nous joindrons celle d'un monu-
« ment respectable, qui prouve que la ville
« d'Arles n'a jamais changé ses armoiries : nous
« voulons parler d'une médaille que cette ville
« fit frapper à la mort de Constantin le Grand.

« Elle porte de face la tête voilée (1) de l'em-
« pereur, avec cette légende :

DIVO CONSTANTINO M. PRING.

« Elle a pour type un lion, et pour légende,
« *memoriæ æternæ*.

« On lit enfin sur l'exergue : P. A.; c'est-à-dire,
« *percussa Arelate*. »

Les armoiries actuelles de la ville sont surmontées, depuis cette année 1837, de l'amphithéâtre en
forme de couronne murale. Les trois tours de l'amphithéâtre, construites dans le huitième siècle, indi-
vidualisent la cité d'Arles; les mots CIV. ARÈL. remplacent l'ancienne devise AB IRA LEONIS. Le dessin de
ces armoiries est de M. Huart, professeur de l'école

---

(1) La tête voilée est le costume des souverains pontifes : elle indique donc, par les médailles sur lesquelles Constantin est ainsi représenté, qu'il n'abdiqua pas les fonctions de souverain pontife.

(Mionnet, *De la rareté et du prix des médailles romaines*, tom II, pag. 236.)

Note de l'auteur.

de dessin et conservateur du musée lapidaire, et la gravure de M. Veran d'Arles, domicilié à Paris.

LES MONUMENTS DE LA PLACE ROYALE.

Cette place, sur laquelle est situé l'hôtel-de-ville, est décorée ou plutôt formée par des monuments de tous les âges :

A gauche, le portail de l'église Saint-Trophime, d'architecture bysantine ou romane, et le palais des archevêques d'Arles, dont la façade est d'architecture moderne;

A droite, le musée lapidaire, qui avant 1789 était une église sous l'invocation de sainte Anne, édifiée sous Louis XIII;

Au centre, l'obélisque, qui fut taillé par les Romains, dans les carrières de l'Estérel, sur le modèle des monuments du même genre venus d'Egypte, et qui, à l'époque de leur domination, ornait la *media spina* du cirque antique d'Arles.

La *Revue britannique* de juin 1836 renferme une note qu'il faut rectifier. Je la transcris :

« A l'exception des obélisques transportés à
« Rome et de celui qui vient d'arriver à Paris,
« on ne trouve d'autre monument de cette espèce,
« en Europe, qu'à Constantinople, et à Arles,
« dans le midi de la France. L'histoire de l'obé-
« lisque d'Arles est fort singulière. On trouva ce
« monument, de sept pieds de diamètre à la base

« et de cinquante-deux pieds de haut, dans un
« jardin particulier, près du Rhône : il était pres-
« que complétement enfoui ; sa pointe seule ef-
« fleurait la terre. *On pense que cet obélisque fut
« apporté d'Egypte comme ceux de Rome, il y
« a deux mille ans*, et qu'on l'*oublia* près du
« Rhône, à l'endroit même où il avait été déposé.
« Charles IX rendit un édit pour le faire élever ;
« mais l'obélisque ne sortit pas de son sépulcre.
« Enfin, en 1676, la ville d'Arles le dressa et le
« consacra à Louis XIV, dont les titres de gloire
« remplacent sur le piédestal ceux du grand
« Sésostris (*British Museum*). »

Cette note de l'auteur anglais n'est point exacte en plusieurs points.

Cet obélisque n'a pas été apporté d'Egypte.

Il n'est chargé d'aucun signe hiéroglyphique.

Le piédestal n'a jamais mentionné les titres de gloire du grand Sésostris.

Il a été taillé par les Romains dans les carrières de l'Estérel ou de l'île de Corse.

Il n'est donc pas en granit oriental, mais en granit français ou corse. Ce monolithe est d'une couleur grisâtre ; il a 47 pieds français de haut ; sa forme est très remarquable, en ce qu'elle est plus effilée que ne le sont, en général, les obélisques égyptiens. J'appelle sur ce point l'attention des hommes de l'art.

Au pied de l'obélisque d'Arles, les souvenirs

historiques assiègent et affectent profondément, en présence des vicissitudes que rappelle ce monument.

Les Romains l'ont taillé et dédié au soleil, pour décorer la *media spina* du cirque que le christianisme a détruit.

Le Rhône l'a couvert de son limon, et des siècles ont passé.

Sous le règne de Charles IX, on le retrouve par hasard et on l'oublie encore plusieurs siècles.

En 1675, Louis XIV le fait transporter et dresser sur la place à laquelle il donne son nom.

Le piédestal est orné d'inscriptions latines en l'honneur de ce grand roi, inscriptions rédigées par l'académicien Pelisson.

1793 les efface; Napoléon, en 1805, les rétablit, non plus en l'honneur de Louis XIV, mais à sa propre gloire : l'*aigle conquérant* de l'empire remplace le *soleil* du roi absolu. Une nouvelle inscription fastueuse, sur marbre, commence ainsi (1) :

VIRO IMMORTALI NAPOLEONI.

L'immortel est mort en exil : le vainqueur de tant de rois, le conquérant de tant de capitales est mort prisonnier sur un rocher lointain et désert; l'aigle est tombé, les Cosaques du nord en ont dispersé les lambeaux, et on ne lit plus aucune

(1) Délibération du conseil municipal du 22 ventose an XIII.

inscription sur le piédestal, qu'emprisonnent, depuis quelques années, des grilles en fer, et que quatre lions de bronze semblent garder.

La place des inscriptions est restée vacante ; elles n'existent désormais que dans le *Voyage* de Millin, tom. III, pag. 486.

Dieu seul est grand !

Quelqu'un, bien jeune en 1805, écrivit, sur la demande des ordonnateurs de la solennité du 3 mai, les vers suivants, qui furent inscrits sur une face du piédestal :

> L'aigle de Jupiter, symbole de la guerre,
> Intimidait jadis ses crédules sujets ;
> Mais toi, Napoléon, quoique armé du tonnerre,
> Ton aigle nous apporte et la gloire et la paix.

Il faut se reporter au 3 mai 1805, date de ces vers : la France entière était encore dans l'attente de l'avenir, en admiration de la victoire de Marengo et sous l'influence de la paix d'Amiens.

La pluie et le vent eurent bientôt effacé cette inscription imprimée sur une tablette en bois. Plus tard, les tempêtes politiques ont brisé le symbole du général qui, suivant l'expression énergique de notre grand poète (1), *pétrit sa statue avec de la boue et de l'intérêt personnel, au lieu de la tailler dans les sentiments divins et moraux, la vertu et la liberté.*

(1) M. de Lamartine, *Voyage en Orient*, tom. 1er, pag. 237.

XI.

INDICATION RAPIDE DES AUTRES MONUMENTS.

1° Les ruines du monastère de Montmajor ;
2° La chapelle de Sainte-Croix,
3° Les ruines du palais de Constantin (*Château de la Trouille*).
4° Les ruines de l'abbaye de Saint-Césaire ;
5° La chapelle de Saint-Blaise ;
6° Celle de la rue des Carmes ;
7° Les champs Elysées et les ruines de l'église de Saint-Honorat ou de Notre-Dame-de-Grace ;

Ipsa etiàm rudera clamant.
Juvénal.

Nous allons marcher à travers des ruines ; mais, comme l'a dit le plus grand écrivain du siècle, Châteaubriand (*Génie du Christianisme*), tous les hommes ont un secret attrait pour les ruines : ce sentiment tient à la fragilité de notre nature, à une conformité secrète entre ces monuments détruits et la rapidité de notre existence.

Les collines de Cordes et de Montmajor, qui dominent aujourd'hui la plaine du Trébon aux environs d'Arles, ont été longtemps recouvertes par les eaux de la mer, et naguère, avant le dessèchement des marais d'Arles, dans les années pluvieuses, on n'y parvenait qu'en bateau.

Les amateurs d'histoire naturelle, de botanique et de fossiles y vont butiner, dans les beaux jours de printemps et d'été. Les ruines de l'abbaye de Montmajor et de son église, sa tour, la chapelle de Sainte-Croix, élégant et correct monument dont le conseil général du département a eu la générosité de prévenir la destruction en l'achetant; enfin, quelques restes de constructions romaines et la grotte des Fées de la colline de Cordes doivent fixer un instant l'attention des voyageurs.

Ces ruines, en effet, sont vivantes par des souvenirs religieux, historiques et artistiques.

La fondation de l'abbaye de Montmajor remonte au xme siècle. Elle était déjà célèbre par la fameuse procession du *Pardon*.

Cette procession se dirigeait vers la chapelle de Sainte-Croix (1).

L'ancienne tradition de l'église d'Arles est que la construction en fut commencée, en 1017, par Pons de Marignane, religieux de l'abbaye de Saint-Victor de Marseille, d'où il fut tiré pour être placé sur le siége archiépiscopal d'Arles, qu'il occupa de 1005 à 1030.

(1) *Voy.* planche XIX de la *Statistique des Bouches-du-Rhône.*

La construction fut terminée et la chapelle bénie par cet archevêque en 1019.

La charte originale de la consécration de cette chapelle, en date du 13 des calendes de mai 1019, est au pouvoir de M. Veran, qui nous l'a communiquée. Le doute n'est plus permis.

D'après une concession du même archevêque Pons de Marignane, il y avait des indulgences accordées à tous ceux qui visitaient cette église à la fête de l'Invention de la Croix (3 mai).

M. Veran possède dans ses archives une bulle du pape Jules II, de l'année 1504, par laquelle ce pape accorde des indulgences à ceux qui visitent l'église Sainte-Croix de Montmajor, lorsque la fête de l'Invention de la Croix se rencontre un vendredi.

Depuis 1789 cette fête religieuse a cessé; mais il existe encore à Arles des personnes assez âgées pour en avoir été les témoins: elle nous ont raconté la foule immense qui, à cette époque, accourait d'Arles et des environs, et se pressait à la chapelle de la Croix.

A peine le brillant soleil de mai commençait-il à dorer le sommet de la tour élevée de Montmajor, que l'on voyait se dérouler dans la plaine, sous l'étendard de la croix, de longues processions de jeunes filles et de pénitents, dont les diverses bannières, étincelantes d'or et d'argent, parcouraient en tous sens les sentiers de la colline et se mêlaient admirablement aux arbres verts qui la décoraient.

En passant, ils priaient sur les tombeaux. En effet, le rocher sur lequel est bâtie la chapelle de Sainte-Croix est creusé partout comme une ruche : on y a pratiqué un nombre considérable de tombeaux, qu'on suppose chrétiens ; il y en a de toutes les grandeurs, comme pour nous rappeler que la mort frappe sans dictinction tous les âges.

Les échos de Montmajor répétaient au loin les hymnes sacrés, les cantiques de Sion, les chants religieux.

De ce lieu élevé la prière semblait monter plus rapidement au ciel.

Les vérités du christianisme semblaient acquérir un nouvel éclat dans cette grande réunion.

L'étranger étonné se croyait d'abord transporté dans la Grèce antique, et assister à ces *théories* célèbres, à ces députations solennelles des villes de la Grèce, aux fêtes de Delphes, de Tempé, d'Olympie et de Délos.

De cette solennité religieuse, hélas ! il ne reste plus que de stériles souvenirs et des regrets.

Le couvent et l'église de Montmajor sont en ruines.

Le voyageur n'a plus à visiter que la Confession ou chapelle souterraine, qui s'étend sous l'église supérieure en forme de croix.

Le cloître est détruit.

Les monuments dont il était enrichi ont disparu, à l'exception de l'épitaphe du comte Geoffroi et de quelques pierres du mausolée d'une princesse de la maison d'Anjou.

M. Reattu, peintre d'Arles, a sauvé, en l'achetant, la superbe tour édifiée en 1369 par Pons de Ulmo, abbé de Montmajor et cellérier de Saint-Victor de Marseille.

La chapelle de Sainte-Croix était devenue, pendant la révolution, la propriété d'un pêcheur, qui s'y était établi avec sa famille.

Le département l'a rachetée, par acte du 15 juillet 1822, au prix de 2,500 fr., et en a fait la remise à la ville d'Arles, à la charge de la réparer et de l'entretenir.

Elle a été rendue à l'exercice du culte, mais ce n'est pas assez : il faut la purifier plus solennellement encore de toutes les profanations, en renouvelant la fête religieuse.

La chapelle de Sainte-Croix renferme une fausse inscription qui en attribue la fondation à Charlemagne, en commémoration d'une victoire que ce prince aurait remportée, en ces lieux mêmes, sur les Sarrasins, qu'il aurait exterminés.

Dom Chanteloup et dom Bouquet pensent que cette inscription est fausse et qu'elle n'a été fabriquée que dans le xvme siècle par les moines de Montmajor, pour s'en faire un titre de fondation royale contre l'abbaye de St.-Antoine de Viennois, avec laquelle les religieux de Montmajor ont eu de très grandes contestations, notamment dans le xvme siècle.

Revenons à la ville, disons adieu aux ruines de Montmajor; disons-leur adieu, le cœur navré de douleur, en voyant dans un état presque complet de destruction, et la célèbre abbaye dont les abbés sont devenus souvent papes et cardinaux, et le cloître dévasté, privé de son double rang de colonnettes effilées, mais conservant des épitaphes et des inscriptions latines, parmi lesquelles se font remarquer encore, nous l'avons dit, l'épitaphe du comte Geoffroi et le mausolée d'une princesse de la maison d'Anjou.

Dans l'intérieur de la cité d'autres ruines nous attendent :

Ici les murailles d'une tour, faites de briques et de pierres mêlées, indiquent l'emplacement du palais de la Trouille, édifié par Constantin le Grand;

Ailleurs et au levant, en dehors des murs de la cité, Saint-Honorat-des-Aliscamps, cette église autrefois si riche et si ornée, aujourd'hui si misérable et si déserte, encore debout pourtant et couronnée de son clocher à deux rangs d'arcades étagées, imitées de l'amphithéâtre romain, et dont les nefs désolées, abandonnées, détruites, ce portail sous lequel personne ne passe plus, ces murailles ébranlées, usées par la lèpre des mousses et des lichens, s'harmonisent parfaitement avec l'état de complète désolation où se trouvent nos Elysées.

Dans la ville même, ici les ruines de l'église et de l'abbaye de Saint-Césaire-des-Aliscamps, qui se rattachent à l'histoire de la translation du monastère de Saint-Césaire, des champs Elysées dans la ville : translation que les uns placent au temps des Sarrasins et les autres dans le xme siècle. Rien d'authentique ne prouve l'époque de cette translation. De nos jours cette église a été rendue au culte par la confrérie des pénitents gris.

L'église de Saint-Jean-de-Moustiers, qui date de la première invasion des Sarrasins, et dont l'abside, avec sa large décoration de broderies à la grecque, subsiste encore enfouie dans la terre des remparts ;

L'église de Sainte-Agathe, qui en était indépendante et séparée, et à laquelle on arrivait par la grande cour du monastère, et où les religieuses recevaient la sépulture.

Ces ruines rappellent naturellement l'histoire de ce célèbre couvent depuis sa fondation jusqu'à nos jours, et de sa réforme tentée à diverses époques, notamment par l'archevêque François de Grignan, en vertu des ordres de Louis XIV, en date du 26 septembre 1673.

Les *monuments de la renaissance* et les *monuments modernes* sont peu nombreux à Arles.

La tour de notre horloge, commencée en 1547,

achevée en 1553, la même année qu'Henri IV vint au monde, reproduit les formes pleines de grâce et d'élégance du mausolée de *Glanum*, qui se voit encore auprès de Saint-Remy : cette tour, que surmonte la statue de Mars que le peuple a toujours désigné sous le nom d'*homme de bronze*, et qui n'est pas seulement à Arles une simple statue de Mars du poids de douze quintaux vingt-deux livres, jetée en fonte par Laurent Vincent d'Avignon en 1515, mais encore le *palladium*, le symbole providentiel de l'amour des Arlésiens pour le pays.

L'église actuelle de Saint-Julien, dont l'intérieur est gothique et la façade grecque, est un vaisseau peu remarquable, à une seule nef, terminé par l'hémicycle de l'abside étroit et peu profond; les fondements en furent posés en 1647, au même endroit où il y avait auparavant une autre église fort ancienne, laquelle avait été bâtie par l'archevêque Athon en 1119 et consacrée au même saint par le pape Calixte II, à son retour du concile de Valence.

Le croirait-on? en 1836, dans la rue des Carmes, large sillon tracé par le char révolutionnaire dans une nef d'église catholique, suivant l'heureuse expression du rapport fait par la commission archéologique d'Arles au ministre de l'intérieur, on a découvert une chapelle, relique merveilleuse de sculptures coloriées, fondée dans la seconde moitié du XVIe siècle, sous le titre de l'*Assomption de la Vierge*, par un gentilhomme du pays, l'opulent Nicolas des Alberts, qui y avait élevé un superbe tombeau à son épouse Marie de Celliers. Dans un des coins de la chapelle on a découvert l'écusson du fondateur, écartelé d'or et d'azur, des Alberti de Florence.

Depuis 1836, la commission archéologique fait inutilement des offres pour acheter cette chapelle, dont elle voudrait prévenir la destruction.

LES CHAMPS ÉLYSÉES
ET L'ÉGLISE DE NOTRE-DAME-DE-GRACE.

Il est indispensable de parler en même temps, et de ce vaste champ des tombeaux nommé chez les payens *Elysii campi*, dont on a fait par corruption *Aliscamps* dans l'idiome local, et de l'église de Notre-Dame-de-Grâce, bâtie à l'une des extrémités de cet Elysée, église qui fut le berceau de la foi dans les Gaules.

Dans l'Elysée d'Arles, semblable à ceux de Rome, de Naples et de Pompéï, les tombeaux occupaient l'entière étendue de la colline du Moleyrès; les emblèmes payens se trouvaient mêlés aux symboles chrétiens. Ces tombeaux n'étaient pas réunis, comme de nos jours, dans une enceinte clôturée ; ils étaient disséminés sur toute la colline du Moleyrès, où l'on en rencontre encore beaucoup qui sont épars sur des points divers et quelquefois entassés en plusieurs couches. L'espace semble avoir manqué aux morts, que les villes voisines des rives du Rhône, depuis Lyon, expédiaient par le fleuve à Arles pour y recevoir la sépulture dans ce célèbre Elysée.

Sous le christianisme, une enceinte consacrée aux morts par saint Trophime, premier évêque, paraît avoir été délimitée par des croix, dont plusieurs subsistent, d'autres sont indiquées par leurs piédestaux, d'autres enfin ont disparu.

Le point à la fois culminant et central de cet Elysée était la chapelle de Saint-Pierre, bâtie sur les ruines d'un ancien temple de Mars, dont, à Arles comme à Rome, l'idole était dans les champs Elysées : l'idole fut renversée, et la chapelle fut consacrée à saint Pierre et à saint Paul par saint Denis l'Aréopagiste, lorsque, venant à Arles visiter saint Trophime, il le trouva mort (Duport, *Histoire de l'église d'Arles*, pag. 404).

Sous les gazons qui entourent cette chapelle, les tombeaux sont amoncelés.

De ce point, le périmètre de l'Elysée se dirigeait vers la porte Agnel, où s'est tenu long-temps le marché des bêtes à laine, avant l'établissement du marché Neuf, et vers la porte de Villeneuve, en dessus et en dessous de laquelle, à quelque distance, on rencontre les piédestaux de deux croix.

L'Elysée suivait ensuite le chemin qui conduit de la porte Villeneuve à la chapelle de Genouillade, qu'il enfermait dans son enceinte.

De la Genouillade l'Elysée se dirigeait vers l'église de Notre-Dame-de-Grâce, en enveloppant l'hospice de Saint-Lazare, le jardin Esparvier, dans lequel des fouilles ont mis à découvert des inscriptions, dont une surtout, surmontée de la croix grecque, est fort curieuse et paraît se rapporter à un enfant d'un fonctionnaire public préposé à la navigation : on y a découvert aussi des lampes sépulcrales et d'autres insignes des tombeaux.

L'Elysée enveloppait dans sa ligne de circonvallation le tombeau des consuls, l'enclos des Capucins, le jardin Sauret, dans lesquels on a également trouvé des urnes, des lampes sépulcrales : dans le dernier surtout, des objets précieux, et spécialement une lampe sépulcrale à deux becs, dont les amateurs d'antiquités ont signalé la rareté.

De ce point, la ligne de circonvallation aboutissait de nouveau à la croix placée au premier moulin de la colline du Moleyrès, vers lequel des fouilles, en 1834, ont fait découvrir des fioles et des lampes sépulcrales, et de là se terminait directement à la chapelle de Saint-Pierre.

Longtemps, dans ce vaste périmètre, on n'a pu

remuer la terre sans en faire sortir des tombeaux ou des ornements d'anciennes sépultures; le sol a été longtemps jonché de leurs débris, qui, indépendamment des croix qui signalent évidemment le périmètre de l'Elysée chrétien, ne permettent pas d'en méconnaître l'emplacement et l'étendue.

Cet Elysée, car tel est le nom que les Grecs et les Romains donnaient à leurs cimetières, était très célèbre avant l'ère chrétienne sur les rives du Rhône. Les villes voisines tenaient à honneur d'y donner la sépulture à leurs morts, et elles les y faisaient parvenir par la navigation du Rhône, en ayant soin de placer sous la langue du décédé une obole ou une triobole, destinée à payer le passage de la barque de Caron, rigide et avide nautonnier des morts. On sait que ce mythe appartient, pour le fond et la forme, à l'Egypte ancienne, qui soumettait à l'examen d'un tribunal particulier la vie des riches défunts, avant de permettre le passage de leurs corps dans un cimetière réservé, entouré de fossés profonds, ou même dans une île au milieu d'un lac; usage que les Grecs imitèrent, suivant le témoignage d'Aristophane (*Ranæ, vers.* 140; Schol. *ibid., vers.* 272) et de Lucien (*de Luctu*), usage qui explique pourquoi on a trouvé quelquefois des pièces de monnaie ancienne en ouvrant ces tombeaux, antiques monuments de la *Nécropolis d'Arles*.

C'est dans cet Elysée que les consuls et les curés

d'Arles, victimes de la peste en 1720, ont conservé le mausolée que la reconnaissance publique leur a érigé et dont les inscriptions ont été rédigées en 1722 par le chevalier de Romieu.

Voici les noms de ces magistrats municipaux, noms qui ne doivent jamais périr :

Jacques d'Arlatan de Beaumont, gouverneur de la ville ;

Consuls : Jacques Gleyse de Fourchon ; — Jean Grossy, avocat; — Honorat de Sabatier; — Ignace-Amat de Graveson.

Curés : C. Maurin; — Daniel Leblanc ; — Math. Richaud; — Ant. Roman; — Jos. Charbonnier; — Michel.

L'inscription à la mémoire des consuls se termine par une allusion à leur dévoûment, assimilé à celui de Curtius.

Sic suos habet Curtios gallula Roma Arelas.

Le monument fut élevé par leurs successeurs dans le consulat en 1722, qui furent :

G. Depiquet ; — J.-F. Francony; — G. Granier; C. Honorat.

L'inscription exprime formellement que ces derniers ont érigé le monument à la mémoire de leurs prédécesseurs (1).

---

(1) Le *Guide du Voyageur dans Arles*, pag. 266, a confondu les consuls de 1722, qui ont érigé le monument, avec les consuls de 1720, dont il renferme les cendres.

Près du tombeau des consuls sont les ruines d'un édifice circulaire, qui paraît avoir été un de ces tombeaux romains, bâti en briques et en pierres, dont l'intérieur avait de la ressemblance avec un colombier, ce qui les faisait nommer *columbaria* : dans des niches pratiquées dans le mur, comme les nids des pigeons, on pouvait placer deux ou trois urnes (*ollæ*) qui contenaient les cendres des morts. Ce monument est tellement ruiné, qu'il est impossible d'affirmer hardiment ce qu'il était jadis; mais il est incontestable que cet édifice, placé dans l'Elysée d'Arles, a dû servir de tombeau, et il ne paraît pas avoir eu d'autre destination.

Le ciment de la chambre sépulcrale, aussi dur que le roc, conserve encore les vestiges très apparents de peintures à fresque, dont le laps des siècles et l'intempérie des saisons ne permettent plus de distinguer même le sujet; ces peintures forment un singulier contraste avec les aspérités du rocher brut qui forme le sol de la chambre sépulcrale.

Les champs Elysées d'Arles renferment dans leur vaste enceinte des souvenirs touchants qui attestent la piété fervente des premiers chrétiens. Ce cimetière renfermait, suivant le témoignage des historiens de l'église d'Arles, plusieurs chapelles; on en comptait jusqu'à trente, qui, en général, ont été détruites dans les guerres contre les Sarrasins.

Quelques-unes subsistent encore : telles sont la chapelle de Saint-Pierre-d'Aliscamps et Saint-Lazare, bâti sur les ruines de l'hôpital des lépreux.

Telle est la chapelle de la Genouillade, qui a été démolie et rebâtie en 1529. Avant cette reconstruction une fenêtre grillée de fer indiquait l'endroit où l'on croit par tradition *que le fils de Dieu laissa les vestiges de ses genoux* lorsqu'il bénit ce cimetière (Duport, pag. 409).

D'après cette même tradition, saint Trophime par l'inspiration de Dieu, changea les champs Elysées en un cimetière chrétien (Duport, pag. 69).

L'église de Notre-Dame-de-Grâce, qui d'ailleurs, comme monument, est d'une haute importance historique, termine de ce côté l'enceinte des champs Elysées, et semble placer sous la protection plus immédiate de la mère des grâces divines les cendres de ceux qui, vivants, l'ont intercédée.

Idée consolante de placer la miséricorde auprès des tombeaux !

Mais combien n'est-il pas douloureux de penser et de voir que ce monument, qui a été le berceau du christianisme dans les Gaules et qui remonte aux temps apostoliques, consacré à la mère de Dieu par le premier évêque d'Arles, sanctifié par la sépulture de plusieurs évêques que l'église a mis au rang des saints, par les reliques mêmes de saint Trophime transférées en 1152 dans la métropole actuelle, tombe en ruines et, sans culte, n'est désormais que l'objet d'une curiosité profane pour les étrangers qui visitent ses ruines, prêtes à se pulvériser!

Arlésiens, nous avons à nos portes un monument qui, comme œuvre d'art, est de la plus haute antiquité, et qui, sous le rapport des traditions religieuses, remonte aux temps apostoliques; le laisserons-nous périr?

Cette église, berceau de la foi dans les Gaules, au lieu d'être déserte, devrait encore exciter la vénération des peuples.

Saint Genès, martyr en 303, y fut enterré (Saxi, pag. 60).

Saint Honorat, archevêque d'Arles, décédé le 16 janvier 429, lui donna son nom.

Saint Hilaire, aussi archevêque d'Arles, et qui fut dans les Gaules et pour tout l'Occident ce que saint Athanase fut pour toute l'église d'Orient; saint Hilaire, que saint Jérôme appelle *eloquentiæ latinæ Rhodanus*, le Rhône de l'éloquence latine; saint Hilaire y fut enterré en 449.

Saint Eonius, archevêque, y reçut la sépulture en 503 (Saxi, pag. 88).

Saint Rotland, archevêque, martyr des Sarrasins en 879, y fut également enterré (Saxi, p. 177).

Cette ancienne métropole a vu, dans son enceinte, réunis les pères de plusieurs conciles qui portent dans les collections le nom d'Arles, *arelatense*, et notamment :

Celui assemblé le 1ᵉʳ août de 314 par l'ordre de Constantin, et auquel fut appelé tout l'Occident chrétien;

Arelatense II, de 442, convoqué par St. Hilaire, qui prouve que l'évêque d'Arles exerçait le droit d'assembler de grands conciles dans les Gaules;

Gallicanum ou *arelatense* III, placé par le père Mansi à la fin de 451, et plusieurs autres postérieurs à ceux-là, qui constatent l'étendue de la juridiction de l'église d'Arles, dont la chapelle de Notre-Dame-de-Grâce rappelle le plus ancien monument.

Il ne reste plus que les murailles latérales, le portail, le chevet et la croisée de l'ancien bâtiment qu'avait fait construire Paul de Marignane.

En 1615, l'édifice fut restauré aux frais de M. d'Aiguières, seigneur de Méjanes, ainsi que le prouve cette inscription :

Honoratus de Aqueria D. de Mejanes, hoc templum elegant solo cohonestavit anno Domini Mᵒ DCᵒ XV.

En 1618, la chapelle de la Vierge-des-Grâces reçut sur un piédestal, en remplacement d'une statue de bois, une belle vierge de marbre blanc, sortie des ateliers de Leonardi Mirano, célèbre sculpteur de Gênes.

En 1793, cette église fut dévastée : un miracle sauva la statue.

Le premier qui y porta la main pour la détruire fut renversé lui-même et se rompit la jambe; ses complices l'emportèrent, et la statue fut désormais respectée.

J'ai vu cet homme; il est resté boiteux jusqu'à sa mort, survenue quarante ans après dans la maison de la Charité, où il avait été admis comme pauvre infirme dans les dernières années de sa vie.

Après le rétablissement du culte catholique en France, cette statue a été transférée dans la chapelle de la Vierge dans l'église de Saint-Trophime.

Dans les chapelles en ruines et désertes de ce monument, on voit encore des restes des écussons ou des décorations dont les tombes étaient ornées, notamment l'écusson de la maison d'Aiguières, orné de gueules à six besants d'argent; mais on y cherche inutilement cette inscription, jadis gravée sur la tombe de Poncia d'Aiguières :

VIII : KL : OCTOBRIS : OBIIT : PONCIA : DE : AQUERIA : ANNO : DOMINICÆ : INCARNATIONIS : M.C.L.XXIIII :
ORATE PRO EA.

Il ne reste plus aujourd'hui de Saint-Honorat-des-Aliscamps, cette église autrefois mélange gracieux et admirable de l'art bysantin et du style gothique, que la tour octogone, formée de deux étages à pans égaux entre eux, percés sur chaque face de deux arcades pleinement cintrées, accompagnés de colonnes corinthiennes et de pilastres cannelés, et dont l'ensemble semble une imitation réduite de l'architecture de l'amphithéâtre romain (1).

(1) Plusieurs inscriptions des dalles ou tablettes sépulcrales recueillies dans nos champs Elysées méritent d'être conservées, telles sont celles de Q. Delius et de C. Fabius Hermès, qui se terminent par ces lettres :

H. M. H. M. N. S.

Ces initiales indiquent en abrégé la nature de la propriété, elles expriment que le monument n'est pas transmissible aux héritiers.

Hoc Monumentum Heredes Meos Non Sequitur.

Ce qu'il faut entendre des héritiers étrangers à la famille, puisque le fondateur déclare avoir construit le monument pour lui et les siens, *sibi et suis;* distinction juridique écrite dans le digeste (XI, 7, frag. V), développée par Heinecke (*Antiquités du droit romain*, liv. II, tit. I, § 7), et remarquée par Orelli (*Inscript. lat. coll.*, n° 4397). Si le *Guide du voyageur à Arles* a imprimé (pag. 246) *heredes mei non sequitur*, bien évidemment dans les deux inscriptions *mei* n'est qu'un *erratum* de l'imprimeur. Les règles de la syntaxe latine exigent l'accusatif, *non sequitur heredes meos;* aussi les antiquaires sont-ils unanimes à cet égard : Gruter (*abreviaturum interpretatio*, pag. 99), Orelli (vol. II, pag. 461, n°s 575 et 2807), Millin (tom. III, pag. 580), *Voyage dans le Midi*. Le poète Horace a conservé la formule (*lib.* I, *sat.* VIII, *vers.* 13), et ses commentateurs l'ont uniformément expliquée, notamment N.-E. Lemaire (tom. II, pag. 89).

XII.

DU CANAL DE MARIUS ET DE QUELQUES MONUMENTS ROMAINS DE LA GAULE MÉRIDIONALE.

La civilisation romaine a répandu avec profusion ses monuments dans la Gaule méridionale, mais le temps et les Barbares les ont mutilés et plus souvent détruits.

Et cependant combien grands, combien durables étaient les monuments de cette antique civilisation, puisque, dispersés dans l'univers romain, ils se montrent après dix-neuf siècles, aux voyageurs étonnés, grands et debout à la fois sur les rives du Danube et sur les rochers de la Nubie, sur les rives du Rhin, de la Tamise, du Tage et du Rhône!

Le 8 octobre 1836, un voyageur français a vu avec surprise sur les rochers du Danube un encadrement soutenu par deux génies ailés, encadrement qu'on appelle la *table de Trajan*, et qui porte ces mots encore lisibles:

Imperator Cæsar divi Nervæ filius Nerva Trajanus pontifex Maximus Germanicus.....

Ce monument de Trajan sur le Danube fut le plus magnifique pont de l'univers.

D'autres voyageurs anglais ont trouvé en 1834, sur les rochers de la Nubie, des inscriptions latines ainsi conçues :

E. Trebonius hic fui.
C. Numenius hic fui.

Le Rhône était trop voisin de Rome pour ne pas fixer plutôt que le Danube et le Nil, et plus spécialement, l'attention des Romains.

Marius, ayant reconnu les difficultés que présentaient à la navigation les embouchures de ce fleuve et voulant assurer à son armée l'arrivée des approvisionnements et des transports par mer, fit creuser un canal latéral au Rhône, connu dans l'histoire sous le nom de *Fossa-Mariana*, canal qui a donné le nom au village de Fos, et dont l'emplacement avait été choisi si convenablement, qu'après dix-neuf siècles, c'est presque dans les mêmes localités, et certainement du moins dans la même direction, que Napoléon, reconnaissant comme Marius l'importance des communications d'Arles à la mer, c'est-à-dire de la vallée du Rhône à la Méditerranée, a fait ouvrir le canal de grande navigation d'Arles à Bouc. Mais en tout se montre la grandeur romaine : au XIXme siècle, il a fallu trente ans et des millions pour renouveler une communication que le général romain avait ouverte sans frais pour le trésor public de Rome, et seulement pour assurer la subsistance de ses légions. C'est probablement en reconnaissance des subsides fournis à leurs armées, que Marius et Pompée firent à la république de *Massilia* des donations de territoire.

La carte de l'itinéraire d'Antonin, dite de Peutinger (un des monuments les plus curieux de l'ancienne géographie, exécuté, suivant Scheyb, à Constantinople, en 393, par l'ordre de l'empereur Théodose, ou, suivant des critiques plus récents, en 435), place également le canal de Marius sur la rive gauche du grand Rhône, opinion généralement admise aujourd'hui. La carte de Peutinger indique également sur cette rive du Rhône un arc de triomphe semi-circulaire, en mémoire, ou des victoires de ce général, ou de l'ouverture de cette nouvelle voie de communication; mais, sur les lieux mêmes, il n'en existe aucune trace : Danville n'en parle pas. Cependant M. Barbier du Bocage en admet l'existence dans l'*Index geographicus* du César de M. Lemaire; or, cette autorité est grave. Les *trophées* de Marius ou l'arc de triomphe peuvent avoir existé; le temps, les Barbares ou les guerres civiles les avoir détruits : et le limon du Rhône, accumulé par les siècles, en a couvert sans doute les pierres dispersées. Il était en l'honneur de Marius, qui mourut proscrit sur les ruines de Carthage.

D'autres monuments d'ailleurs attestent son passage et ses victoires dans la Gaule méridionale, et même ses malheurs domestiques.

Un cippe en marbre blanc, conservé au musée d'Arles, est dédié aux mânes de sa fille Calpurnie.

D M
CALPHVR
NIAE
CAI MARII
CONS. FILIAE
PIISSIMAE.
CIMBROR.
VICTRICI.

Au voisinage d'Aix (*Aquæ-Sextiæ*), sur la colline d'Entremont, on montre aux voyageurs les vestiges de l'*oppidum* des Salyens, que vainquit et détruisit Sextius Calvinus, un de ses lieutenants, dont cette colonie a conservé le nom (1). Près de cet *oppidum*, Marius extermina lui-même les Cimbres et les Ambrons.

Les Romains couvraient de monuments le sol dont prenaient possession leurs légions victorieuses. La Gaule méridionale en est parsemée : tels sont les monuments de Nîmes et le pont du Gard, l'arc de triomphe et le tombeau de Saint-Remy (l'antique *Glanum*), ancienne colonie mar-

---

(1) *C. Sextius, proconsul, victâ Salyorum gente, coloniam Aquas-Sextias condidit, aquarum copiâ, et calidis, et frigidis fontibus, atque à nomine suo ita appellatas.* — Titi-Livii Epitome, lib. LXI.

seillaise dont ces monuments antiques indiquent l'emplacement. L'inscription du tombeau:

SEX LM IVLIEI C F PARENTIBVS SVEIS

est, en général, aujourd'hui traduite ainsi: *Sextus, Lucius, Marcus, Julii curaverunt fieri parentibus suis* (1).

Tels sont encore les restes du théâtre antique de l'arc de triomple d'Orange. D'habiles architectes, MM. de Caristie et Renaux, viennent de consolider ce dernier monument.

J'admets d'ailleurs, touchant l'époque et la cause d'érection de ces édifices, la conjecture de M. Merimée : la profusion d'ornements, la forme des armes, le caractère incorrect et prétentieux de ces monuments, conviennent à l'architecture du IIme siècle. M. Merimée les rapporte, avec raison ce nous semble, aux victoires de Marc-Aurèle en Germanie; ils sont certainement étrangers à Marius et à l'architecture de son siècle : aucune inscription lapidaire ne rapporte nominativement ces monuments à Marius, et ils sont postérieurs à son époque.

Parmi les monuments romains à visiter dans ces

---

(1) *Voy.* l'abbé Barthélemy dans le récit de son voyage d'Italie, *Mémoires de l'académie des inscriptions*, tom. XXVIII, pag. 579, et le *Mémoire sur la position, l'origine et les anciens monuments d'une ville de la Gaule narbonnaise*, appelée *Glanum Livii* par Menard, *ib.*, tom. XXXII, p. 650.—*Glanum* est un mot celtique, observe judicieusement M. de Lagoy; il ne faut pas ajouter *Livii*,

contrées sont aussi le pont et le théâtre antique de Vaison, ainsi que les monuments connus sous le nom de *pont Donneau*, à Saint-Chamas, et sous le nom de *Temple*, au Vernègues.

Le pont de Saint-Chamas est bâti en plein cintre entre deux rochers de niveau avec le chemin qui de cette ville conduit à Aix; l'arc du couronnement est rempli par cette inscription :

>L.... DONNIVS C. F. FLAVOS
>FLAMEN ROMÆ ET AVGVSTI
>TESTAMENTO FIERI JVSSIT
>ARBITRATV C. DONNEI VENAL
>ET C. ATTEI RVFFI.

Au Vernègues, on voit les ruines d'un temple d'ordre corinthien qui avait quatre colonnes de face et un *pronaos*, dont on ne connaît pas précisément la destination. Dans un quartier de ce territoire nommé en provençal *lou Camp de Caen*, on trouve beaucoup d'objets antiques.

A Puyloubier, dans l'arrondissement d'Aix, on a découvert un autel votif (*ex voto*) remarquable par cette inscription:

>JVNONI
>EX VISV
>TREBIA LVCILIA

Comment expliquer la formule *ex visu*, si ce n'est, comme on l'a dit avant nous, par une apparition en songe qui a déterminé l'autel votif?

En général, dans les restes de l'antiquité romaine,

les inscriptions sont malheureusement effacées ou mutilées. Combien de regrets doit inspirer leur perte, en présence de l'intérêt qui s'attache à celles que le hasard a conservées!

En voici trois remarquables:

A Arles, celle de *Sofronius*:

HIC. IACET. AMBIGUA. PIETAS. DOLOR. ET
PVDOR. IN. SE. NOMINE. SOFRONIVS.

A Antibes, celle aux *mânes de l'enfant Septentrion, âgé de douze ans, qui parut deux jours au théâtre d'Antibes, dansa et plut.*

D. M
PVERI SEPTENTRI
ONIS ANNOR XII QVI
ANTIPOLI IN THEATRO
BIDVO SALTAVIT ET PLA
CVIT

A Avenches, qui, sous le nom d'*Aventium*, était sous les Romains la capitale de l'Helvétie, celle de *Julia*, la belle prêtresse de Vesta, victime à 23 ans de son amour filial:

JVLIA ALPINVLA
HIC JACEO
INFELICIS PATRIS INFELIX PROLES,
DEÆ AVENTIÆ SACERDOS;
EXORARE PATRIS NECEM NON POTVI:
MALE MORI IN FATIS ILLI ERAT.
VIXI ANNOS XXIII (1).

(1) Lord Byron, *Childe Harold's pilgrimage*, not. XVI to canto III, stanza LXVI. — *Voy.* Tacite, *Hist.* I, 68; Grut., 319, 10; Orelli, 400.

On conserve dans l'hôtel-de-ville de Saint-Remy un cippe dont je crois devoir transcrire ici l'inscription, quoique citée par Papon, Millin et M. Roger de Lagoy dans *la Description de quelques médailles inédites* (1834).

Je la transcris, parce quelle constate le surnom donné à la colonie d'Arles de *Julia Paterna*, qu'elle dut à Jules César : on remplit comme suit les abréviations.

MEMORIAE AETERNAE AEBVTIo AGATHONi huic VIRO
AVGustali CORPoris Coloniæ Iuliæ PATERnæ ARELatensis
CVRATori Eiusdem CORPoris BIS ITEM huic VIRO COL
oniæ IVLiæ APTAE NAVTAE ARARICO CVRATORI PE
CVLI Rei Publicæ GLANICORVM QVI VIXIT ANNOS LXX
AEBVTIA PATRONO ERGA SE PIENTISSIMO.

Millin pense que cette inscription est du IVme siècle.

Quelquefois on substituait à des inscriptions lapidaires des figures symboliques: ainsi, à l'amphithéâtre de ce même *Aventium* en Helvétie, un Helvétien et un Romain, caractérisés par le costume national et sculptés sur le monument, en se donnant la main, prouvent que l'amphithéâtre a été construit après la pacification des deux peuples.

C'est ainsi que l'histoire passée se trouve gravée sur des livres de pierre et de marbre.

Les monuments romains couvrent de tous côtés le sol de l'ancienne Provence, qui véritablement était l'Italie des Gaules, *provincia romana*. Arles en était la métropole, et ses monuments antiques sont parvenus jusqu'à nous comme des témoins de son ancienne splendeur, monuments que le temps a pu mutiler, mais non détruire.

Comme Rome, Arles avait son Elysée des deux côtés de la voie Aurélienne et non loin des rivages du Rhône, Elysée parsemé de cippes, de tables sépulcrales, de monuments funéraires et de tombeaux. Dans la Gaule romaine, Arles était la ville des morts, comme Iona en Ecosse et Thèbes en Egypte.

Qu'elle est donc admirable cette civilisation antique dans ses ruines mêmes, après tant de siècles, après les Barbares, après tant et de si diverses causes de destruction!

Les inscriptions grecques sont entièrement perdues à Arles : je n'ai pu en découvrir que des fragments brisés et incomplets, dont l'interprétation est impossible.

La célèbre inscription grecque du *jeune navigateur* recueillie à Saint-Cannat par M. de Saint-Vincens, aujourd'hui conservée au musée d'Aix, et qui commence ainsi:

<small>Sur ces rivages battus par les flots, c'est un adolescent qui t'appelle, ô voyageur, etc.</small>

Cette autre inscription grecque du même cabinet qui se rapporte à un vœu fait pour la santé de l'empereur Alexandre Sévère et de *Julia Mammœa*, sa mère, se réunissent aux débris d'inscriptions grecques qu'il a été possible de retrouver à Arles, pour inspirer des regrets sur la perte presque entière, en Provence, de ces monuments de l'antiquité qui constatent l'établissement des colonies grecques.

XIII.

DE LA ROTONDE
ET DE DIVERS PROJETS TOUCHANT LA CONSTRUCTION D'UNE SALLE DE SPECTACLE.

La rotonde est un monument bâti en 1790 et 1791 par deux sociétés connues sous le titre de *chambre des Marchands* et *des Antonins*, qui se réunirent en une seule sous le nom de *société de la Rotonde*.

En 1793, les associés se dispersèrent; l'édifice fut ruiné, les murs furent démolis, les degrés, les fers et les bois enlevés.

Après le 9 thermidor, les associés, rentrés dans leurs foyers, ne trouvèrent que des ruines dans leur salle de réunion; l'édifice fut vendu au propriétaire actuel, qui l'a restauré et transformé en café, dont la salle principale, en forme de rotonde, est digne de fixer l'attention : du haut de la terrasse, on y jouit d'un beau spectacle lorsque le ciel est pur; on découvre au loin le territoire et le cours du Rhône au dessous de la cité.

Le vauxhall, autre magnifique lieu de réunion, était non loin de la rotonde; mais, en 1793, il fut démoli jusqu'aux fondements, et la jeune génération n'en connaît pas même l'emplacement. La destruction de cet édifice, si commode, si magnifique, au dire de nos pères, est d'autant plus à regretter, que la ville d'Arles, riche en monuments antiques, est, à l'exception de son hôtel-de-ville, dépourvue de monuments modernes. Je l'ai déjà dit, l'absence d'une salle de spectacle se fait vivement sentir.

On est réduit à donner les représentations théâtrales dans un ancien *jeu de paume*, enfoncé entre les ruines du théâtre antique et de l'amphithéâtre romain et entouré de chétives maisons.

Plusieurs projets ont été mis en avant pour la construction d'une nouvelle salle; un seul a été mis à exécution. La caisse municipale a acheté le sol, démoli les maisons et jeté les fondations, qui s'élèvent presque à un mètre au dessus de terre. Les dépenses déjà faites, et d'autres considérations non moins puissantes, doivent déterminer à donner suite à l'exécution de ce plan, sans s'arrêter aux autres projets dont le nombre augmente chaque jour. La façade de l'édifice ornera la promenade de la Lice, et, en cas d'incendie, l'eau du canal de Crapone, facilitera les moyens de l'éteindre. Les proportions de l'édifice paraissent petites, mais elles sont suffisantes eu égard à la population d'Arles.

Quant aux projets de transformer en salle de spectacle, soit l'ancienne église des Dominicains, soit l'ancienne église de St.-Martin, je les repousse formellement par un sentiment religieux. Sous les dalles funèbres de ces temples, reposent nos ancêtres; ne troublons pas, par des chants de plaisir et par le bruit des fêtes, la paix de leurs tombeaux.

Comme monument, le cloître de l'église des Dominicains n'a pas d'ailleurs entièrement perdu sa poésie : l'extérieur annonce une construction élégante; et quoique les restes du monastère soient aujourd'hui habités par de pauvres familles, quoique les plantes grimpantes aient envahi le trèfle de pierre et les colonnettes des fenêtres, quoique les vitraux soient brisés et le préau converti en jardin où languissent quelques légumes et des figuiers sauvages, cette ruine a des souvenirs qui doivent la préserver d'une entière destruction.

XIV.

LES PONTS SUR LE RHONE.

Une inscription latine sur marbre, aujourd'hui transportée au musée lapidaire, a conservé le souvenir des vicissitudes du pont sur le Rhône :

pons navalis
anno DNI CDXXVII *Hierio et*
ardaburio coss. divo hilario
pedem referente
disruptus
d. x. Severino Boetio et Euta
rico coss. Ostrogothis cum
Francis in eodem certantibus
ex conjecturâ
restitutus
sæculis undecim intercalaribus
Ludovico XIII *franc. et nav. rege*
christianiss.
fra. de renaud d. d'alein hon. de
giraud car. gros jo. pomier ex-coss.
car. de romieu troph. chalot
cauch. pein. Jo. Feraud coss.
denuò instauratus.
M. D. C. XXXIV.

Cette inscription fut évidemment placée à la tête du pont à l'époque de sa reconstruction par la ville d'Arles, en exécution de l'arrêt du conseil du 28 janvier 1634.

Sous les Romains, Constantin avait joint, au moyen d'un pont, les deux rives du fleuve qui traverse la ville et la divise en deux parties.

Ce pont antique a disparu sous les eaux, à l'exception des premières retombées de la voûte, qui sont encore apparentes lors des basses eaux, dans le voisinage de la rue Chiavary.

Un corps de bâtisse en blocs énormes, abrité sous le rempart, s'avance dans le Rhône, sous la forme d'une culée octogone. On distingue les arrachements d'une voûte qui surplombent, et dont les faces latérales sont ornées de bossages et garnies d'anneaux de bronze.

Les marins d'Arles connaissent et évitent des restes de piles cachés sous les eaux du côté de Trinquetaille, et que j'ai ouï dire avoir été aperçus à une époque d'abaissement extraordinaire du fleuve; ces restes de constructions correspondaient évidemment à ceux du côté d'Arles, vers la rue Chiavary.

Sur le bras occidental du fleuve qui sépare l'île de Camargue du département du Gard, on a aussi remarqué les restes des fondations antiques des piles qui occupaient toute la largeur du petit Rhône, sans doute les mêmes qui furent vues, au nombre de neuf, dans l'été de 1762, remarquable par sa sécheresse.

Ces deux ponts constituaient une seule et même ligne de communication : ils joignaient deux sections de la célèbre voie Aurélienne qui se prolongeait de Rome jusqu'à Cadix.

Les écrivains anciens font mention du pont de Constantin sur le grand Rhône, entre Arles et son faubourg. Cassiodore, parlant de la ville d'Arles, environ l'année 530, parle de ce pont en ces termes : *Arelate est civitas suprà undas Rhodani constituta, quæ in orientis prospectum tabulatum pontem per nuncupati fluminis dorsa transmittit* (1).

Le poète Ausone, qui vivait dans le quatrième siècle, en fait également mention :

Pande, duplex Arelate, tuos blanda hospita portus.
Gallula Roma, Arelas : quam, Narbo Martius et quam
Accolit alpinis opulenta vienna colonis.
Præcipitis Rhodani sic intercisa fluentis,
Ut mediam facias navali ponte plateam :
Per quem romani commercia suscipis orbis,
Nec cohibes ; populosque alios et mœnia ditas,
Gallia quis fruitur, gremioque Aquitania lato (2).

Le *duplex Arelate*, c'est évidemment la ville et son faubourg, situés : la première sur la rive gauche du fleuve, le second sur la rive droite, de

(1) Cassiod. *variar. lib.* VIII., cp. 10. On a proposé, au lieu de TABULATUM *pontem*, la leçon : TABULARUM *pontem*.
(2) Auson. *claræ urbes*, VIII (pag. 238., édit. de 1671).

manière à former deux villes en une, une ville double : *duplex Arelas* (1).

L'épithète employée par Cassiodore, *tabulatus pons*, et celle employée par le poète Ausone, *navalis pons*, ont porté à penser que les constructions de ce pont n'étaient en pierre qu'aux culées sur les deux rives, et que le centre du pont était supporté par des bateaux.

La profondeur du fleuve au milieu de son lit fortifie cette conjecture. J'avais moi-même cette conviction jusqu'au moment où j'ai lu, dans l'*Histoire des invasions des Sarrasins en France* par M. Reynaud, membre de l'institut, vol. in-8o publié en 1836, ce qui suit :

« Parmi les lieux, (dit un auteur arabe,) où les
« Musulmans portèrent leurs armes, était une ville
« située en plaine, dans une vaste solitude, et célè-
« bre par ses monuments. Un autre auteur ajoute
« que cette ville était bâtie sur un fleuve, sur le
« plus grand fleuve du pays, à deux parasanges ou
« trois lieues de la mer. Les navires pouvaient y
« venir de la mer. Les deux rives communiquaient
« l'une à l'autre par un pont de construction anti-
« que, si vaste et si solide, qu'on avait pratiqué
« dessus des marchés ; les environs étaient cou-

---

(1) Ausone donne à la ville d'Arles la même épithète de *Duplex* en deux autres lieux. *Vid.* vers 480. de la *mosell*, et vers 81. de *l'epist.* 24. *et ibi viri docti*.

« verts de moulins et coupés par des chaussées (1). »

Cette description de l'écrivain arabe est fort exacte, en se rapportant à l'époque, relativement à la distance de la mer, à l'existence des moulins et des chaussées ; pourquoi serait-elle inexacte quant au pont?

Elle suppose un pont en pierre, à moins d'admettre que les marchés dont parle l'écrivain arabe se tenaient sur les deux têtes du pont, construites en pierre, et non sur le centre, soutenu par des bateaux : mais ce sont là des difficultés qu'il est impossible d'éclaircir.

Ce qui est incontestable c'est que le pont romain a disparu de bonne heure au milieu des saccagements et des guerres, puisque le traité entre la ville d'Arles et Barral seigneur des Baux et de *Trencataille* de 1245, mentionne un pont flottant qui doit être nécessairement retenu et fixé par des câbles ; *retentum est per cives arelatenses, quod in solo trencatalliarum et muris possint esse annuli, ad pontem ligandum et ad funes pontis ibi ligandos* (2).

Toutes les chartes postérieures à celle-là ne mentionnent qu'un pont sur bateaux, dont la pro-

---

(1) *Voy.* Maccarey, *manuscrits arabes de la bibliothèque royale*, n° 704, f° 73, et le n° 596, f° 37.

(2) *Voy. Deux conventions entre Charles* I*er et Louis* II, *anciens comtes de Provence, et les citoyens de la ville d'Arles. Annotat* IV*e* (Lyon 1617 pour Robert Reinaud, marchand libraire d'Arles. in 4°). Une autre preuve que le pont était en

priété a constamment été maintenue à la ville sous l'ancienne monarchie, d'abord par les comtes de Provence, plus tard par les rois de France :

Par les comtes de Provence, par les traités de 1251 et de 1385, entre la ville d'Arles et le souverain de la Provence (1);

Par les rois de France, notamment par l'arrêt du conseil du 21 janvier 1634 et par les lettres-patentes du roi Louis XIV de 1665, ainsi conçues:

« Par ces lettres-patentes le roi, vu lesdites
« conventions des années 1251 et 1385, l'arrêt du
« conseil du 28 janvier 1634, a déchargé et dé-
« charge la ville d'Arles de compter desdits droits
« de péage, levés et à lever, pendant le temps que
« les entrepreneurs en jouiront ci-après; a main-
« tenu et gardé, maintient et garde ladite ville
« d'Arles à avoir un pont de bateaux sur ladite
« rivière du Rhône; permet Sa Majesté, à ladite
« ville, de faire rétablir le pont quand besoin sera;
« fait défenses à toute personne de troubler lesdits
« habitants en la jouissance dudit pont, nonobstant
« tous dons et concessions dudit pont et péage

---

bois dans le XIIe siècle se tire des annales de Gênes dans lesquelles on lit qu'une flotte génoise traversa ce pont vers l'an 1165 pour aller combattre Raymond comte de St-Gilles. (Recueil des historiens des Gaules et de la France, par D. Martin Bouquet, t. XII, pag. 359.)

(1) *Voy. Les deux conventions* ci-dessus.

« ci-devant faits par Sa Majesté, quelle a révoqués
« et révoque. »

Cette propriété du pont d'Arles a été aussi maintenue à la ville par la législation nouvelle, ainsi que l'a reconnu un arrêt de la cour royale d'Aix du 6 mai 1836.

Cet arrêt a été inséré dans la *Gazette du Midi*, du 4 juin 1836; dans *le Droit*, du 22 septembre 1836, et dans la *Gazette des Tribunaux*, du 23 juillet 1836.

Le conseil municipal de la ville d'Arles a délibéré, depuis lors, de faire construire en remplacement du pont actuel, un pont suspendu, en fil de fer, qui réunira la ville à son faubourg de Trinquetaille et qui continuera la communication ouverte par le pont de Fourques.

Les entrepreneurs ne manqueront pas à ce pont, quoique difficile à fonder : ils y seront déterminés par le succès des entreprises récentes des ponts suspendus de Tarascon et de Fourques.

Le pont sur le Rhône entre Beaucaire et Tarascon est le plus beau de France.

Ce pont suspendu a une longueur totale de 420 mètres ; il est divisé en quatre travées : les deux du milieu ont 120 mètres, les deux des extrémités en ont 90.

Les grands câbles reposent sur trois piles établies dans le lit du Rhône et sur deux culées placées sur la rive. Celles-ci n'ont que 2 mètres environ de hauteur sur le sol, et on leur a adossé des pavillons qui servent de bureaux de péage. Les piles ont pour fondation un massif de béton encaissé dans une enceinte de pilotis.

Au niveau des basses eaux commence un dé de maçonnerie en forme de carré long, arrondi à l'avant et à l'arrière bec, et qui arrive au niveau du pont; là s'élève un portique, véritable arc triomphal à plein cintre, surmonté de son entablement; au dessus de la corniche, règne un attique en forme de vaste piédestal. Cette maçonnerie, d'un style simple, mais imposant, est en pierres blanches de Beaucaire; elle a 25 mètres d'élévation au dessus du fleuve.

La pile du milieu est de plus percée dans son épaisseur d'une petite arcade qui donne accès, au midi, à une rampe par laquelle on descend sur le gravier et destinée au service du halage.

Le pont est à deux voies, bordé d'un trottoir et garanti par une main-courante.

La recette de la première année a été évaluée à 100,000 francs. La construction avait coûté, dit-on, 700,000 francs; elle est l'ouvrage de M. Jules Séguin.

Le pont de Fourques, suspendu sur la branche occidentale du Rhône qui sépare l'île de Camargue du département du Gard, a été construit sur des dimensions plus restreintes par M. l'ingénieur Bouvier; il n'est qu'à une seule voie; les localités n'exigeaient pas d'avantage. Ce joli pont suffit au service auquel il est destiné.

Il assure en toute saison les communications d'Arles et de la Camargue avec les routes du département du Gard. Pour compléter l'entier système des *voies de communication* nécessaires à la prospérité de la ville d'Arles, il ne reste donc plus qu'à établir sur la branche orientale du Rhône, qui coule entre la ville et Trinquetaille, un pont suspendu en fer, où le passage ne soit interrompu ni par les crues du Rhône, ni par les glaces qu'il charrie en hiver.

NOTES
ET
ÉCLAIRCISSEMENTS ARCHEOLOGIQUES.

I. — Pag. 11.

En 879, le nouveau royaume d'Arles fut fondé par les évêques qui élurent Boson. Ce royaume fut regardé plus tard comme feudataire de l'empire d'Occident, lorsque les rois d'Arles crurent avantageux d'opposer les prétentions des empereurs germaniques, trop éloignés pour les opprimer, aux droits plus réels de leurs puissants voisins, les rois de France. *Voy.* Sismondi, *Histoire des François*, tom. III, pag. 242; et *The foreign quarterly review*, n° VII, avril. 1829, pag. 20.

Aprés la réunion de la ville d'Arles et de son territoire au royaume de France, en 1481, par le testament de Charles, comte de Provence, qui fit Louis XI, roi de France, son légataire, le consulat fut érigé à Arles par des lettres patentes du 14 décembre 1481.

II. — Pag. 13.

Castrum arenarum.

Les anciens Romains appelaient du mot général *castrum* ce que nous entendons aujourd'hui par caserne. (*Voy.* le *Dictionnaire d'architecture* de M. Quatremère de Quincy.)

III. — Pag. 42.

Voy., touchant l'architecture et la décoration des théâtres antiques, la belle description du théâtre d'Herculanum, publiée par *Piranesi*. Dans les niches du *proscenium* étaient placées les statues en bronze des Muses, et aux deux côtés du *proscenium* les statues équestres en marbre des Nonius Balbus père et fils, transportées aujourd'hui à Portici dans la cour du palais du roi de Naples.

Les *Muses* du théâtre d'Herculanum me font incliner à voir désormais aussi des Muses dans les statues trouvées dans les fouilles de notre théâtre antique et connues jusqu'à présent à Arles sous le nom de *danseuses*, qualification vague et insignifiante. (*Voy.* ci-dessus, pag. 62.)

IV. — Pag. 60, lig. 10.

Au lieu de *trépied d'Ephèse*, lisez trépied de *Delphes*, et en note :

Le trépied de Delphes ou la cortine delphique était un symbole d'Apollon ; on n'a qu'une connaissance très imparfaite de l'usage de ce trépied ; on le plaçait sur l'ouverture de l'antre d'Apollon, dans le temple de Delphes, et il servait non seulement à la pythie qui s'asseyait sur la cortine ou bassin supérieur, mais encore il était l'organe par lequel Apollon prononçait ses oracles.

Ce trépied peut rappeler aussi la lutte d'Apollon et d'Hercule pour un trépied dont on a retrouvé récemment la peinture dans les vases antiques d'argile, réunis par Grégoire XV dans le Musée étrusque de Rome.

Les attributs par lesquels les anciens caractérisaient les divinités, étaient des symboles qui, chez les Etrusques, les Grecs et les Romains, servaient à indiquer non seulement les dieux, mais encore les édifices qui leur étaient consacres, où les qualités qui les recommandaient à la vénération des hommes, comme l'observent deux illustres archéologues, MM. Quatremère de Quincy et Champolion Figeac. Les épis de Cérès, le serpent d'Esculape, le trépied d'Apollon, l'oiseau de Minerve, le coq et le caducée de Mercure, exprimaient l'Abondance, la Science, la Divination, la Vigilance, comme l'Aigle, la Foudre, la Massue, la Ceinture, exprimaient la Toute-Puissance de Jupiter, la Force d'Hercule, les Séductions et les Charmes de Vénus.

V. — Pag. 96.
La statue élevée par les Arlésiens à Recilius Titius Pompeianus.

De nombreux monuments nous apprennent que les cités et les municipes consacraient souvent en l'honneur des magistrats qui avaient bien mérité de leur patrie les témoignages publics de leur reconnaissance.

En 1836, les fouilles de Todi ont mis à découvert le piédestal d'une statue sur lequel MM. F. Speroni et Bartolemeo Borghesi, nos collègues à l'*Instituto di corrispondenza archeologica*, sont parvenus à lire ces restes de l'inscription :

Q. CAECILIO. Q. F. ATTICO. PATRONO...
C. ATTIO. P. F. BVCINAE. IIVIREIS. QUINQ.
EX D. D.

Voy. *Bulletino, n° v, di maggio 1836.*

Les dernières lettres indiquent que ce monument honorifique a été érigé *ex decreto decurionum*, c'est-à-dire par le conseil municipal de cette ville antique.

Le célèbre voyageur, prince Pückler-Muskau, a découvert également, en 1836, sur le littoral de l'Afrique et dans une excursion de Tunis à Carthage, les ruines d'une cité échappées à l'exploration des précédents voyageurs, de Schaw notamment, et parmi les débris de colonnes, d'aqueducs, de portiques, il a trouvé cette inscription consacrée à la mémoire d'un magistrat municipal. (*Voy.* tom. IV, pag. 163, Stuttgart, 1836.)

ISTI SENATORI LIPARITANO
BASSO QVI EX REDI
TVIS XXII MILLIARIVM QVAESTVS
LAMENTO REIPVBLICAE
DEDIT SEPTIMO QVO
QVE ANNO STATVAM
SIBI PONE LEX IS MCC
NEMPE PVLPATIONIS NO
MINE DECVRIONIBVS
SPORTVLAM CVRIALIBVS
EX SEXAGENO SVMMAE
DIE NATALI SVO PRAEBIA
TARI IVSSIT. D. D.

VI. — Pag. 129.

Sur les tombeaux chrétiens les deux lettres grecques A et Ω, l'Alpha et l'Oméga sont une allusion à ce verset de l'apocalypse, 1 — 8 : *Ego sum* A *et* Ω *principium et finis : dicit Dominus Deus, qui est, et qui erat, et qui venturus est, omnipotens.*

VII. — Pag. 142.

Dans ses dissertations archéologiques publiées en 1837, M. Raoul Rochette a prouvé par une savante accumulation de faits, qu'une pieuse fiction, où la grande idée de l'immortalité de l'âme tenait encore plus de place que la superstition, engagea constamment l'antiquité payenne à parer les tombeaux des ornements les plus précieux de la cieux de la demeure des vivants. Les hypogées de *Tarquinia* aujourd'hui Cornetto et des autres villes étrusques, telles que Vulci, l'antique *Volsinium*, et Chiusi, l'antique *Clusium*, continuent à être l'objet de recherches et de fouilles intéressantes dont le *Bulletino del Instituto di Corrispondenza archeoligica* a fait connaître les résultats en 1836 et 1837.

Les arts étrusques sont au fond les mêmes que les arts grecs, mais sans l'entier développement qu'ils ont reçu en Grèce. Les habitants de la Péninsule italique et ceux de la Grèce furent très anciennement liés par une communauté d'institutions, de pratiques, d'arts et d'usages. MM. Raoul Rochette, Quatremère de Quincy et Mongès sont unanimes à cet égard. Voy. aussi les ouvrages de sir James Millingen, notamment sur *les peintures antiques et inédites de vases grecs*, et sur *les peintures de vases grecs de la collection de sir John Coghill*, l'un imprimé à Rome en 1813, et l'autre en 1817; enfin, son ouvrage plus récent imprimé à Londres, 1822 et 1826, sous ce titre : *Ancient unedited monuments of Grecian art*, 2 vol.

Chose étonnante, les fouilles faites en ce moment, même dans les *tumulus* de la Crimée, procurent des objets d'art analogues. Voy. le Voyage du Maréchal Duc de Raguse, tom. I, pag. 337, et notamment ses courses aux tombeaux et sa visite au Musée de Kertch, ville bâtie sur l'emplacement de l'ancienne Panticapée.

Partout le dogme consolateur de l'immortalité de l'âme a introduit les mêmes usages propagés par l'antique civilisation grecque.

VIII. — Pag. 162.
La fête des fous.

De nos jours nous avons peine à concevoir la fête des fous supprimée seulement à Arles en 1585, par le concile d'Aix; il nous est impossible d'imaginer l'abbé de la folie admis dans la sainte basilique et trônant auprès du saint archevêque. Au moyen âge, époque d'un grand ébranlement à la fois matériel et moral dans la société, la faible humanité et l'équilibre de la vie humaine semblaient avoir besoin de ce balancement de la tristesse et de la joie, mais cette gaité vulgaire était au fond incompatible avec la haute moralité du christianisme et la sévère terreur de ses leçons. Les hommes graves du christianisme l'ont constamment proclamé ; les conciles dûs, comme les hôpitaux et les asiles, au génie civilisateur chrétien, ont en définitive défendu formellement une fête qui n'était que tolérée, et comme un abus qui ne peut s'expliquer que par la naïveté du moyen âge qui en dissimulait peut-être les inconvenances. Saint Augustin en condamna les excès dans l'église grecque ; sous le bas-empire, l'église romaine, dans le concile de Bâle, ayant menacé de toutes ses foudres les acteurs et fauteurs des fêtes de cette nature, la Pragmatique Sanction de Charles VII ayant adopté purement et simplement le canon de ce concile *de spectaculis in ecclesiâ non faciendis*, le concours des deux pouvoirs spirituel et temporel a fait cesser ces grossières réjouissances dont un célèbre écrivain anglais, Walter Scott, a tracé un piquant tableau dans son roman *The Abbot*, note I, to chapter XIV, *Abbot of Unreason*. Mais l'érudit antiquaire est injuste envers l'église romaine, en supposant qu'elle n'a prohibé et anathématisé ces spectacles que par imitation des églises dissidentes et réformées. Plusieurs siècles avant la naissance de Luther et de Calvin, saint Jean-Chrysostome, *Homélie* VIII, et l'évêque d'Hippone, saint Augustin, surtout dans le grand ouvrage de la *Cité de Dieu*, chef-d'œuvre d'érudition et de genie, avaient signalé à l'univers chrétien l'inconvenance de ces fêtes bizarres, nées de l'imagination vive des Grecs pour qui les fêtes ont toujours été un besoin, mais que ces grands hommes du christianisme, haute expression intellectuelle des deux civilisations grecque et latine, n'hésitaient pas à nommer une profanation des temples chrétiens.

IX. — Pag. 179.

Sarcophage de Geminus.

La croix ansée, le monogramme du Christ sur le sarcophage de Geminus ont constamment fixé l'attention des voyageurs instruits.

Ils croyent reconnaître dans la *croix ansée* ce signe hiératique de vie éternelle que portent les dieux de l'antique Egypte, et le TAU dernière lettre de l'alphabet des Hébreux qu'on prétend avoir eu autrefois la forme d'un X ou d'une croix ainsi qu'on l'a remarqué sur les médailles samaritaines, et que l'attestent saint Jérôme sur le chapitre IX d'Ezéchiel et Dom Calmet. Le TAU était chez les Hébreux à la fois signe d'adoration et emblème de salut, suivant le texte sacré du prophète Ezéchiel, chap. IX, v. 4 et 6.

Dans les catacombes de Rome et de Naples on voit souvent peint ou gravé ce signe XP, généralement considéré comme le monogramme grec de Jésus-Christ, un des plus anciens symboles de la religion chrétienne.

On trouve sur le sarcophage de Geminus les formes, mais altérées, de ces deux lettres grecques qui, entrelacées l'une dans l'autre, formaient également le monogramme du *Labarum*, devenu, depuis le règne de Constantin, à la fois le symbole avoué de la religion chrétienne et l'étendard sauveur de l'empire, et par ce motif souvent placé entre les mains de la Victoire ailée des payens.

L'archéologie chrétienne fournit de nombreux exemples du monogramme grec de Jésus-Christ.

Tel est celui qui était à Milan dans l'église de Sainte-Thècle; des vers écrits en dessous et conservés par Allegranza : *monumenti antichi di Milano*, donnent une juste idée de ce caractère mystique :

> *Circulus hic summi comprehendit nomine regis,*
> *Quem sine principio et sine fine vides,*
> *Principium cum fine tibi denotat* A Ω,
> X *et* P *Christi nomina tenent.*

Ces mêmes vers ont été recueillis par Ducange sur les murs d'une autre basilique chrétienne, *Glossarium ad scriptores mediæ et infimæ latinitatis*, tom. VI, col. 1783 ; il ajoute : *Xristus quia græcum est per* X *scribendum est.*

Le portail de Saint-Trophime d'Arles reproduit ce même monogramme par les trois lettres ΧΡΙ. (*Voy.* ci-dessus, pag. 206.)

Une tessère chrétienne, analogue à ces monogrammes, était devenue, suivant MM. Raoul Rochette et Mongès, d'un usage universel au moyen âge, époque de développement pour toutes les facultés humaines. C'était ou la figure d'un poisson ou le mot poisson, en grec ΙΧΘΥΣ, parce que ce mot est composé de cinq lettres helléniques qui, prises séparément font les initiales de ces mots : Ιησους Χριστὸς Θεου Υἱὸς Σοτερ, *Jésus-Christ, Fils de Dieu, Sauveur.*

A Munich, qui sous un prince éclairé, Louis de Bavière, devient la capitale de l'art Allemand, on remarque de nos jours encore, sur la porte ISAC THOR, espèce d'arc de triomphe féodal, saint Benno, gardien de la ville, en costume épiscopal, avec le *Poisson* sur son livre : Poisson dont l'archéologie chrétienne peut seule donner une légitime explication ; tessère du christianisme primitif, allusion aux eaux du baptême ou au mystérieux poisson du jeune Tobie, type ou figure de JÉSUS-CHRIST, suivant les pères de l'église.

Voy., au reste, Bottari : *Pitture e sculpture sacre*, le traité du cardinal François Borromée *de pictura sacra*, Bosio *Roma sotterranea*, et principalement, sur le monogramme de Jésus-Christ, Paul Aringhi, *Roma subterranea*, éd. de Rome de 1651, in-fol. *passim*, et notamment lib. VI, cap. XXIII, tom. II, pag. 570.

Cette note, en la rapprochant du texte, pag. 179, relatif au sarcophage de Geminus, est destinée à prouver que dans les peintures ou les sculptures du moyen âge il faut rechercher une pensée mystiquement ou allégoriquement formulée, sous la direction des évêques, par les artistes dont l'œuvre, susceptible de plusieurs sens, n'est par toujours facile à interpréter et ne peut l'être qu'en méditant les textes sacrés et les écrivains ecclésiastiques.

Voy. dans les *Mémoires de la société archéologique du midi de la France*, établie à Toulouse, tom. III, pag. 183, les savantes recherches de notre collègue, M. le marquis de Saint-Félix Mauremont, *de la croix considérée comme signe hiéroglyfique d'adoration et de salut*.

Comparez enfin ce qu'ont écrit Juste Lipse dans son traité *de Cruce*, lib. I, cap. VIII, éd. de Brunswick, 1640, et S. V. Durandi, premier président du parlement de Toulouse, dans son livre *de Ritibus ecclesiæ catholicæ*, lib. I, cap. VI, éd. de Rome, 1591. L'un et l'autre trouvent dans la croix ansée ou bouclée, figurée sur des tombeaux chrétiens, à la fois la forme du TAU des Hébreux et le monogramme grec du Christ, symboles hiératiques chez ces deux peuples de l'antiquité, de la vie divine et éternelle, suivant le témoignage de Ruffin, *Histoire ecclésiastique*, lib. IX, cap. XXIX; et de Sozomène, *Histoire ecclésiastique*, liv. VII, chap. XV, symboles auxquels évidemment a fait allusion le sculpteur du tombeau de Geminus.

Remarquons, en outre, que c'est la croix grecque qui surmonte la figure de Jésus-Christ, tandis que l'apôtre saint Paul est représenté avec la croix latine : est-ce pour indiquer son apostolat chez les Romains ?

X. — Pag. 183.

Au cloître de Saint-Trophime.

Ce qui reste des antiques casernes à Rome, au mont Cœlius, fait juger qu'elles étaient bâties à la manière des cloîtres, ou plutôt que les cloîtres ont été bâtis sur le modèle de ces antiques casernes des prétoriens et des soldats étrangers; l'édifice du mont Cœlius contenait cette inscription remarquable: *Au génie saint des camps étrangers.* (Voy. *Corinne ou l'Italie*, par Mme. la baronne de Staël Holstein, liv. IV, chap. V.

On a découvert en Italie trois bâtiments anciens qui ne peuvent être que des antiques casernes, l'un dans la *villa* d'Hadrien, le second à Otricoli et le troisième à Pompeï.

XI. — Pag. 202.

Les sculptures du portail de Saint-Trophime en fixent l'époque du XIIe au XIIIe siècle.

Suivant le témoignage de Ciampini, *vetera monumenta*, etc. *Romœ*, 1691 et 1693, in-fol., tom. II, les artistes chrétiens mirent préférablement en usage dans la décoration des temples, depuis le VIe siècle, en Italie, jusqu'à la fin du XIIe siècle, la représentation de Jésus-Christ environné des quatre animaux, avec des phylactères, symboles des quatre évangélistes; mais, après le XIIe siècle jusqu'à l'époque de la renaissance de l'art, ce sujet fut remplacé par celui du jugement général et dernier, grand tableau de pierre sculpté sur le portail de Saint-Trophime d'Arles, qui, par ce motif, ne peut être supposé antérieur au XIIe siècle.

Dans les peintures ou sculptures chrétiennes de cette époque, saint Pierre fut symbolisé par le Coq, l'Epée ou les Clés, les martyrs par la Palme, la Vierge-Marie par le Lis, l'Homme-Dieu par la Croix.

XII. — Pag. 251.

Les sculptures coloriées de la chapelle de Nicolas des Alberts présentent un intérêt particulier, dans ce moment où il y a de si vives discussions parmi les archéologues, sur la polychromie appliquée aux sculptures.

Le rapport de la commission archéologique, au ministre de l'intérieur, désignant cette chapelle comme renfermant des *trésors de sculpture polychrome*, je crois devoir fixer le véritable sens de cette expression et la restreindre à des ornements coloriés par des artistes italiens de la fin du XVIe siècle, peintures qu'il est impossible de confondre avec les embellissements polychromes des artistes de l'antiquité. Cette explication est d'autant plus nécessaire, la confusion que ces mots *sculptures polychromes* pourrait occasionner est d'autant plus à éviter, que les archéologues de l'Allemagne et de l'Angleterre se livrent depuis quelques années à des recherches assidues sur les ornements polychromes dont étaient décorés les édifices de l'antiquité, tels qu'en Egypte les monuments des Pharaons, à Athènes le temple de Thésée, l'Erechtée et le Parthénon dont les métopes avaient des fonds d'azur sur lesquels les figures, seules ou groupées, se détachaient parfaitement; tels étaient encore les temples de Pœstum dans l'ancienne Lucanie, les temples et le théâtre de Pompeï et d'Herculanum, et à Rome même la colonne de Trajan, on le conjecture du moins. Cette matière, en général peu connue, a été approfondie par les récentes dissertations de Von Quart, architecte de Berlin, de Schaubert, architecte de Munich, employé à Athènes par le roi Othon, et de Semper, architecte d'Altona.

A Herculanum, on a découvert des temples antiques dont les murs étaient peints. Ces peintures véritablement *polychromes* ont été détachées des murs et transportées dans le Museum du roi de Naples à Portici.

XIII. — Pag. 252.

Aux Champs Elysées.

Ludovico Ariosto et Dante Alighieri font mention dans leurs beaux poëmes du célèbre Elysée du Rhône.

Ariosto fait voyager et combattre sous les murs d'Arles le paladin Roland, *Orlando*, ce neveu de Charlemagne, si célèbre dans les chroniques du moyen âge.

Les tombeaux de nos Champs-Elysées renferment, suivant le poète, les ossements des preux de Charlemagne morts en combattant :

> *Della gran multitudine ch'uccisa*
> *Fu d'ogni parte in questa ultima guerra....*
> ....
> *Se ne vede ancor segno in quella terra,*
> *Chè presso ad Arli, ove il Rodano stagna*
> *Piena di sepolture è la campagna.*
>   (Orlando Furioso, XXXIX — 72.)

Or, *Ludovico Ariosto*, né le 10 septembre 1474, décédé le 6 juin 1533, âgé de 59 ans, n'a écrit son poème célèbre, véritable labyrinthe d'aventures fabuleuses, que d'après les mythes traditionnels de la chevalerie, modifiés par les conteurs arabes, et notamment, d'après la chronique de Turpin, écrite en 1095, et autres chroniques contemporaines qui, peut-être, ne sont pas parvenues jusqu'à nous.

A travers des fables évidentes, l'*Orlando* renferme des descriptions exactes, et fait allusion à des faits véritables, mais poétisés ; il est donc à présumer qu'à l'époque où écrivait l'Homère de Ferrare, la tradition relative aux tombeaux des Champs-Elysées d'Arles était telle qu'il l'exprime.

Avant lui, Dante Alighieri, ce génie puissant et créateur de la langue italienne, né à Florence en 1265, et mort à Ravenne en 1321, après avoir *erré de ville en ville* et visité la France dans ses missions politiques, Dante, dans son admirable poème, *la Divina Commedia*, avait fait allusion aux mêmes tombeaux de l'Elysée du Rhône dans ces vers si connus *dell'inferno*, canto IX, vers 112 :

> *Si come ad Arli ove'l Rodano Stagna*
> *Fanno i sepolcri tullo'l loco varo.*

Dans ces vers, *loco varo* expriment évidemment les inégalités de terrain qu'occasionnent les tombeaux épars çà et là, et ont été employés par le poète par opposition à *loco piano* ou *eguale*, suivant le savant commentaire de G. Biagoli.

Les chroniques font mention de plusieurs invasions maritimes des Arabes, aux années 842, 849, 850, 860, 869, invasions qui se firent par le Rhône et s'arrêtèrent aux environs d'Arles. Dans leur expédition de 869, les pirates arabes prirent dans la Camargue une forteresse que Rostand, archevêque d'Arles, y avait fait construire; lui-même devint leur prisonnier. Il mourut entre leurs mains; mais, pour ne pas perdre une bonne rançon, les pirates le ramenèrent à Arles mort, mais assis sur un siége sur le pont du navire comme s'il était vivant, et les Arlésiens trompés ne rachetèrent qu'un cadavre.

FIN DES NOTES.

ÉTUDES
HISTORIQUES ET STATISTIQUES
SUR
ARLES.

SECONDE PARTIE.

DOCUMENTS DIVERS.

La contenance de la commune d'Arles, divisée en quatre parties territoriales et subdivisée en ses diverses natures de culture se compose ainsi qu'il suit :

DÉSIGNATION DES PARTIES.	CONTENANCES MÉTRIQUES EN HECTARES.	LOCALES EN GRANDES SÉTÉRÉES.
Trébon............	3,430	13,148
Plan-du-Bourg.....	10,720	41,053
Crau..............	36,780	140,867
Camargue..........	52,120	199,616
Totaux.....	103,050	394,684

NATURE DE CULTURE.	HECTARES.	SÉTÉRÉES.
Terres labourables...	17,470	66,911
Vignes............	1,352	5,179
Prairies...........	1,788	6,849
Pâturages..........	41,404	158,578
Taillis............	8,327	31,893
Oliviers...........	1,436	5,499
Marais............	12,800	49,026
Étangs terre vaine...	10,910	41,686
Chemins, chaussées, canaux, bâtiments et lieux non imposables............	7,563	28,967
TOTAUX.....	103,050	394,688

Suivant d'autres données, la surface seule de l'île de Camargue se compose de 74,200 hectares, savoir :

En pâturages naturels, terres vagues, etc.	31,300 hect.
En état de culture....................	12,600 »
En marais..........................	10,400 »
En étangs et bas-fonds salés...........	19,900 »
TOTAL...............	74,200 hect.

La différence, qui n'est pas moindre de 22,080 hectares, vient, je le présume, de ce qu'on n'a pas compris dans le travail *spécial sur Arles* la partie de la Camargue qui compose le territoire de la commune des *Saintes-Maries*, tandis que les derniers calculs embrassent les deux communes et la totalité de l'île.

Deux phénomènes naturels doivent fixer l'attention des observateurs et des naturalistes dans les deux communes d'Arles et des Saintes-Maries, surtout dans les parties les plus rapprochées de la mer :

Le phénomène du mirage ;

Le phénomène des marées.

On peut vérifier chaque jour d'été, lorsque le ciel est pur et sans nuages, sur les plages maritimes qui forment le littoral de la Crau et de la Camargue, le phénomène du mirage si extraordinaire pour les anciens et qui n'est plus désormais, depuis les expériences de Monge en Egypte, que la réflexion des rayons du soleil sur la surface invisible d'une couche d'air posée près de la terre, et qui sur le littoral maritime d'Arles, comme dans la Basse-Egypte, donne souvent à une plaine de sable l'apparence d'une grande étendue d'eau.

Le phénomène du mirage avait trompé, à l'époque des croisades, les Francs altérés de soif : le Tasse, dans son admirable poème, y fait différentes allusions. De même les soldats français de l'expédition d'Egypte commandée par Napoléon en furent frappés de surprise.

M. de Humboldt l'a constaté dans l'Amérique ; le capitaine King l'a remarqué sur les dunes de sable de l'île Gantheaume, sur les côtes de la Nouvelle-Hollande ; Burnes, en Asie, dans son excursion à Khouloum ; Fraser, dans les déserts de la Perse; Sturt, dans sa deuxième expédition dans l'Océanie, d'où il faut conclure que l'état échauffé de l'atmosphère et la nature sablonneuse de la contrée occasionnent partout le même phénomène remarqué dans les plaines d'Arles, mirage flottant dans une vapeur ondoyante et qui vacille sur le sol.

On s'est moins occupé sur nos côtes du phénomène des marées, et cependant la Méditerranée a ses marées; seulement, la grandeur du flux étant toujours proportionnelle à la grandeur de la mer (1), les marées de la Méditerranée sont très faibles et peu sensibles en général, au point que nos pêcheurs et nos bergers qui les ont observées ne les considèrent que comme une simple intumescence de la mer. Volney lui-même (*Etat physique de l'Egypte*, chap. III), n'attribue cette intumescence qu'à l'action des vents : il est rare, en effet, sur le littoral d'Arles, qu'il se passe une période de 15 à 20 ans, sans que la marée ne s'élève extraordinairement, dans les nouvelles ou pleines lunes, jusqu'à une hauteur de 5 à 6 pieds, par le concours de causes accidentelles comme un vent violent du sud-est ou sud-ouest, etc., etc.

Ce phénomène a été constaté sur d'autres plages

---

(1) « Dans de petites mers et près des rivages, les mouve-
« ments des eaux doivent être gênés et contrariés par les ob-
« stacles qu'ils rencontrent. » Biot, *Astronomie physique*,
tom. II, pag. 542, édit. de 1811.

de la Méditerranée, partout où le rivage se creuse en long canal.

En Grèce, le détroit de l'Euripe a eu de tout temps un courant ou plutôt *un flux et reflux très violent*, suivant l'expression de M. Pouqueville, *Voyage de la Grèce*, (tom. pag. 217) VI.

Venise a des tables de marées depuis un temps immémorial : *l'eau*, ajoute l'écrivain qui l'atteste, *l'eau se répercute sur les côtes voisines et vient s'entasser dans les lagunes de Venise, comme à l'extrémité d'un long canal.*

Avant de défricher et de cultiver le littoral maritime dans la basse Camargue et dans le bas Plan-du-Bourg, il convient, ce semble, d'étudier soigneusement le phénomène des marées ou, si l'on veut, de ce que nos bergers, nos bouviers et nos marins appellent la *grosse mar*, et d'établir des digues de défense contre les intumescences de la mer.

Le littoral maritime de la Camargue, comme le littoral maritime du Plan-du-Bourg, ne pourront être livrés avec sécurité à la culture; les pâturages n'y deviendront gras et les plantations n'y mourront pas, qu'autant que le sol aura été profondément colmaté par les dépôts vaseux que charrie le Rhône, qu'autant qu'on sera parvenu à détruire les *sansouires*, c'est-à-dire les infiltrations ou incrustations salines ; qu'autant, enfin, que des digues *puissantes* préserveront ce littoral des inondations des étangs salés et de la haute mer.

Mais le sel marin domine, dans la basse Camargue comme dans le bas Plan-du-Bourg, dans les eaux, dans l'air, dans les entrailles et sur les surfaces du sol.

L'eau des puits est saumâtre et il faut la dériver du Rhône pour la boisson des hommes et des animaux.

La terre à l'extérieur est blanchie par des efflorescences salines, semblables à une légère couche de neige, et qui montent de l'intérieur à la surface par l'effet de la capillarité.

Pendant les chaleurs de l'été, les étangs desséchés par le soleil forment une plaine de sel éblouissante par sa blancheur, et dont les couches épaisses de plus de deux pouces et durcies excitent l'avidité du bas peuple qui s'attroupe pour le ramasser comme une manne céleste, et qui quelquefois a eu des démêlés sanglants avec les préposés des douanes, qui mettent prudemment fin au combat en ouvrant les écluses du Rhône.

La végétation est donc sous l'influence du sel marin. La *salsola fruticosa* et les autres herbes salées végètent spontanément sur ce littoral maritime.

Les pâturages du territoire d'Arles ne sont même si recherchés pour la nourriture des bêtes à laine que parce qu'ils sont salés, par cela même toniques, et qu'ils augmentent l'activité de leurs organes, les préservent de la cachexie et influent même sur la qualité de leurs toisons.

Les irrigations ne sont utiles sous ce rapport qu'autant que les eaux sont bourbeuses et que leur limon colmate le sol. Sans le limon, les eaux claires lavent le terrain, mais ne l'amendent pas; cependant elles sont utiles parce qu'elles dissolvent le sel quelles entraînent en s'écoulant. Mais ces vastes plages ne deviendront productives que lorsque le Rhône les aura recouvertes de limon.

Les salines de la basse Camargue ont été longtemps une branche importante de revenu, mais l'élévation de l'impôt sur le sel a presque tué cette industrie.

Le sable est encore une plaie de la Camargue.

Les sables, en effet, menacent d'attérir la branche du fleuve connue sous le nom de petit Rhône, et, sur les vastes domaines de la basse Camargue, ils s'élèvent en montilles que les agriculteurs sont obligés d'abandonner et où se blottissent des milliers de lapins dont la multiplication est quelquefois effrayante.

Des sondages récents ont prouvé que le delta de la Camargue se prolonge à deux lieues en avant dans la mer, sous la surface des eaux. La pente est très douce et le dépôt d'alluvions consiste en sable fin, vase, argile et coquilles marines réunies. Les sables dominent: cachés sous la surface des eaux, ils sont funestes aux navigateurs qui, lorsque les vents les poussent à la côte, viennent s'y perdre; ils sont funestes encore aux agriculteurs de la basse

Camargue, parce que les mêmes vents, dispersant au loin les sables, encombrent les fossés d'irrigation ou d'écoulement et frappent les terrains de stérilité.

Divers documents sont le complément nécessaire de ces études statistiques : leur nécessité s'explique par la spécialité du territoire d'Arles, qui a contribué à donner cours à cet ancien proverbe : Arles en France.

Je classe ces documents divers dans l'ordre suivant :

§ I. De l'agriculture arlésienne.

§ II. Notice sur la Camargue.

§ III. La Crau.—Les bêtes à laine.—Les canaux d'irrigations.

§ IV. Les associations territoriales.

§ V. Le canal de grande navigation d'Arles à Bouc.

§ VI. Les compagnies agricoles.

§ VII. Sur le projet d'unir le canal d'Arles à Bouc avec le canal du Languedoc.

§ VIII. Sur le projet d'un nouveau canal de dérivation de la Durance, dont la prise serait supérieure aux prises de tous les canaux actuellement existants.

§ IX. Le climat d'Arles.

Epilogue.

I.

DE L'AGRICULTURE ARLÉSIENNE.

Dans le vaste territoire d'Arles on nomme les fermes des *mas*, mot que l'on prétend celtique et qui désigne une habitation (1).

Les fermes de la Camargue sont divisées en terres labourables et en pâturages pour les bêtes à laine et pour les chevaux. Jadis on divisait toujours une terre en deux soles ou *gausies ;* celle qui était semée une année était laissée en jachère la suivante.

L'introduction des luzernes est venue modifier ce système de la manière la plus heureuse : la jachère se trouve ainsi diminuée considérablement. En outre, et depuis quelques temps, on ajoute à cela, dans certains domaines, la culture de la garance et des chardons à bonnetier; quelques grands propriétaires font même des essais de

---

(1) Vid. *Voyage littéraire de la Grèce* par M. Guis, tom. II, pag. 429.

betteraves et de colza, et, si ces essais réussissent, comme il y a lieu de l'espérer, nous devons nous promettre un accroissement notable dans le produit du sol.

Les pâturages élevés sont destinés aux bêtes à laine, pour lesquelles on fait de plus des semis d'orge sur les chaumes et auxquelles on livre le margail (*lolium perenne*), dont se fournissent en automne les terres en repos; ce qui est une ressource précieuse et empêche que la jachère demeure inutile.

Les parties basses des herbages plus sujettes à être fatiguées par les eaux et les marais proprement dits sont abandonnées aux chevaux sauvages; et, de plus, on fait dans ces marais de la litière à mettre sous les pieds du bétail.

Voilà une idée sommaire et générale de l'agriculture arlésienne. Son origine est à la fois hellénique et romaine, et, si l'on veut consulter les écrivains de l'antiquité, on y reconnaîtra l'identité des procédés.

Xénophon, qui a composé l'*Economique* entre la xcv et la xcvi olympiade (399—394 ans avant l'ère vulgaire), nous a transmis dans ce petit chef-d'œuvre des notions précieuses sur l'agriculture des Grecs; elles m'ont convaincu de l'origine hellénique d'un grand nombre des usages de l'agriculture arlésienne, principalement dans la direction des fermes et la culture des céréales.

Il recommande le choix d'un directeur ou surveillant (à Arles, nommé *bayle*), et surtout d'une femme de charge, bonne et sage mère de famille, que Columelle, traduisant Xénophon, nomme *villica*, et que nous nommons à Arles *tante de mas*.

Les formes de la charrue grecque décrite par Hésiode (*op.* v. 433), formes empruntées elles-mêmes à la charrue égyptienne, se retrouvent dans la charrue d'Arles, que dans l'idiome local on nomme *araïre*. C'est cette charrue simple et sans roues que, dans leurs symboles religieux, les anciens plaçaient dans la main d'Osiris, son inventeur.

Du reste, à Arles on se sert aussi de la charrue à roue, mais pour les labours profonds, principalement pour les défrichements, pour semer les luzernes et même quelquefois pour les terres à blé.

L'auteur du *Voyage en Grèce du jeune Anacharsis*, Barthélemy, a résumé, chap. XLIX, tout ce que disent, touchant l'agriculture des Grecs, Homère, Théocrite, Hésiode, Théophraste, Xénophon, dont il indique soigneusement les textes.

« Les gerbes », dit-il, « transportées dans l'aire,
« y sont disposées en rond et par couches. Un des
« travailleurs se place dans le centre, tenant d'une
« main un fouet et de l'autre une longe, avec
« laquelle il dirige les bœufs, chevaux ou mulets
« qu'il fait marcher ou trotter autour de lui : quel-

« ques-uns de ses compagnons retournent la paille
« et la repoussent sous les pieds des animaux,
« jusqu'à ce qu'elle soit entièrement brisée; d'autres
« en jettent de pelletées en l'air : un vent frais, qui
« dans cette saison s'élève communément à la
« même heure, transporte les brins de paille à une
« légère distance et laisse tomber à plomb les grains
« que l'on renferme dans des vases de terre cuite. »

De tout cela il ne faut supprimer que les derniers mots : *que l'on renferme dans des vases de terre cuite.* A l'exception de ce mode de conservation qui n'est pas usité à Arles, tout le reste je le vois chaque année exécuter à la lettre par les agriculteurs d'Arles, qui ne se doutent certainement pas que leurs pratiques ont été décrites, il y a plus de deux mille ans, par les écrivains classiques de l'antique Grèce. M. Gail, l'un de nos grands hellénistes, lorsqu'il traduisait l'*Economique* de Xénophon, demanda à Arles quelques éclaircissements agricoles dont il a fait son profit dans sa traduction.

Si j'en avais le loisir, je pourrais retrouver dans les auteurs classiques de l'antiquité grecque l'origine de presque tous les usages ruraux du territoire d'Arles, de ses pratiques, de ses instruments, de ses fêtes. J'en indique deux exemples remarquables : les courses de chevaux et les ferrades, qui ont rappelé à Millin les *hippocentaures* et les *taurocatapsies*.

Cette origine est surtout constatée par les mots techniques agricoles qui, dans l'idiome arlésien, sont dérivés du grec et qui prouvent que ces usages, ces instruments, ces pratiques, sont partis de la Grèce.

En voici quelques exemples :

Ἄρατρον, charrue, *araïre* en patois.

Βαστάζω, porter un fardeau comme les bêtes de somme, *basteja* en patois.

Μιαρός; aux environs d'Arles, on appelle *miaré* celui qui sert les moissonneurs, leur apporte à boire et à manger, et se trouve ainsi le valet des journaliers.

Πύελος, auge, bassin, etc. En patois la *piele* sert d'auge pour faire boire les chevaux, etc.

Κλειδόω, fermer; de ce mot viennent les mots patois *cledo*, claie d'un parc à brebis, et *cledo*, ridelle d'une charrette, etc.

Ἄπορος; pauvre; on dit en patois d'un champ en mauvais état, délaissé : *és abouri*.

Ἔρημος, inculte; en patois, *ermé* ou *ermas*.

Ἄγω, mener, conduire; de ce mot grec vient *aguiado*, instrument avec lequel on conduit les bœufs ou chevaux de labour.

Δαίω, couper; en patois, *daïa* signifie faucher ou couper les foins; *daïairé* faucheur; *daïo*, la faulx, et *daïage*, fauchaison, etc., etc., etc.

Il est toutefois incontestable que l'agriculture des Grecs ne nous est parvenue qu'après avoir subi les modifications des usages romains, et on retrouve plus facilement encore nos usages agricoles dans les écrivains romains que dans les écrivains grecs. On les retrouve surtout dans les *Georgiques* de Virgile, dans le traité de Caton le Censeur, *de re rusticâ*, et dans les écrits de Columelle, de Varron, de Pline, de Palladius

Tel est, par exemple, l'usage de laisser reposer les terres qui portent du blé : il en était de même à Rome, et l'on appelait *restibilis ager* la terre labourable qu'on ne laissait pas reposer et qui était semée deux années de suite en céréales; les propriétaires avaient soin de l'interdire à leurs fermiers.

C'est Pomponius Festus qui nous l'apprend.

Restibilis *ager dicitur qui biennio continuo seritur farreo spico, id est, aristato; quod ne fiat, solent, qui prædia locant, excipere.*

Les baux à ferme du territoire d'Arles renferment en général la prohibition de *restoubler*, et dans ce mot il est facile de reconnaître le *restibilis ager* des Romains.

Les Romains ont connu l'*écobuage*. Virgile a dit dans ses georgiques :

> *Sæpè etiam steriles incendere profuit agros,*
> *Atque levem stipulam crepitantibus urere flammis.*
> Georg., lib. I, v. 85-86.

C'est aux Romains que nous avons emprunté les formes de quelques instruments d'agriculture.

Pline fait mention de la charrue *coutré*, généralement adoptée à Arles : *culter aratri.* Ils pratiquaient le labour léger que nous nommons *binage*; ils faisaient parquer en plein air les bestiaux et, suivant Virgile, ils donnaient comme nous leur blé à manger au vert aux bestiaux (le vain luxe des herbes, *luxuriem segetum*), quand les tiges poussaient avec trop de vigueur.

Leurs prairies artificielles étaient aussi nombreuses que les nôtres et, comme nous, ils semaient principalement la luzerne.

Leurs vignobles et leurs vergers d'oliviers étaient cultivés de la même manière que les nôtres.

C'est également des Romains que nous avons reçu les formes de constructions de nos *villæ* d'exploitation et l'usage des colons agriculteurs, qu'à Rome on nommait colons partiaires, *coloni partiarii*, suivant Caton, *de re rusticâ*, § 138, et *liberi coloni*, suivant Columelle.

J'ai parlé des *ferrades* : cette fête champêtre mérite quelques détails. On nomme *ferrade* l'opération par laquelle on imprime un signe de propriété aux bœufs et taureaux errants de la Camargue et du Plan-du-Bourg. Chaque propriétaire ne peut reconnaître les siens qu'au moyen de la marque qu'il leur attache ; mais on sent combien la chose est difficile appliquée à un taureau sauvage. Il faut, pour y réussir, de l'adresse, de la force et du courage. En voilà assez pour faire de cette opération un spectacle auquel on se prépare longtemps d'avance, et auquel on accourt de toutes parts.

Avant le jour, les voitures et les charriots de près de dix mille personnes de tout sexe et de tout âge, accourues d'Arles et des environs, arrivent à la file dans les plaines désertes et sauvages du littoral où elles forment un ovale ouvert par les deux bouts pour laisser un passage libre aux cavaliers et aux taureaux : les chevaux hennissent impatients, et du pied frappent la terre, tandis que les cavaliers agitent leurs longs *tridents* à trois pointes d'acier.

Des chevaux *camargues*, lestes et bien dressés, portent avec orgueil les femmes et les filles des riches agriculteurs de la Camargue.

Le gardien chef désigne les animaux qui doivent être marqués et les sépare du troupeau éloigné d'environ 1,000 à 1,200 mètres du cirque. Des *gardiens*, des hommes à cheval armés du trident, séparent individuellement les taureaux qui doivent être marqués du reste du troupeau nommé *la vaccarié*, et les dirigent dans le cirque auprès du feu où la marque rougit.

Dans cette course, les hommes et surtout les chevaux s'exposent à des dangers, lorsque le taureau en fureur se tourne et fond sur les agresseurs; mais les cavaliers habiles et les chevaux eux-mêmes savent l'éviter.

Des hommes à pied attendent le taureau au milieu de l'enceinte, et l'un d'eux, lorsque l'animal arrive furieux, le saisit par les cornes et le jette à terre. Les applaudissements de la foule célèbrent sa victoire : c'est le triomphe de l'adresse sur la force.

Alors de toutes parts on court sur le taureau atterré, on le retient immobile, et une main, quelquefois celle d'une jeune femme, vient appliquer le fer brûlant sur la cuisse du taureau. Tout le monde s'éloigne, et le taureau abandonné à lui-même se relève et s'élance, écumant de fureur, bondissant et rugissant, sur les spectateurs qui l'évitent.

D'autres fois, au lieu de marquer le taureau avec un fer chaud, on lui met la *sonaille* (1) ou on lui impose le joug.

Malheur au cheval, malheur quelquefois au cavalier lui-même, lorsque le taureau, d'un bond désespéré, fond sur ceux qui l'entourent. J'ai vu, à la célèbre *ferrade* de 1812, un taureau furieux blesser avec ses cornes le cheval et renverser le cavalier.

D'autres fois, poussant son cheval au galop, le *gardien* passe comme l'éclair, et par un coup de *trident* habilement dirigé, ramène le taureau dans la direction du feu allumé dans le cirque où l'ani-

---

(1) On appelle *sonaille*, dans l'idiome local, un collier en bois d'où pend une grosse sonnette de métal.

mal doit être terrassé et *marqué*. Quelquefois lui-même à cheval d'un coup de trident le renverse auprès du foyer, et alors les gens à pied s'en emparent.

Lorsque la *ferrade* est terminée, on fait passer l'entier troupeau de bœufs dans l'ovale ou demi-cercle formé par les voitures : c'est le signal du départ; tout, cavaliers et voitures se dirigent sur la ville avec une rapidité extraordinaire, et dans moins d'une heure, cette vaste plaine un moment si vivante, si animée, redevient déserte; les gardiens retournent à leurs marais solitaires reprendre au milieu de leurs troupeaux leur rustique manière de vivre.

Les courses de taureaux, autre spectacle de ce genre, ont lieu dans l'arène de l'amphithéâtre romain; elles sont moins intéressantes et plus dangereuses que les *ferrades*.

II.

LA CAMARGUE.

La Camargue (1), surnommée le Delta du Rhône, n'est qu'une plage maritime couverte et colmatée par les alluvions du Rhône depuis un temps immémorial. Elle était déjà formée avant que les Romains parussent en vainqueurs dans ces contrées.

Pline l'Ancien (liv. III, chap. IV) dit que les *Anatilii*, peuple indigène, occupaient le littoral maritime entrecoupé d'étangs, et sur lequel les villes étaient rares : *oppida cœtera rara, præ jacientibus stagnis*.

Strabon qui, comme Pline, écrivait dans le premier siècle de l'ère chrétienne, dit (2) que « les

---

(1) Le mot de Camargue ne vient-il pas de ΚΑΜΑΞ *palus* et ΑΓΡΟΣ *ager*.

(2) Liv. IV, § VI, pag. 183, édit. de Coray, 1818.

Marseillais ont fait bâtir un temple à Diane l'Ephésienne sur un terrain auquel les bouches du Rhône donnent la forme d'une île »; Strabon désigne évidemment la Camargue. Ce temple, qui était au bord de la mer, a disparu avec le culte de Diane. On conjecture que l'emplacement qu'il occupait est aujourd'hui éloigné de trois lieues d'Arles, entre le château d'Avignon et le mas des Brun.

La Camargue s'est agrandie à mesure que les canaux par lesquels le Rhône entre dans la Méditerranée se sont prolongés, et que le limon, ainsi que le sable de l'Isère, de la Durance, du Gardon, de l'Ardèche et de tous les affluents du Rhône, soit qu'ils descendent des Alpes, soit qu'ils se précipitent des Cevennes, charriés par ce fleuve, successivement accumulés jusqu'aux extrémités de la Camargue, ont comblé divers canaux du fleuve et formé même dans la mer des îles et des atterrissements incorporés plus tard au Delta. Ces atterrissements ont été d'autant plus considérables, que le Rhône se dirige trop rapidement de Lyon sur Arles, pour déposer dans son cours la vase et le sable qu'il transporte; les sables, portés à ses embouchures où la mer les accumule en larges bancs, souvent mobiles, retardent le cours des eaux et gênent la navigation. Marius ne fit creuser les *Fossa Mariana*, et plus récemment, l'empereur Napoléon, le canal de grande navigation d'Arles à Bouc, que pour communiquer plus facilement avec la mer et éviter les embouchures du Rhône (1).

La Camargue est donc une île que le Rhône agrandit après l'avoir formée. Sa surface s'abaisse depuis les rives du fleuve jusqu'au centre de l'île, et principalement du côté de la mer.

C'est précisément auprès des murs de la ville d'Arles, que les deux branches du Rhône qui forment cette île se divisent et s'éloignent : l'une occidentale, coulant entre la commune de Notre-Dame-de-la-Mer et la forêt de pins de Silvéréal, débouche à la mer par l'*Ostium hispaniense* des Romains (2); l'autre, orientale, coule vers le port de Bouc et forme ce que la géographie romaine appelait l'*Ostium massalioticum*. Toutefois, ces dénominations ne peuvent aujourd'hui s'entendre que de la situation ou disposition des embouchures entre elles, plutôt que des lieux mêmes

---

(1) Plutarque, *Vie de Marius*, édit. grecque de Coray, tom. III, pag. 59.

(2) L'*Ostium metapinum* était dans la géographie romaine le nom d'une troisième embouchure du Rhône, plus éloignée du département du Gard que l'*Ostium hispanicum*, c'est-à-dire plus orientale; elle était dans la direction de l'étang et de la tour du *Tampan*, construite sur cette embouchure en 1607, et qui en a conservé le nom, mais altéré : *Tampan*.

Sous les Romains, *Metapinum* était aussi le nom de l'un des divers *bogaz* ou embouchures du Nil; ainsi l'analogie entre les deux Delta du Rhône et du Nil a été reconnue, même par l'emploi de dénominations identiques ou analogues.

de leur jonction avec la mer, les bancs de sable ayant fermé alternativement certaines embouchures et forcé le Rhône à en ouvrir d'autres, par les mêmes causes physiques qui ont été observées aux bouches du Nil.

Jadis cette île triangulaire s'étendait, en outre, au delà de la commune des Saintes-Maries ou Notre-Dame-de-la-Mer, sur un atterrissement nommé la *petite Camargue*, dont elle est aujourd'hui séparée par une branche du Rhône.

Le niveau moyen des terres au dessus de l'étiage de la mer est d'à peu près 2 mètres; celui des pâturages, de 1 mètre 25 centimètres; celui des marais, de 0 mètre 75 centimètres; celui des étangs, de 0 mètre 25 centimètres. La déclivité du sol est très peu sensible; il tombe annuellement dans cette contrée 40 centimètres d'eau, terme moyen, dont un tiers bien souvent dans l'espace de 15 jours, en octobre ou en novembre.

On y récolte environ 80,000 hectolitres de blé; on en sème environ 15,000 mille.

La Camargue est environnée d'une ceinture de digues ou chaussées; la longueur de ces chaussées est de 90,086 mètres, depuis le canal du Japon, en remontant le grand Rhône, jusqu'à la tête de la Camargue; et depuis ce point, en suivant le petit Rhône, jusqu'à la chaussée de gauche du canal d'eau douce que la commune des Saintes-Maries a dérivé du Rhône.

On distingue communément en Camargue trois zones de terrains.

La première zone, la plus rapprochée du fleuve, en terres labourables et en pâturages fins, forme un quart de la contenance totale, subdivisée en cent septante métairies.

La deuxième zone forme un autre quart de la contenance totale, principalement en pâturages, où dépaissent pendant six mois de l'année des bêtes à laine.

Enfin, la troisième zone qui, à partir du centre de l'île, dont elle occupe la moitié de la surface, s'étend jusqu'à la mer, ne se compose en général, et sauf quelques exceptions, que de pâturages, de marais et d'étangs.

Les alluvions fluviales, en exhaussant les deux rives du fleuve au dessus du sol adjacent, ont amené nécessairement la formation des marais dont le desséchement ne peut être assuré qu'en creusant à ces eaux des écoulements à la basse mer.

On nourrit dans l'île entière 110,000 bêtes à laine, 600 bêtes de traits, 700 taureaux sauvages et noirs, d'origine ibérique, et 1,300 chevaux indigènes qui ont conservé les formes et l'agilité du cheval arabe, dont la *race camargue* tire son origine (1).

---

(1) *Voy.* l'intéressant *Mémoire* de M. de Truchet *sur les che-*

On a établi dans la troisième zone des salines artificielles qui ont produit jusqu'à six cent mille quintaux métriques de sel; mais dont la production est réduite aujourd'hui à cent mille quintaux.

Les communications des étangs entr'eux ou avec la mer ont facilité l'établissement des pêcheries appelées *Bourdigues*, dont les produits sont quelquefois considérables.

Quarante-neuf prises d'eau saignent le Rhône pour l'irrigation de la Camargue, savoir:

Sur la rive droite du grand Rhône, 19;

Sur la rive gauche du petit Rhône, 28;

Sur la rive droite du petit Rhône, 2.

Les canaux d'irrigation vident en général dans l'étang de Valcarès leurs eaux superflues, et d'autres canaux y amènent les eaux pluviales.

La dépense annuelle et d'entretien de ces prises et canaux est d'environ 12,000 fr.

Cette masse d'ouvrages d'art est indispensable pour la culture et la conservation de la Camargue; on aurait dû les prendre en considération, plus qu'on ne l'a fait, dans l'assiette des impositions directes qui frappent cette île, et dont le chiffre, en l'année 1835, a été de 119,025 fr. 30 c.; savoir: 100,987 fr. 32 c. pour la commune d'Arles, et 18,037 fr. 98 c. pour la commune de Notre-Dame-de-la-Mer.

vaux de Camargue, inséré au tome XXVIII des *Annales de l'agriculture française* (1807).

Pour accroître l'étendue de l'île, pour en augmenter la fertilité, pour rendre productifs les marais et les étangs en les couvrant de terre végétale, il suffit d'y amener les eaux limoneuses du fleuve qui, en les colmatant, feront disparaître les traces de sel dont sont encore imprégnés plusieurs terrains, nommés par ce motif dans l'idiome local, *sansouires* ou *salans*.

Il faut aussi ouvrir des canaux pour verser à la mer les eaux des étangs salés, avec des écluses soigneusement fermées lorsque les vents d'est ou du midi portent du côté de l'île les flots de la Méditerranée; il faut enfin défendre les terrains de l'extrémité méridionale de l'île contre l'invasion des eaux de cette mer par une digue. Mais cette digue est difficile à exécuter.

Le pacha d'Égypte vient d'entreprendre, sous la direction d'ingénieurs anglais et français, des travaux de cette espèce, soit pour défendre contre l'invasion de la mer, soit pour favoriser l'irrigation du *Delta* du Nil.

Le rocher sur lequel la ville d'Arles a été bâtie se trouve, en 1837, éloigné de la mer de 45,000 mètres.

Mais des monuments nombreux témoignent de l'exactitude des historiens de l'antiquité, qui rapprochent davantage la ville d'Arles de la mer.

Un ancien géographe grec anonyme dit que *la ville d'Arles était située sur la mer* : expressions rigoureusement inexactes, mais qui prouvent au moins qu'à cette époque cette ville en était peu éloignée.

Ammien Marcellin (1) atteste qu'au quatrième siècle de l'ère chrétienne, il n'y avait que dix-huit milles ou quatre lieues et demie d'Arles aux bouches de la rivière.

Anibert, exact et judicieux historien de la ville d'Arles, sa patrie, après avoir noté ces distances dans son *Mémoire* sur *l'ancienneté d'Arles*, rappelle qu'au treizième siècle l'embouchure du Rhône était d'environ deux lieues plus voisine de la ville qu'en 1782, époque où il faisait imprimer ce mémoire (2).

Il a fallu, à diverses époques, éloigner de la ville la tour construite à l'embouchure du fleuve pour en défendre l'entrée aux pirates (3).

Les archives de la ville d'Arles fournissent, à cet égard, des documents authentiques.

---

(1) *Rhodanus..... spumens gallico mari concorporatur per patulum sinum quem vocant ad gradus, ab Arelate octavo decimo fermé lapide disparatum.*

(2) La même observation géographique est consignée dans le *Dictionarium historicum, geographicum, poeticum, auctore Carolo Stephano*, v, *Arelatum*, pag. 286, édition de Lyon, 1621. Suivant l'auteur, à cette époque, la ville d'Arles était éloignée de l'embouchure du Rhône d'environ 4 milles d'Allemagne (32,000 mètres).

(3) *Voy.* l'ouvrage de M. Reynaud, membre de l'institut (*Invasions des Sarrasins en France, en Piémont*, etc., *pendant les* VIIIe, IXe et X^e *siècles*, 1 vol. in-8°, 1836).

Le 8 septembre 1476, on commença la construction de la tour du Boulevart, près l'embouchure du Rhône, du côté de la Crau. En 1482, Louis XI, roi de France, confirma à la ville d'Arles la permission déjà octroyée par le roi Réné, comte de Provence, de construire cette tour *à l'entrée et sur le bord du Rhône, pour la défense de son terroir, et d'en nommer annuellement le capitaine et la garnison.*

Cette tour fut démolie en 1615, et les matériaux ainsi que l'emplacement vendus en 1639. Les ruines de cette tour, sur le territoire du *grand Peloux*, près de Leysselle, sont aujourd'hui à 12,000 mètres de la mer.

Dès 1554, le roi Henri II, avait délivré des lettres-patentes pour construire une autre tour à l'embouchure du fleuve : il n'en reste pas même des vestiges.

Le conseil de l'hôtel-de-ville d'Arles délibéra, le 28 mai 1556, la construction du petit fort de Saint-Genet, dont les ruines sont du côté de *Faraman*, éloignées aujourd'hui de 4,000 mètres de la mer, et loin du Rhône même, dont le cours a changé.

La construction de la tour du *Tampam* fut adjugée le 3 septembre 1607. Le procès-verbal de réception est du 12 septembre 1614.

Le Rhône s'étant frayé un autre lit, elle devint bientôt inutile, et en 1659, elle fut vendue, avec six sextérées de terre qui l'environnaient, à François Duport, au prix de 3,000 livres. Cette forteresse est devenue de nos jours le domaine de *Tourrevieille*.

La tour Saint-Louis, fut construite en 1737. La distance actuelle de la mer est de 7,500 mètres.

Voilà, certes, des preuves matérielles et immuables, non seulement des variations du cours du Rhône et du changement de position de ses embouchures, mais encore de l'agrandissement, de siècle en siècle, de l'île de Camargue.

M. le baron de Rivière, propriétaire de *Faraman*, à l'extrémité de l'île et sur la grève même de la mer, a consigné dans une note insérée au *Rénovateur*, du 20 octobre 1834, l'observation d'un phénomène important.

Lors des travaux pour la construction d'un phare sur un terrain qu'il a cédé à l'état, il a constaté le dégagement d'un gaz souterrain jetant une flamme bleue et annonçant une source analogue à celles qui existent sur plusieurs points en Chine. Cette observation devrait être soigneusement expérimentée, puisque cette découverte, si elle était due à une cause permanente, pourrait avoir des résultats très utiles, ne fût-ce que pour alimenter et augmenter sans frais la lumière du phare.

Depuis quelques années, on fait des études, on écrit, on imprime sur la Camargue; mais il faut lire avec circonspection les notes rédigées par des personnes étrangères aux localités.

Dans un ouvrage très répandu, l'*Encyclopédie des gens du monde*, tom. IV, pag. 554 (volume imprimé en 1835), je lis avec surprise, « que la « Camargue renferme neuf *villages*, et que les « *miasmes putrides* qui s'exhalent des étangs et « marais y deviennent la cause de fièvres funestes « aux habitants. »

Rien de cela n'est exact.

Les cultivateurs de la Camargue ne sont pas sujets à d'autres maladies que les habitants d'Arles. La Camargue ne renferme pas neuf villages, mais un seul qui porte le nom de commune des Saintes-Maries ou Notre-Dame-de-la-Mer (1); le reste des habitants occupe, non des villages, mais des domaines d'une étendue plus ou moins considérable, et dont quelques-uns ont été morcelés et subdivisés depuis 1793. Ces domaines, en général, appartenaient avant 1789 à l'ordre de Malte.

---

(1) Cette commune, isolée sur le littoral maritime, est vraisemblablement une colonie de pêcheurs catalans, fondée à l'époque où la maison de Barcelonne avait donné des souverains à la Provence. Cette tradition est d'autant plus vraisemblable, qu'à Barcelonne la plus belle église après la cathédrale est l'église de Sainte-Marie-de-la-Mer; un faubourg de cette ville porte aussi le même nom.

III.

LA CRAU.

La Crau, ce champ immense de cailloux roulés, est un des spectacles les plus extraordinaires qui puisse se présenter aux yeux. Il avait frappé l'imagination des anciens Phéniciens qui en avaient fait le théâtre d'un des hauts faits de leur Hercule. C'est là que le demi-dieu avait dompté deux géants de la vieille Gaule avec l'aide du souverain des cieux; et cette tradition ou, si l'on veut, ce symbole mythique de la conquête phénicienne nous a été transmis sous des formes différentes par la littérature grecque et la littérature romaine. Eschyle et Strabon d'un côté, Pomponius Mela de l'autre, nous donnent sur cet événement des renseignements précieux.

Le texte d'Eschyle nous a été conservé par le géographe grec; le voici, avec la traduction de Siebenkées. Le poëte introduit Prométhée, qui, traçant à Hercule son itinéraire du Caucase jusqu'aux Hespérides, lui dit :

Ἥξεις δὲ Λιγύων εἰς ἀτάρβητον στρατὸν,
Ἔνθ' οὐ μάχης, σάφ' οἶδα, καὶ θοῦρός περ ὢν
Μέμψῃ· πέπρωται γάρ σε καὶ βέλη λιπεῖν
Ἐνταῦθ'· ἑλέσθαι θ' οὔ τιν' ἐκ γαίας λίθον
Ἕξεις, ἐπεὶ πᾶς χῶρος ἐστι μαλθακός.
Ἰδὼν δ' ἀμηχανοῦντά σ' ὁ Ζεὺς, οἰκτερεῖ,
Νεφέλην δ' ὑποσχὼν νιφάδι στρογγύλων πέτρων
Ὑπόσκιον θήσει χθόνα, οἷς ἔπειτα συμ-
Βαλὼν δηώσεις ῥᾳδίως λιγὺν στρατόν (1).

Venies ad impavidas Ligurum copias;
Ibi, bellicosus etsi sis, tamen, hoc scio,
Satis arduo tibi conflectabere praelio,
Fato jubente destitui te spiculis.
Tellure saxa nec poteris avellere,
Rigida soli superficie sidentia.
Miserabitur tuas Jupiter angustias.
Videns, rotundorum et plenam lapidum nive
Nubem polo subtendet, atque umbrâ solum
Teget: hisce tu lapidibus armatus, ferum
Facilè ligusticum fundes exercitum.

On peut voir dans l'*Eschyle* de Schutz (tom. v, pag. 130 de l'édition de 1821) un savant commentaire sur ce fragment du fondateur de la tragédie grecque.

Le récit de Pomponius Mela offre peut-être un intérêt plus vif, à cause du nom des deux chefs

---

(1) Strabon, lib. IV, § 7 (tom. II, pag. 19. éd. Siebenkées). Tom. 1, pag. 240. éd. Coray.

ligures, Albion et Bergion, que nous transmet ce géographe. En voici le texte, d'après l'excellente édition de Tzschucke, dont on peut consulter les annotations critiques et exégétiques. — *Fossa Mariana partem ejus amnis (Rhodani) navigabili alveo effundit : alioquin littus ignobile et lapideus (ut vocant) campus; in quo Herculem contrà Albiona et Bergion, Neptuni liberos, dimicantem, cùm tela defecissent, ab invocato Jove adjectum imbre lapidum ferunt, credas pluisse, adeò multi passìm et latè jacent. (De situ orbis, lib. II, cap. V.)*

Ainsi ce désert de pierres roulées est le lieu de la Gaule ancienne qui offre le plus d'intérêt pour la mythologie hellénique.

La Crau fut probablement ainsi nommée par les antiques habitants de notre terre celtique, de *kraw* ou *crag*, qui signifie *pierre roulée, champ pierreux*, signification que l'on retrouve encore dans la langue anglaise et dans les langues du nord (1).

Anibert et, d'après lui, quelques auteurs modernes supposent que la dénomination de *Crau* dérive d'un certain Cravus, nommé pour la première fois dans les chartes impériales du onzième siècle ; cette opinion me paraît peu probable. Enfin, le nom de *Crau* serait-il une contraction du grec κεραυνος, et un souvenir de la victoire d'Her-

---

(1) *Voy.* Gibson, Samuel Johnson, etc.

cule et du mythe conservé par Eschyle? Quoi qu'il en soit, le nom de *campus lapideus* que lui avaient donné les anciens se trouve encore dans le testament de saint Césaire, de l'an 542 (1).

Sous le rapport géologique, la Crau offre à l'observateur un grand mystère à expliquer. Ces cailloux devraient-ils leur origine à une pluie d'aérolithes? Dans cette supposition, la fable d'Hercule ne serait qu'une forme mythique de la tradition populaire qui attribuait à une cause divine le phénomène vraiment extraordinaire de la vaste solitude de la Crau. Strabon n'y voit que les débris de quelques grands rochers réduits en parcelles à différentes époques. Les géologues modernes ont pensé : les uns, que la Crau a été à la fois l'ouvrage de la mer et du Rhône; les autres, le résultat des inondations de la Durance et de la mer. Nous n'insisterons pas ici sur ces hypothèses connues et qui ont été exposées au monde lettré par un illustre savant de Provence, l'infortuné Lamanon, compagnon de Lapeyrouse (2), et par les rédacteurs estimables de la *Statistique des Bouches-du-Rhône;* mais la constitution géologique de cette vaste plaine nous semble prouver qu'à une époque antérieure aux temps historiques,

(1) *Voy.* Baronius, annal. ad ann. 508., num. 23.
(2) La *Notice sur la plaine de la Crau*, tirée des papiers inédits de Lamanon, a été publiée avec un précis sur sa vie par M. Depping.

la masse entière a été sous l'eau, puisque le sol inférieur est formé de ces couches de *poudingue* qu'on retrouve dans toutes les contrées de la Provence qui sont traversées par la Durance. La mer a séjourné ensuite au dessus de ces couches de *poudingue*, et y a superposé des couches de calcaires coquilliers. Et, quant aux cailloux roulés de la surface, ils indiquent à nos yeux le passage d'un énorme torrent et un cataclisme antérieur encore aux temps historiques, peut-être le déluge universel, dont la trace a été si bien suivie par la géologie moderne. Le *poudingue* du Tréfond, comme les cailloux roulés de la surface, supposent nécessairement des courants d'eau considérables qui ont couvert ces plaines à d'immenses intervalles, et un soulèvement du sol marin qui est aujourd'hui à sec. Nous ne pensons pas qu'on pût rapporter aux grandes éruptions de volcans éteints, dont il faudrait aller chercher la trace bien loin de la Crau, l'origine de nos cailloux. O nature immense, infinie! Dieu seul qui t'a créée, Dieu seul peut te comprendre.

Mais ces *champs pierreux* sont encore utiles à l'homme, même dans les parties que les eaux de la Durance n'ont pas colmatées de leur limon, même dans celles où la culture de la vigne, du mûrier et de l'olivier est impossible; car sous ces pierres roulées gît une légère couche de terre végétale, qui suffit à la production d'une herbe rare, mais précieuse pour la nourriture des bêtes à laine. Aussi de nombreux troupeaux trouvent depuis des siècles leur nourriture dans ces plaines en apparence désolées (1), et ces troupeaux constituent l'une des branches les plus importantes de l'industrie agricole du territoire d'Arles.

Le territoire de la Crau appartient à la ville d'Arles, sauf les démembrements justifiés par des concessions ou autres titres. Ce droit général de propriété a été reconnu par les comtes de Provence, notamment par l'art. 20 de la première convention passée avec Charles d'Anjou en l'année 1251, et par l'art. 4 de la seconde convention passée avec Louis II en 1385 : plus récemment, il a été confirmé par les rois de France.

Toutefois, dans les XVIe et XVIIe siècles, l'archevêque d'Arles a prétendu que la Crau était le patrimoine de l'église et que la commune n'avait que des usages. De là un grand procès, porté par évocation au parlement de Toulouse et terminé à l'avantage de la commune par un arrêt solennel du 11 mai 1621, lequel est encore la base principale du règlement des droits divers sur le territoire de la Crau; il faut cependant y joindre un

---

(1) *Thymis quidem etiàm lapideos campos in provinciâ narbonensi refertos scimus, hoc penè solo reditu, è longinquis regionibus, pecudum millibus convenientibus ut vescantur.* Plin., *Hist. nat.*, XXI, 31, éd. Harduin.

autre arrêt rendu par le même parlement, le 10 avril 1656.

C'est probablement l'Espagne qui a fourni originairement la race indigène des bêtes à laine qui peuplent le territoire d'Arles. Si leurs toisons ont perdu leur finesse primitive, il faut l'attribuer au climat de Provence; car on s'aperçoit déjà d'une dégénérescence dans les produits des *mérinos* que Napoléon introduisit en France pour améliorer nos races indigènes. La race espagnole elle-même semble s'altérer, sans doute par la négligence de l'administration supérieure, qui depuis longtemps est absorbée par des soins d'une autre espèce (1).

L'Espagne, dès la plus haute antiquité, eut la possession exclusive de la meilleure race des bêtes à laine. Introduite en Provence à une époque inconnue, elle dut y être régénérée dans le douzième siècle, lorsque les comtes de Barcelonne devinrent souverains de ce pays. J'en ai trouvé plusieurs indices dans les chartes de ce temps,

(1) Non content de renouveler périodiquement l'introduction des *mérinos* espagnols, on pourrait demander des béliers à la Saxe où la race pure s'est bien conservée. En Autriche, en Russie et dans d'autres états, cette importation a également prospéré. L'Angleterre, dans l'intervalle de 1795 à 1804, ayant envoyé quelques brebis et béliers mérinos du cap de Bonne-Espérance dans les colonies de New-South-Wales et de la terre de Van-Diemen, ces animaux y ont prodigieusement multiplié, et ces colonies expédient aujourd'hui en Europe des quantités immenses de laines fines.

et un statut de 1235, rapporté par Mourgues (1), prouve évidemment que déjà à cette époque l'éducation des bêtes à laine avait pris en Provence un certain développement, mais que cette industrie encore nouvelle trouvait des obstacles de la part des propriétaires dont il fallait traverser les terres pour conduire les troupeaux dans les Alpes du Dauphiné, de la Savoie et du Piémont, où nos bêtes à laine continuent d'aller passer l'été, pour ne revenir dans la basse Provence qu'à l'entrée de l'hiver (du 1er au 15 novembre).

Par ce statut de 1235, Raymond Bérenger transporta en Provence l'un des privilèges de la *mesta* d'Espagne, dont la *transhumance* des troupeaux du territoire d'Arles est une évidente dérivation. On sait que la *mesta* est une réunion de troupeaux appartenant à différents propriétaires, et qui, voyageant deux fois tous les ans, hivernent dans les plaines du royaume de Léon, de l'Estramadure et de l'Andalousie, et à la fin d'avril ou au commencement de mai, se rendent sur les montagnes des deux Castilles, sur celles de la Biscaye, de la Navarre, de l'Aragon. Les Espagnols appellent *transhumantes* ces troupeaux voyageurs qui, à la fin de septembre, se remettent en marche et descendent des montagnes, s'acheminant vers des climats plus chauds.

(1) Dans son *Recueil des statuts de Provence*, 1658, in-4°, p. 368.

Je retrouve à Arles les mêmes usages touchant les troupeaux, qu'on y nomme aussi *transhumans* (1).

Au reste, c'est de l'Afrique que l'Espagne a tiré elle-même ses brebis à longue laine soyeuse; elle en doit la conservation à l'institution de la *mesta*, dont l'origine remonte à une époque très éloignée (l'an 633 de l'ère vulgaire).

Les laines d'Arles s'exportent en général, savoir:

Les *communes* en Dauphiné, à Vienne, Crest, Dieu-le-fit, etc.; en Languedoc, à Lodève, Clermont, Castres, Mazamet; le département de l'Aveyron absorbe les plus grossières,

Les *metis* se distribuent encore entre ces places et celles de Bédarieux, Carcassonne, Chalabre, Castres et autres pays environnants.

Les plus belles qualités sont employées par Castres, sauf ce qu'enlèvent quelques établissements de peignage de Paris ou de Rheims.

Une bergerie *impériale* avait été établie à Arles en 1804. Le rétablissement de cette *bergerie-modèle* serait très utile à tous les départements méridionaux, pour la propagation et la conservation des races pures.

(1) *Voy.* sur les troupeaux *transhumans* d'Arles, un bon mémoire de M. Capeau, inséré par Darluc dans son *Histoire naturelle de Provence*, tom. I, pag. 319 et suiv. — *Voy.* aussi le *Traité des bêtes à laine d'Espagne* par M. Lasterie, chap. XII, pag. 205.

On devrait y joindre un troupeau de chèvres de la race thibetaine, qui serait nourri dans la Crau. Sous ce rapport, l'industrie arlésienne est en retard. Je ne connais personne à Arles qui élève des chèvres du Thibet, dont la race s'est cependant multipliée en France chez beaucoup de propriétaires soigneux. On n'élève pas même des chèvres dites du Kachemyr, qui sont aujourd'hui généralement répandues dans les départements de l'Isère, de l'Ain, de l'Ardêche, du Jura et de la Côte-d'Or.

Cette race prospérerait inévitablement dans les pâturages de la Crau, mais c'est au gouvernement à donner l'impulsion et l'exemple.

Sans l'irrigation par les eaux de la **Durance** dérivées par les canaux de Craponne et de Boisgelin, la Crau ne serait qu'un vaste désert stérile.

Le cours du canal général de Craponne a un développement de quatre lieues, depuis le point de dérivation de la Durance à la Roque, jusqu'au bassin de partage à Lamanon; la distance du bassin de Lamanon à Arles est de sept lieues. La *branche d'Arles*, à une lieue un quart de Lamanon, donne naissance au canal d'Istres, dont le cours est de quatre lieues; la *branche de Salon*, à une lieue de Lamanon, se subdivise en deux canaux, ayant chacun un développement de trois lieues environ.

Le canal de Craponne et ses dérivations sont

partout employés à mettre en mouvement des usines, à arroser des terres.

Depuis la Roque jusqu'à Lamanon, le canal de Craponne forme un être abstrait connu sous le nom d'*œuvre générale de Craponne;* à son existence est attachée celle de tous les canaux particuliers.

Les *arrosages*, d'après le réglement fait par les cessionnaires de Craponne dès l'origine du canal, devraient contribuer aux dépenses communes de l'entreprise pour la somme de 3,140 francs 16 sous 6 deniers, et les *usines* pour celle de 4,977 francs 3 sous 6 deniers.

Les impositions d'un total de huit mille et quelques francs n'étant plus en rapport avec les besoins de l'œuvre, certains arrosants, plutôt que de laisser périr l'entreprise, supportent, au marc le franc, un surplus de cote qui n'est pas moindre de quinze mille francs; et ces arrosants ne sont pas ceux qui emploient le plus grand volume d'eau et qui en retirent le bénéfice le plus considérable. Un pareil état de choses ne saurait durer. Toutes les personnes qui jouissent des canaux de Craponne doivent contribuer proportionnellement à l'entretien du canal alimentaire.

Les propriétés qui ont le plus puissamment contribué à la conservation et à l'entretien du canal alimentaire de Craponne, depuis l'origine jusqu'à nos jours, sont les usines.

L'établissement des usines n'entrait pas d'abord

dans les projets d'Adam de Craponne, mais lui-même reconnut bientôt que leur produit n'était pas à dédaigner : il en concéda beaucoup et en fit même édifier plusieurs pour son propre compte et pour compte de ses parents.

En cela, plus avisés que l'œuvre de Boisgelin, qui recherche les arrosages, les continuateurs de Craponne ont surtout favorisé l'établissement des usines. Chaque jour ils en concèdent de nouvelles, qui, sans déperdition d'eau, tendent à diminuer l'insuffisance des revenus du canal alimentaire, tout en procurant des avantages très considérables.

Les moulins à farine mis en mouvement par les eaux de Craponne, de la Roque à Lamanon, sont au nombre de cinq, dont le revenu total peut être apprécié dix mille francs.

On compte sur la branche de Salon et ses subdivisions quatre moulins à farine, dont deux, celui de Lançon et celui des Quatre-Tournants, sont d'un produit élevé.

Il existe, en outre, sur la branche de Salon un assez grand nombre de moulins à huile et d'autres usines, dont deux filatures de laine : le nombre total doit s'élever à onze.

La branche d'Arles compte deux moulins à huile à Eyguière, dont un, actuellement en construction, doit triturer des graines oléagineuses, comme dans le nord.

Les moulins à blé sur la branche d'Arles et ses dérivations sont au nombre de huit : ils sont tous très importants, surtout celui de *Chambremond* au milieu de la Crau. Des moulins à blé ci-dessus désignés, il en est cinq à Arles même, qui font partie de la propriété de l'*œuvre* d'Arles. En outre de ces cinq moulins, l'œuvre d'Arles possède la superbe et immense fabrique de farine qui vient d'être édifiée au pont de Crau, près Arles. Dans cette usine, dont le produit est incalculable d'avance, seize meules peuvent être mises sans cesse en mouvement.

Le traité entre les frères Ravaux de Salon pour l'établissement du canal de Craponne, œuvre d'Arles, est du 3 mai 1581 ; les entrepreneurs se soumirent *à conduire l'eau de Durance par la Crau, terroir de ladite ville d'Arles, dans un canal qu'ils feront*, et promirent de bailler de *l'eau à suffisance pour arroser*, de construire des usines sur ce cours d'eau, et notamment *des moulins à moudre blé*, dont la banalité fut stipulée à leur profit, banalité conventionnelle entre une commune et un particulier non seigneur sans lieu féodal, maintenue par un article du décret du 15 mars 1790 (1), et qui s'exécute encore loyalement.

(1) *Voy*. le rapport fait par Merlin (de Douai) à l'assemblée constituante, le 8 février 1790, au nom du comité des droits féodaux.

Les moteurs actuellement établis sur le grand canal de la Roque à Lamanon et ses subdivisions n'emploient pas, bien s'en faut, toutes les chutes qui existent actuellement. On trouve à chaque pas des emplacements magnifiques à utiliser, sans compter tous ceux que des rectifications de niveau sont capables de faire naître. Au pont de Chamet près Arles, une chute d'eau considérable, déjà à moitié disposée pour une usine, pourrait être employée avec avantage à l'établissement d'un moulin à huile ou à une fabrique de papier d'emballage. Quelle que fût l'industrie que l'on voulût exercer sur ce point, on serait assuré du débouché des produits.

Le canal de Langlade, canal d'irrigation qui traverse la plaine de Crau depuis le Merle jusqu'au Rhône, sur une longueur de plus de trente-deux mille mètres (six lieues de pays), a été construit en 1832, en vertu d'une concession des eaux du canal de Boisgelin faite en 1828.

Il est fâcheux que ce canal, qui domine toute la Crau du nord au midi, ait été construit sur des proportions si peu considérables; s'il roulait vingt moulants d'eau, au lieu de deux et demi, plus de de dix mille hectares auraient été rendus à la culture, et un désert aurait disparu de la carte du département. Pour atteindre ce résultat, cent mille francs au plus auraient suffi. La difficulté d'obtenir du gouvernement la concession des eaux, les oppositions inexplicables, mais opiniâtres de quelques propriétaires riverains, en ont été les causes. Les actionnaires de Langlade ont été forcés de réduire les proportions de leur œuvre aux besoins de leurs propriétés, et ce canal n'a plus été, sous le rapport de l'ensemble des améliorations locales, qu'une simple ligne de jalons.

Espérons qu'aujourd'hui qu'une route magnifique va traverser la *Crau Coussoul*, aujourd'hui que de toutes parts on cherche la fortune dans des entreprises si souvent hasardeuses, celle de la fertilisation de la Crau à l'aide des eaux d'irrigation apparaîtra ce qu'elle est en effet, la plus belle, la plus incontestablement sûre, la moins coûteuse qu'on puisse exécuter ; les résultats seront immenses et les dépenses presque nulles. La *Crau Coussoul* présente le même sol, la même profondeur de terre arable que les portions si riantes et si belles que la culture a ravies au désert, aux environs des villes de Salon et d'Arles ; avant l'établissement du canal de Craponne, cette *thébaïde* arrivait jusqu'aux portes d'Arles et de Salon. Au centre de la Crau, tout propriétaire qui parvient à se procurer un peu d'eau crée presque par enchantement des oasis riants et fertiles.

Peu de gens savent aujourd'hui à Arles, qu'en 1680 on découvrit en Crau, à moins d'un demi-myriamètre des murs d'Arles, une source d'eaux légèrement thermales. On construisit, pour la commodité des malades, un bassin, avec cette inscription latine :

IMP. LUDOVICO MAGNO
Et gloriosè semper et ubiquè triumphante ;
Celsiss. princip. Jos. Lud. de Vandosme,
Gallo, provinciæ protege ;
Hunc Arelat. mineralem fontem ex Craudi campo, in usum publicæ
Salutis, tum clibano distilatorio, tum labro, restituerunt consules,
Lud. de Varadier, d. d'Orsiera, Jac, Griffveille,
Grill. Grossy, et Honorat. Auphant,
ANNO DNI M. DC. LXXX.
Et anno sequenti, hanc felicem ac virginem aquam, multarum
Collectione venarum, auxerunt ; et instar piscinæ probativæ
Lavacro, et eleganti solo, exornârunt consules,
Laur. de Varadier, Marchio de Saint-Andiol,
Franc. Seignouret, Ambr. Vincens, et Pat. Duboys.

L'inscription a disparu ; mais cette source, que l'on reconnaît légèrement chaude à certaines époques de l'année, porte encore dans l'idiome local le nom de *Font de Lavabre*, qui décèle son origine, *lavacrum*.

Ces eaux thermales, derniers indices des actions plutoniques, fortifieraient l'opinion de ceux qui considèrent la Crau comme un terrain volcanique formé par soulèvement, c'est-à-dire que le sol de la mer aurait été soulevé par une grande éruption d'un volcan sous-marin depuis longtemps éteint.

A l'aide de quelques travaux, on pourrait peut-être encore retirer de ces eaux des avantages hygiéniques. L'indifférence à cet égard ne peut s'expliquer que parce que leurs propriétés médicales, ayant toujours été faibles, seraient aujourd'hui entièrement oubliées sans l'inscription que nous avons rapportée.

IV.

LES ASSOCIATIONS TERRITORIALES.

La nécessité et l'intérêt commun ont formé, pour fertiliser et conserver le sol arlésien, des associations territoriales, dont l'objet est d'entretenir des ponts et des chaussées, des canaux d'irrigation et de desséchement, et d'autres ouvrages d'art accessoires à ceux-là.

L'origine de ces associations remonte à diverses délibérations prises par la commune et les habitants d'Arles en 1542, homologuées par arrêt du parlement de Provence du 12 mars 1543.

Le peu d'harmonie qui régnait dans les principes d'après lesquels ces associations étaient régies ayant amené la détérioration des ouvrages, Napoléon, par un décret du 4 prairial an XIII daté du palais de Milan, leur donna une nouvelle organisation, en les plaçant sous le régime administratif, en conformité de la loi du 15 floréal an II, sur *le curage des canaux et rivières non navigables, entretien des digues et ouvrages d'art qui y correspondent.*

Ce décret de l'an XIII maintient à des syndics, librement élus, l'administration sociale des affaires de chaque association, mais il institue un comité central, choisi par le préfet parmi les propriétaires intéressés et chargé de surveiller l'exécution du règlement, ainsi que l'ensemble de l'administration des syndics.

Le comité central correspond *directement* avec le préfet, et remplit ainsi les fonctions de sous-préfet en ce qui concerne les associations territoriales d'Arles et de Notre-Dame-de-la-Mer.

Tous les rôles de cotisations et répartitions sont rendus exécutoires par le préfet; le recouvrement est exercé par les percepteurs particuliers de chaque association.

Toutes les contestations sont portées devant le conseil de préfecture.

L'exécution de ce décret a éprouvé d'abord de vives critiques, comme toutes les institutions nouvelles; son utilité est aujourd'hui reconnue.

D'autres décrets impériaux sont venus subséquemment compléter l'organisation administrative des associations territoriales :

1° Le décret de Dresde du 15 mai 1813, relatif à la conservation des chaussées du Rhône;

2° Le décret de Dresde, et du même jour, sur

l'établissement d'archives centrales pour les associations territoriales d'Arles;

3° Le règlement approuvé par le ministre de l'intérieur le 22 juin 1813, en exécution du décret du 4 prairial an XIII et du décret du 15 mai 1813 sur les chaussées du Rhône.

Quant au décret impérial du 3 octobre 1810, contenant organisation des associations du vigueirat des communes de Tarascon, Saint-Rhémy, Maillanne, Graveson, Eyragues, Châteaurenard, ainsi que de Masblanc, il est étranger à la commune d'Arles et à ses associations.

Chacune des associations d'Arles a ses archives, ses titres, son cadastre, ses syndics librement élus, son percepteur, son *bayle* ou surveillant des travaux, ses assemblées annuelles et extraordinaires, dans lesquelles elle vote des impôts qui sont destinés à acquitter le prix des travaux indispensables ou à payer les intérêts d'une dette ancienne à constitution de rente, pour l'amortissement, prescrit par le tit. VI du décret du 4 prairial an XIII, n'a jusqu'à présent été exécuté que par un très petit nombre d'associations; cependant cet amortissement est un acte de sage administration. Il ne faut attribuer la dette énorme dont certaines associations sont grevées, telles que *l'association des Vuidanges*, dont la dette est de 539,000 fr. en capital non exigible, qu'à l'imprévoyance ou à l'égoïsme des anciens possesseurs, qui ont préféré payer leurs charges annuelles avec des emprunts qu'avec leurs revenus. Cet abus n'est plus à craindre; les propriétaires en reconnaissent le danger, et s'ils l'oubliaient, l'administration supérieure n'autoriserait les emprunts qu'autant que les moyens de les solder seraient prévus et préparés d'avance.

V.

LE CANAL DE GRANDE NAVIGATION D'ARLES A BOUC.

Le canal de navigation d'Arles au port de Bouc a été entrepris dans le double but de dessécher les marais de la rive gauche du Rhône et de faire disparaître, pour les bâtiments de mer qui fréquentent le fleuve, les dangers que leur présentent et les retards que leur occasionnent les barres ou bancs de sable qui se forment à ses embouchures.

Il a été commencé sous le consulat, en 1802, suspendu de 1813 à 1823, repris, en exécution de la loi de 1822 sur les canaux du royaume, et terminé enfin en 1835.

Le canal a une longueur totale de 47,338 mètres (onze lieues trois quarts), une largeur de 14 mètres 40 centimètres au plat-fond, des talus de 2 mètres de base pour 1 de hauteur, une cuvette de 4 mèt. de hauteur, dont deux occupés par l'eau et deux pour arriver au niveau des chemins de halage, de 3 mètres de largeur de voie.

Il aboutit dans le port de Bouc.

Il est dominé, dans la traversée de la montagne de la Lèque, par de hauts escarpements stratifiés, en terre et poudingue, et sur le reste de la longueur par des digues de défense contre les inondations du Rhône, digues qui s'élèvent au dessus des chemins de halage, depuis 1 mètre jusqu'à 40 mètres 60 centimètres.

Il longe la mer d'un côté, dès la plage de Fos; s'appuie, de l'autre côté, contre l'étang de l'Estomac, traverse l'étang du Galejon et divers marais, borde le Rhône entre Négobiau et Meyranne, et aboutit au sud des murs d'Arles immédiatement en aval de l'embouchure du canal de Crapone.

Il contient quatre écluses, dont une de garde et sans chute à l'entrée du port de Bouc, une à l'Etourneau de 1 mètre de hauteur, une à Moncalde de 2 mètres 33 centimètres de hauteur, et enfin une écluse de descente au Rhône de 1 mètre 45 centimètres de chute.

Il est ainsi divisé en trois biefs, dont l'inférieur est alimenté par la mer, l'intermédiaire par des sources et par les eaux des marais d'Arles, et le supérieur par les eaux du *Vigueirat,* c'est-à-dire par un canal de l'association des Vuidanges d'Arles qui reçoit les eaux de l'ancienne *vigueirie* de Tarascon.

Il compte : 16 ponteaux en aqueducs ordinaires;

20 aqueducs à vannes, dont un considérable à clapets;

3 siphons;

1 barrage et 1 déversoir éclusés;

8,000 mètres courants de revêtement de la cuvette en perré et le reste en gazon;

6,000 mètres courants de digues, perrés ou murs, hors de la cuvette, pour servir de défense contre les eaux extérieures;

16 corps de bâtisses pour magasins ou pour logements de gardes, éclusiers, receveurs de droits, etc.

La construction de ce canal a coûté environ douze millions (11,071,224 fr.).

Ces chiffres sont officiels.

On peut augmenter considérablement l'utilité de ce canal, en le prolongeant depuis le port de Bouc jusqu'aux parages de Marseille.

On remonterait pour cela dans l'étang de *Caronte* (port de Bouc), jusque vers Martigues.

On cotoierait l'étang de Berre jusque vers Marignanne; et là, au moyen d'un percé d'environ 10,000 mètres, on arriverait dans les parages de Marseille. Mais le percé ne pourrait être fait au niveau de la mer; il faudrait le tenir à une dizaine de mètres au dessus, et faire de ce bief souterrain un point de partage. La difficulté serait d'avoir de l'eau pour alimenter ce bief, mais cette difficulté disparaîtra si on exécute le *canal d'irrigation de Marseille par les eaux dérivées de la Durance.*

A défaut de ce canal, on pourrait assurer l'alimentation de ce nouveau bief par les eaux dérivées du canal de Boisgelin qui mettent en jeu la fabrique des poudres et salpêtres de Saint-Chamas, en augmentant le volume des eaux introduites.

La prolongation du canal d'Arles depuis le port de Bouc jusqu'à Marseille placerait de suite Marseille sur le Rhône, ce qui serait d'un avantage immense pour les arrivages et pour les importations dans l'intérieur; car il est à remarquer que tous les grands ports maritimes qui sont devenus des centres de commerce, en Angleterre, en Allemagne, en France même (Marseille excepté), sont placés à l'embouchure des grands fleuves.

Marseille, privée de navigation intérieure, est réduite à recevoir et à faire le transport par le roulage, qui est la voie la plus lente et la plus dispendieuse.

Malgré ces difficultés, la prospérité de Marseille augmente tous les jours.

Il est impossible de prévoir où s'arrêteraient les hautes destinées commerciales de cette opulente cité, si on prolongeait jusque dans ses parages le canal de grande navigation creusé d'Arles à Bouc.

Le projet n'en est pas nouveau : Marius l'avait tenté il y a dix-neuf siècles, en creusant les célèbres *fossæ Marianæ.*

L'importance politique de la ville d'Arles venait en grande partie des facilités de communication dues aux voies de terre et de mer qui en avaient fait un grand entrepôt de commerce et le lien intermédiaire entre l'Italie et l'Espagne d'un côté, et de l'autre entre les navigateurs marseillais et l'intérieur des Gaules.

VI.

LES COMPAGNIES AGRICOLES.

« De tous les moyens de dessécher les marais », disait Anibert en 1779, « et de les rendre propres
« à la culture, le plus simple, le plus efficace et le
« moins dispendieux, c'est d'y introduire les eaux
« de rivière lorsqu'elles sont bien chargées de vase,
« et la théorie de cette manière de desséchement
« *par immersion* est fondée sur la certitude des
« faits. »

L'auteur ajoute : « La qualité du terrain dans
« l'intérieur de l'île de Camargue atteste le long
« séjour que la mer y a fait. Dans les temps secs,
« la surface de la terre s'y couvre d'une espèce de
« sel marin dont la blancheur éblouit les yeux,
« et qui détruit le germe des herbes, empêche la
« végétation des arbres et n'admet que quelques
« plantes ligneuses qui croissent par-ci par-là en
« petites touffes. La couche des dépôts du Rhône,

« moderne encore et peu épaisse, n'a pas été
« capable d'amender un terrain imprégné de sel
« par les eaux de la mer qui l'ont inondé durant
« tant de siècles. »

Trois compagnies agricoles s'occupent, dans le territoire d'Arles, de la grande opération du desséchement.

1° La plus avancée dans ses travaux est l'*association générale des desséchements* dont le siége est à Paris, plus connue à Arles et dans ses environs sous le nom de compagnie de *Paulet*.

Elle a acheté depuis 1831, en Camargue, des contenances considérables.

J'évalue à un million les dépenses déjà faites par cette compagnie.

2° Une autre entreprise agricole, représentée par MM. Peut et Peyret de Lyon, a acheté au Plan-du-Bourg, le 3 février 1835, le domaine de Leyselle, de MM. de Meyronnet, au prix de cinq cent vingt-cinq mille francs.

3° Enfin, la société du *Château d'Avignon* qui a adopté le titre de *Société de desséchement et de colonisation de la basse Camargue*, représentée par M. le comte de Bouillé, a fait trois grandes acquisitions : le château d'Avignon, des héritiers du général Miollis, au prix de 800,000 fr.; le domaine du Pèbre au prix de 186,000 fr., et l'étang de Valcarès au prix de 50,000 fr.

Le système des trois compagnies diffère dans

les détails et les moyens d'exécution, mais les données primitives et générales sont les mêmes :

1° Défendre leur territoire par des digues contre l'invasion des eaux de la mer et des étangs salés;

2° Creuser des canaux pour l'écoulement des eaux, qui descendent naturellement des fonds supérieurs;

3° Amener les eaux fertilisantes du Rhône sur les terres, pour *dessaler, colmater* et favoriser la végétation.

L'étiage du Rhône présentant des difficultés pour arroser sans élever les eaux par des moyens hydrauliques, les deux compagnies de *Paulet* et de *Leyselle* ont déjà, chacune séparément, fait établir une machine à vapeur de la force de vingt-cinq chevaux, qui élève les basses eaux du Rhône et les amène sur les terres.

Mais c'est à l'expérience à résoudre les deux difficultés suivantes :

1° Quel laps de temps faudra-t-il pour couvrir les délaissements de la mer, dessécher des étangs et combler des marais; en un mot, substituer un sol d'alluvion et végétal au sol marin improductif?

2° Par quels moyens les compagnies pourront-elles mettre le sol d'alluvion à l'abri des infiltrations et des incrustations salines?

Nous devons nous borner, sans rien préjuger, à indiquer l'opinion des hommes profondément versés dans l'agriculture de nos localités.

En conséquence, nous invitons le lecteur à méditer les écrits suivants, les uns favorables, les autres contraires au système et aux espérances des compagnies :

1° Les écrits de M. le baron de Rivière, ses mémoires sur la Camargue, et surtout un compte-rendu à la société royale et centrale d'agriculture, inséré dans les *Annales de l'agriculture française* (vol. de 1836).

L'opinion de M. de Rivière, agronome très instruit, est favorable aux *compagnies agricoles*.

2° Il faut lire et méditer en même temps sur cette matière :

L'opinion grave de M. le baron de Chartrouse, formulée et très bien motivée, mais avec une prudente circonspection, dans le *Moniteur de l'agriculture*, du 30 octobre 1836 ;

L'opinion critique de M. Eugène Labaume, insérée au même recueil, numéro du 31 mai 1836, pag. 134 ;

La réponse de M. le vicomte de Bouillé, directeur général de la société agricole de la basse Camargue, à M. Eugène Labaume, réponse insérée aussi dans le *Moniteur de l'agriculture*, numéro du 30 juin 1836, pag. 168 ;

Diverses notes de M. Isidore Gilles, de la compagnie de Paulet, insérées dans les *Annales provençales de l'agriculture*.

La solution ne sera définitivement donnée que par un juge infaillible, le temps, c'est-à-dire les résultats.

On annonce que sir *Kilgour* de Manchester, qui a formé à Avignon et à Orgon des établissements pour la culture de la garance (*rubra tinctorum*) et pour la réduire en poudre, a reconnu dans la terre légère et caillouteuse de la Crau un terrein favorable à la culture de la vigne, dont ce grand capitaliste étranger a l'intention d'exporter en Angleterre les produits.

Le grand développement que sir Kilgour se propose de donner et que d'autres propriétaires ont déjà donné à la culture de la vigne, est une amélioration certaine pour la Crau.

Sur les *compagnies agricoles* en général, je dois m'exprimer avec réserve. Je fais des vœux sincères pour leur succès, puisqu'ils doivent augmenter les produits et les richesses du sol arlésien; mais il y a toujours des dangers à innover, et surtout à innover brusquement *dans les habitudes locales.* Ainsi la colonisation me paraît présenter ici des difficultés de premier ordre.

Sans doute le sol est immense, et ce n'est pas l'espace qni manquera pour coloniser.

Le château d'Avignon est vaste comme une province, mais il est composé en majeure partie d'étangs salés et de délaissements de la mer aussi improductifs que l'étang du Valcarès; les terres et les herbages de bonne qualité en forment la moindre contenance.

En 1769, cette terre fut estimée 500,000 fr.

Le 25 germinal an XII, elle fut vendue au prix de 359,000 fr.

Sous l'empire, le lieutenant-général comte Miollis en est devenu acquéreur, au prix de 600,000 fr.

Ses héritiers l'ont revendue au prix de huit cent mille francs.

Le général Miollis avait donc amélioré le domaine, en continuant le système d'agriculture arlésienne qu'il avait trouvé établi et qu'il avait adopté en le perfectionnant. Il élevait un troupeau de bêtes à laine *transhumantes*; il avait un haras de *juments Camargues*, un troupeau de bœufs sauvages. Il affermait les pêcheries dans les étangs salés, dont le prix a été élevé jusqu'à 18,000 fr. par an; il affermait aussi, mais à des *métayers*, les terres de labour à prix fixe ou en denrées. Son système d'exploitation agricole, dont il se faisait rendre un compte fréquent et exact, même lorsqu'il était gouverneur des états romains, aurait pu servir de *modèle* aux grandes fermes de la Camargue.

VII.

SUR LE PROJET D'UNIR LE CANAL D'ARLES A BOUC AVEC LE CANAL DU LANGUEDOC.

On lit dans la *Gazette du Midi* du 22 novembre 1836 :

« Pour établir une ligne directe de navigation
« entre la Provence et le Languedoc, et par con-
« séquent la Guienne et l'Océan, il suffit de joindre
« le canal de Bouc à celui de Silvéréal par un
« embranchement qui traverse de l'est à l'ouest la
« partie méridionale du Delta du Rhône, l'île de
« Camargue. »

L'auteur de cette note n'a déterminé ni les moyens d'exécution, ni les dépenses, ni les chances de succès. A Arles, nous sommes convaincus que cette proposition séduisante, examinée de sang-froid, ne peut être exécutée.

Ce canal de jonction, placé d'abord sur la rive

gauche du Rhône, parcourrait, sur une longueur de plusieurs myriamètres, les plages sablonneuses et les étangs situés sur la rive gauche du Rhône, entre la mer et ce fleuve.

Il faudrait traverser une première fois le fleuve, et établir des ouvrages d'art sur les deux rives de la branche orientale.

Parvenue sur la rive droite et dans la partie méridionale du Delta, le canal de jonction, creusé parallèlement à la mer, aurait à traverser une longue suite d'étangs salés et notamment le vaste étang du Valcarès, et en deçà et au delà des étangs, toujours des plages sablonneuses.

Il faudrait donc, sur plusieurs myriamètres de longueur, de grands travaux d'endiguement, dont les fondations porteraient dans des sables, et dès lors les digues seraient promptement renversées par le battement des eaux ou par les infiltrations.

Après les travaux d'endiguement sur un parcours d'environ sept lieues de pays, on toucherait à la branche occidentale du Rhône, sur laquelle il faudrait établir de nouveaux ouvrages d'art pour traverser le fleuve vis-à-vis l'écluse du canal de Silvéréal et joindre cette écluse.

Il est impossible de calculer le chiffre de la dépense nécessaire pour construire tant d'ouvrages d'art, pour creuser un tel canal et surtout opérer la jonction des deux lignes navigables.

Il est même vraisemblable que sur certains

points on ne pourrait creuser ce canal qu'au moyen de *dragues-pontons*, comme on l'a fait pour le canal situé dans une position analogue, entre la mer et l'étang de Mauguio, dans le département de l'Hérault ; ce qui a donné lieu à des dépenses énormes, quoiqu'il ne fallût pas, comme dans la basse Camargue, traverser deux fois le Rhône et plusieurs myriamètres de dunes de sables ou d'étangs salés.

D'ailleurs, la Camargue n'est livrée à la culture que parce que les étangs du littoral et surtout le Valcarès reçoivent et portent à la basse mer les eaux superflues, celles de la pluie, même celles des canaux d'arrosage.

Supprimez ces écoulements, et la Camargue sera sur certains points frappée de stérilité.

Les propriétaires de la basse Camargue ne peuvent donc établir une digue transversale ou d'autres ouvrages d'art, sans assurer l'écoulement des terrains supérieurs.

La conservation de ces écoulements à la basse mer peut nécessiter des *nocs* ou aqueducs sous le le lit du canal projeté.

Ce canal aurait encore l'inconvénient de ne pouvoir être navigable pour les navires venant de Bouc, toutes les fois que le fleuve serait fatigué par la crue des eaux ou par les glaces qu'il charrie en hiver.

Ce canal, enfin, établi à l'extrémité du Plan-du-

Bourg et de l'île de Camargue, c'est-à-dire sur un littoral désert, éviterait tous les centres de population, tels qu'Arles, Saint-Gilles, Beaucaire, etc.

On en convient, mais on espère qu'il serait favorable à la colonisation du littoral maritime, et que ces plages, aujourd'hui désertes, se couvriraient d'habitations et d'entrepôts pour le commerce.

La jonction des deux lignes navigables formées par le canal de Bouc et par les canaux du Languedoc pourrait être faite, ce nous semble, bien plus facilement au moyen d'un embranchement qui n'aurait guère que deux lieues de longueur (1 myriamètre), et qui, partant du canal de Beaucaire vers Bellegarde, viendrait aboutir à Arles, à l'écluse de prise d'eau du canal de Bouc, en traversant le Rhône à la tête de la Camargue.

Sans doute, dans ce projet, les navires seraient tenus d'emprunter le Rhône, mais sur un très court trajet, entre Arles et Fourques, et il ne resterait à établir qu'une seule et nouvelle écluse sur la rive droite du petit Rhône auprès de Fourques. La ligne de ce canal de jonction serait donc extrêmement courte; le terrain ne présenterait point d'obstacles à son ouverture, puisque partout ce sont des terres, cultivées fermes et solides; les navires n'auraient en quelque sorte qu'à se filer sur leurs câbles, pour, de la prise d'eau du canal de Bouc, parvenir à celle de Fourques. La dépense de ce projet n'excéderait pas deux millions.

Au reste, avec l'emploi de la vapeur et la génération indéfinie de force qui résulte de son application, tôt ou tard, et ce moment n'est peut-être pas éloigné, les bateaux à vapeur rendront certainement inutiles beaucoup de canaux, qui ne seront entretenus et ne subsisteront plus que comme canaux d'irrigation et de desséchement.

VIII.

SUR LE PROJET D'UN NOUVEAU CANAL DE DÉRIVATION DE LA DURANCE.

La ville d'Arles et les propriétaires du canal de Crapone, œuvre d'Arles, ont protesté contre le projet formé par la ville de Marseille d'un nouveau canal de dérivation de la Durance, dont la prise serait supérieure à celle des canaux de Crapone, des Alpines, de Noves, de Châteaurenard, etc., etc., pour les second et troisième arrondissements des Bouches-du-Rhône, et à toutes celles de la rive droite pour le département de Vaucluse. — Quel que doive être le résultat de cette lutte, nous insérons ici des fragments de ces protestations, attendu qu'elles présentent un intérêt historique.

« Le canal de Crapone », a-t-on dit, « est le « plus ancien des canaux du midi : son origine

« remonte à 1554. Il a, sur tous les canaux établis
« postérieurement, un privilége et une préférence
« pour les eaux nécessaires à son alimentation qui
« sont destinées à l'arrosage de dix-sept communes.
« Son volume n'a jamais été limité par les chartes
« de concession, originairement faites à Adam de
« Crapone, son créateur, qui avait le projet de le
« rendre navigable ; loin de là, Adam de Crapone
« a toujours stipulé des facultés indéterminées,
« dont se trouvent investis aujourd'hui ses ayants
« droit. Rien ne saurait donc porter atteinte à des
« droits acquis et respectés depuis trois siècles.

« L'établissement du canal de Marseille porte
« une atteinte meurtrière à l'agriculture, aux res-
« sources, à la vie de dix-sept communes; il cause
« de justes craintes à plus de cent mille agri-
« culteurs.

« Ce canal est indiqué comme devant contenir
« 25 mètres cubes d'eau. Ce volume énorme, dans
« certains étés, absorberait sans exagération tout
« ce que donne le torrent de la Durance; non
« seulement Crapone, mais Boisgelin et plusieurs
« autres canaux inférieurs et qui ont pareillement
« des droits acquis, quoique postérieurement au
« canal de Crapone, seraient à sec ou n'auraient
« pas la quantité d'eau nécessaire à leurs besoins.

« S'il y a utilité pour Marseille, il y a ruine pour
« d'autres contrées. Où puiserait-on la raison de
« préférence, et pourquoi Marseille, qui a vécu

« sans canal jusqu'à ce jour sans préjudice pour
« sa prospérité, viendrait-elle aujourd'hui frap-
« per de stérilité tant de territoires?

« Le canal de Crapone, par suite des déviations
« de la Durance, n'ayant plus en ce moment
« qu'une prise incertaine au milieu des sables, ne
« peut pas fournir à ses engagements; il le pourrait
« avec plus de peine encore, si la dérivation de
« Marseille avait lieu. Les dépenses qui lui devien-
« draient nécessaires achèveraient sa ruine et,
« avec elle, celle des pays naturellement arides
« qu'il arrose.

« Il ne faut point connaître les besoins de
« l'agriculture et les époques des crues de la
« Durance pour promettre de l'eau au canal de
« Crapone lorsque le canal de Marseille sera ali-
« menté : chacun sait que les eaux sont toujours
« les plus basses au moment des plus grands
« besoins. Avant et après la fonte des neiges, les
« travaux du canal de Crapone au milieu des
« sables sont immenses et ne procurent pas les
« eaux nécessaires, bien s'en faut.

« Il y a donc utilité publique à conserver ce
« que le génie, inspiré par l'utilité publique, a
« fondé il y a trois siècles : les droits acquis doi-
« vent être respectés. »

La ville d'Arles, répétant à peu près les mêmes
considérations, ajoutait :

« Le territoire d'Arles est arrosé tout à la fois

« par les eaux de Crapone et par celles de Bois-
« gelin : le sort de notre agriculture se lie donc
« étroitement au sort de ces deux canaux.

« Par convention du 3 mai 1581, les frères
« Ravaux s'engagèrent envers les consuls et la
« communauté d'Arles d'amener à cette ville les
« eaux de la Durance, dérivées par le canal d'Adam
« de Crapone en 1554.

« Les lettres-patentes du roi Henri III, du mois
« de décembre 1584, ont consacré la dérivation
« de ce canal.

« La dérivation de Boisgelin fut faite en 1773
« par les états de Provence, avec autorisation du
« gouvernement, qui la concéda à perpétuité à la
« province, avec permission de vendre les eaux
« du nouveau canal aux communes voisines.

« Depuis 1791 le canal de Boisgelin est devenu,
« sous le nom de canal des Alpines, la propriété
« du domaine, qui en a concédé temporairement
« et à prix d'argent les eaux à l'œuvre générale
« des arrosants, abonnataires de son entretien,
« avec condition de les en faire jouir.

« La dotation du canal des Alpines est de
« 26 mètres cubes d'eau par seconde, *avec préfé-*
« *rence sur toutes les concessions faites depuis*
« *1773 et à faire à l'avenir.*

« Cette priorité et cette préférence appartien-
« nent également aux arrosants de Crapone, et
« doivent être exercées surtout quand les eaux sont

« basses, ce qui arrive précisément à l'époque des
« arrosages.

« Ainsi concédées, partie gratuitement, partie
« à titre onéreux, ces eaux sont devenues la pro-
« priété incommutable des arrosants, et c'est sur
« la foi de cette propriété que se sont établies et
« que reposent la fortune et l'existence agricole de
« tout le pays; elles ne pourraient leur être ravies
« sans que cette existence fût détruite, sans que
« le désert revînt aussitôt reprendre son empire
« honteux au milieu des conquêtes faites sur lui
« par notre industrie.

« Tels seraient cependant le résultat inévitable
« et l'effet immédiat de l'établissement projeté par
« Marseille. »

IX.

LE CLIMAT D'ARLES.

Darluc, médecin, décédé en 1783, et auteur d'une *Histoire naturelle de Provence* dédiée aux états, avait d'abord accusé le climat d'Arles, mais il a rétracté ensuite cette accusation.

« Il est vrai », dit-il, « que les marais situés au
« levant de cette ville seraient un foyer de cor-
« ruption, si les vents d'ouest et de nord-ouest,
« qui soufflent fréquemment, n'écartaient au loin
« les exhalaisons et ne leur donnaient très peu
« d'influence sur les habitants; aussi remarque-t-
« on qu'il y a parmi eux beaucoup de vieillards,
« et qu'en général la jeunesse de cette ville a un
« air de fraîcheur et de santé qu'on trouve rare-
« ment ailleurs. »

Voici, du reste, touchant le climat d'Arles, l'opinion d'un estimable médecin de cette ville, rédigée pour être insérée dans ces études statistiques.

« Arles — latitude nord 43 ; — longitude de Paris 2.

« Cette ville est de forme allongée de l'est à l'ouest; au levant, elle est située sur une colline, pendant qu'au couchant elle gît sur un sol dont une assez grande partie est à peine au dessus des hautes eaux du Rhône, fleuve qui longe tout son côté au nord, en suivant une direction de levant à couchant.

« Les marais de Bellegarde, ceux de la Camargue, du Plan-du-Bourg, du petit Trébon, forment autour de la ville une ligne qui coupe les deux tiers de sa circonférence.

« Les extrêmes de la température sont 6 degrés au dessous et 24 au dessus de la glace, échelle de Réaumur: l'on a signalé quelquefois des degrés plus hauts et plus bas, mais les cas en sont assez rares.

« Deux vents y dominent, c'est le sud-est et le nord. Ce dernier, nous parvenant en été après avoir passé sur des surfaces qui ont à peu près la même chaleur que la nôtre, fait peu baisser la température; mais, en hiver, il est très froid.

« Le sud, au contraire, venant d'une région chaude, élève le thermomètre lorsqu'il souffle; aussi voyons-nous souvent, lorsqu'un de ces vents dominants succède à l'autre dans l'hiver, la température changer du matin au soir de plus de dix degrés.

« L'air est généralement sec pendant le jour ; mais, depuis mars jusqu'en novembre, les nuits, lorsque le vent ne souffle pas, sont extrêmement humides. L'eau que fournissent nos étangs et nos vastes marais, réduite en vapeur pendant le jour par l'action du soleil, reste fondue dans l'atmosphère, tant que l'air est assez chaud pour la maintenir en cet état ; mais dès que, par l'absence du soleil, l'atmosphère se refroidit, cette eau se condense et tombe sur nous sous la forme d'une abondante rosée : c'est cette humidité qui occasionnait autrefois un si grand nombre de fièvres intermittentes.

« Cette maladie diminue tous les jours, et certainement les travaux de dessèchement que l'on a entrepris avec tant de succès dans une partie de nos marais en doivent être la cause.

« La partie élevée de la ville est beaucoup plus saine que la basse. Cette circonstance amène dans les épidémies une différence remarquable entre les divers quartiers : les deux choléra que nous avons essuyés ont beaucoup plus maltraité la partie basse.

« Les Arlésiens ont les muscles prononcés ; ils sont robustes, agiles, plutôt bruns que blonds ; ils sont peu sujets aux maladies chroniques, et ils parviennent à une grande longévité.

ÉPILOGUE.

Le but de ces *Etudes statistiques* a été de mettre en évidence et de constater la haute importance de la ville d'Arles et de son territoire, sous les rapports divers de l'archéologie, de l'histoire, de l'économie politique et de l'agriculture. Puissent-elles déterminer le gouvernement à appliquer des fonds aux améliorations importantes que réclame cette intéressante cité !

Je résume ici mes demandes en faveur de la ville d'Arles :

Favoriser les travaux de desséchement sur les diverses rives du Rhône ;

Favoriser l'établissement d'un pont sur le grand Rhône entre la ville d'Arles et le faubourg de Trinquetaille, sur l'île de Camargue ;

Rétablir une *bergerie modèle et royale* dans les pâturages de la Crau ;

Organiser dans la Camargue une ferme modèle,

à l'instar de l'établissement agricole et exemplaire de Roville;

Allouer des subsides pour entretenir et fortifier les anciennes digues contre les crues du Rhône et contre les intumescences de la mer; maintenir surtout l'écoulement libre des eaux de la Camargue, dans le vaste étang du *Valcarès* (1) et par le *Valcarès* à la mer, conformément aux maximes du droit public (*Digeste*, liv. XL, tit. 8.);

Améliorer la race des chevaux *camargues*, en réalisant dans un établissement hippique une *manade modèle*, desservie, non par des étalons du nord, mais par des étalons de pur sang oriental;

Affecter des fonds au déblaiement et à la consolidation des monuments antiques, notamment du théâtre et de l'amphithéâtre romains;

Obtenir du gouvernement des objets d'art pour décorer notre musée et les salles de l'hôtel-de-ville ainsi que de l'ancien palais archiépiscopal, encore plein des souvenirs des Grignan, des Janson, des Dulau.

---

(1) Le *Valcarès* est une petite mer dont la superficie est de 6000 hectares. Le récipient du *Valcarès* est immense, et il le faut tout entier pour recevoir les eaux de la Camargue, surtout quand la mer est haute.

L'étang du *Valcarès* a été formé par la nature comme l'égout permanent des eaux intérieures pour toute la Camargue, et la vuidange de ces eaux à la basse-mer. Les débouchés de cet étang à la mer doivent rester ouverts.

Enfin, nous devons solliciter la réintégration dans nos murs des *monuments* qu'on a enlevés pour les transporter à Paris, et surtout du torse d'Auguste, dont la tête se voit dans notre musée, et du beau tombeau représentant *Prométhée enlevant du ciel le feu sacré*.

Puissent ces vœux, comme tous ceux que je forme pour la prospérité de ma patrie, ne pas rester stériles!

ADDITIONS ET CORRECTIONS.

I. — Pag. 5.

A la note lisez *Romanes* au lieu de *Romaines*.

II. — Pag. 40.

Voy., sur les restes d'un amphitéâtre romain à Thisdrus, le voyage du prince Puckler Muskau en Afrique, et l'analyse qu'en a donnée le *The Foreign Quarterly Review*, n° 34, *July*, 1836 et n° 37, *April*, 1837.

Les architectes de l'antiquité s'occupaient avec un soin extrême de l'écoulement des eaux pluviales, et sans doute, dans le monument d'Arles les conduites perpendiculaires, formées sur plusieurs points de l'édifice avec les blocs de pierre percés d'un trou rond qu'on remarque dans toute la hauteur du monument, n'avaient pas d'autre destination que de conduire les eaux pluviales de la surface du monument dans les parties inférieures où l'architecte avait ménagé des moyens d'écoulement; une autre explication donnée par les *cicerone* ne me convient pas.

M. Auguste Caristie, architecte, inspecteur-général des monuments historiques, qui a visité ceux d'Arles en septembre 1837, a pensé que notre amphitéâtre avait été complétement achevé, même une corniche d'amortissement de la partie culminante; mais il a reconnu dans son état actuel des marques évidentes de mutilations qui remontent à l'époque de la décadence de l'empire romain. Ce savant pense aussi que notre amphitéâtre n'a jamais été approprié à une naumachie, opinion que j'ai développée en 1834 dans mes *Promenades Historiques et Littéraires à Arles.*

III. — Pag. 44.

Voy. la description par Piranesi du théâtre antique, découvert dans les fouilles d'Herculanum; les murs intérieurs étaient revêtus de marbres précieux, le pavé était en marbre; les statues équestres des Nonius Balbus père et fils décoraient les deux côtés du proscenium. A Arles aussi les ruines actuelles prouvent que le pavé était en marbre, les murs intérieurs avaient été revêtus de marbre, et le proscenium était décoré de colonnes et de statues comme à Herculanum.

Quelle profusion de marbres précieux, principalement de marbres africains, dont chaque jour les fouilles d'Arles font découvrir de nombreux débris! Mais ces ruines prouvent aussi que dans l'architecture des Romains on songeait peu à la commodité et au confortable, si ce n'est sous les derniers empereurs.

Au moment où ceci s'imprime (septembre 1837), M. Caristie mesure les ruines du théâtre et de l'amphitéâtre d'Arles par ordre du ministère de l'intérieur; puisse le savant rapport qu'il prépare faire obtenir à la ville d'Arles, totalement oubliée cette année dans la distribution des fonds affectés à ce service, des secours pécuniaires pour la restauration de ses monuments antiques!

IV. — Pag. 57.

Visconti.

Voy. sur sa vie et ses travaux: *Storia della Letteratura italiana del cavaliere Abato Giuseppe Maffei.* 4 vol. in-12, *Milano.* 1834.

V. — Pag. 58.

Vénus était honorée au théâtre d'Arles.

Dans les religions de l'antiquité, Vénus (l'Astarté phénicienne et l'Astaroth de la Bible) était l'âme et le principe de la civilisation, et son culte, transmis à l'Europe par l'Asie occidentale, était l'expression d'une société où tout ce qui se rattachait au mystère de la génération et à la reproduction des êtres était l'objet d'une vénération profonde et d'une superstition spéciale. On peut voir à ce sujet les recherches récentes (1837) de M. Félix Lajard sur le Culte, les Symboles, les Attributs et les monuments figurés de Vénus en Orient et en Occident.

L'auteur suit l'histoire du culte de Vénus depuis les temps les plus reculés jusqu'aux derniers jours du paganisme, et montre comment une lutte animée s'était établie en Orient entre ce culte et le christianisme, tandis qu'une lutte non moins vive éclatait en Occident entre les chrétiens et les sectateurs de Mithra; Vasari et le Biondo racontent cette lutte contre les chefs-d'œuvre du culte païen, lutte qu'attestent les statues brisées du théâtre d'Arles; le christianisme, vainqueur dans Arles au IVe siècle, renversa les symboles de Vénus et de Mithra, comme il avait détruit en Orient ceux d'Astarté et de Baal.

VI. — Pag. 65.

L'Autel de Lyon.

M. de Lagoy, dans une notice sur l'*Attribution de quelques médailles gauloises*, imprimée en 1837, pag. 5, observe qu'on rencontre assez facilement des médailles de bronze d'Auguste, de Tibère et de Claude avec l'Autel de Lyon au revers. C'était bien à *Lugdunum* au confluent des deux rivières qu'était placé ce fameux autel d'Auguste; mais comme soixante peuples avaient concouru a son érection, il est probable que chacun d'eux avait eu le droit aussi bien que *Lugdunum* de frapper une médaille qui rappelait la dédicace de ce monument et qui ne relate le nom d'aucune ville.

VII. — Pag. 88.

Comparez le forum d'Arles aux ruines du *forum romanum* actuellement le *campo vaccino*, dont les fouilles ont été décrites par M. Fea (1), et dans des ouvrages de M. Nibby, professeur d'archéologie dans l'Archigymnase Romain, de M. Canina, de M. Hirt, de M. Piale, et dont la savante topographie a été publiée en 1835 par M. le chevalier Bunsen, dans le bulletin de l'Institut de correspondance archéologique.

VIII. — Pag. 92.

Sur l'inscription votive des deux colonnes de la place des Hommes.

Les procédés de l'écriture lapidaire dans l'antiquité romaine ont varié. On a peint les caractères sur la pierre, on a gravé les inscriptions en creux, on a employé les métaux, on a placé des caractères fondus en bronze sur la pierre, quelquefois sur le nu même de la superficie au moyen de crampons fondus avec eux et qui entrent dans des trous de scellement pratiqués pour les recevoir.

Tel est le procédé employé à Nîmes dans l'inscription de la frise du temple nommé vulgairement la *Maison Carrée*, et à Arles sur le *Fronton* antique de la *place des Hommes*: mais comme ces inscriptions ainsi scellées ont été enlevées, la restitution du texte véritable de l'ins-

---

(1) Dissertatione sulle rovine di Roma inserita nel tomo III della storia delle arti del designo del Winckelmann.

cription, d'après les espaces des trous de scellement, est nécessairement conjecturale.

IX. — Pag. 93.

L'Hypocaustum était un local souterrain voûté où l'on faisait du feu pour chauffer les pièces qui étaient au dessus; on en a trouvé à Arles des vestiges en 1676, en creusant les fondations du piédestal de l'obélisque; ces vestiges ont disparu; mais voyez la description donnée par Piranesi d'un *hypocauste* trouvé à Albano près de Rome.

X. — Pag. 100.

Ligne 15, lisez *traduction* au lieu de *tradition*.

XI. — Pag. 105.

Ligne 18, lisez *orelli* au lieu de *orell*.

XII. — Pag. 108, 109 et 123.

Lisez *Monger* au lieu de *Monge*.

Il ne faut pas confondre ces deux savants, l'un antiquaire archéologue, l'autre mathématicien et de l'expédition d'Egypte.

XIII. — Pag. 113.

Leo Von Klenze est élève de l'école polytechnique de France, et s'est appliqué dans les derniers temps à l'archéologie de l'architecture, sur laquelle il a imprimé en Allemagne plusieurs savants traités. Il a habilement mélangé les styles grec, romain, byzantin et italien de différentes époques, dans les divers édifices publics construits sous sa direction.

Voy. *The Foreign quarterly review*, n° 27, art. IV. Le grand et bel ouvrage allemand de Leo Von Klenze, sur l'architecture, a été imprimé à Munich en 1832, grand in-f°.

XIV. — Pag. 115.

Pierres Votives, véritables ex-voto *du paganisme.*

On déposait également dans les temples payens comme ex voto des *Tabulæ Pictæ ;* les temples, surtout ceux d'Esculape, en étaient remplis. M. Letronne a indiqué les exemples les plus remarquables à nous transmis par les écrivains de l'antiquité. (*Voy.* Lettres d'un antiquaire à un artiste, 1836, lettre *dixième* et appendice, 1837, n° 30.)

XV. — Pag. 120.

Le Mithras d'Arles.

Sur le culte de *Mithras,* on peut consulter :

1° *Mithriaca,* les Mithriaques, mémoire académique sur le culte solaire, par M. Joseph de Hammer, édité par J. Spencer Smith, Paris et Caen, 1 vol. in-8° avec 24 planches, 1833;

2° Le mémoire de M. Félix Lajard, couronné par l'académie des inscriptions et belles-lettres au concours de 1825, ayant pour sujet des *Recherches sur le culte de Mithras* (*Voy.* le *Journal des Savants,* 1825, pag. 440; et 1833, pag. 377);

3° Le travail très étendu sur le même culte, du docteur Frédéric Creuzer, dans son ouvrage allemand sur les *Religions de l'antiquité,* et les notes de J.-D. Guigniaut, son savant traducteur.

En résumé, l'origine du culte de *Mithras* doit être cherchée dans la Perse où ce dieu était adoré comme le pouvoir générateur, conservateur, purificateur et défenseur de la société humaine contre les pervers. Toutefois, ce culte avait subi des changements remarquables en traversant les siècles, et en se répandant des frontières orientales de la Perse jusqu'aux extrémités occidentales de l'empire romain. La découverte de ce marbre antique à Arles, en 1598, est une nouvelle preuve de la haute importance de cette cité sous la domination romaine. (*Voy.* aussi les mémoires de Zoéga, sur le culte de Mithras, publiés récemment en Allemagne, par F.-T. WELCKER.)

XVI. — Pag. 130.

Ligne 7, au lieu de *sur la terre du défunt*, lisez *sur la cendre du défunt*.

On voit aussi sur une pierre tumulaire du musée d'Arles un outil, espèce de doloire, que les antiquaires nomment *ascia ;* mais ils ne sont pas bien d'accord sur le sens symbolique de cette figure.

M. Champolion Figeac croit que la figure de la doloire et les mots *sub asciâ*, indiquent que le monument a été dédié et placé sur le tombeau à l'intention formelle et précise du défunt et à l'issue des mains du sculpteur.

Mongez, qui en 1788, dans son *Dictionnaire d'antiquités*, avait vu dans cette figure une prière tacite au possesseur du champ de sarcler les environs du tombeau, a changé plus tard de sentiment. Il soutient dans un mémoire inséré dans ceux de l'académie des inscriptions et belles-lettres, 1821, tom. v, pag. 56, que *sub asciâ dedicavit* signifie qu'on avait fait la dédicace du tombeau pendant que les ouvriers travaillaient encore et à l'issue des mains du sculpteur. Cette interprétation a depuis été fixée par M. Champolion Figeac, dans l'explication de la belle inscription de Lyon *Diis Manibus Æmilii Venusti*, publiée et savamment expliquée par M. Artaud, ainsi conçue :

D. M. AEMILI VENVSTI. MIL.
LEG. XXX V.P.F. INTERFECTI.
AEMILI. GAIVS ET VENVSTA.
FIL ET AEMILIA AFRODISIA. LIBERTA.
MATER. EORVM, INFELICISSIMA.
PONENDVM. CVRAVERVNT. ET SIBI.
VIVI. FECER. ET SVB ASCIA DEDICAVER.
ADITVS. LIBER. EXCEPTVS. EST.
LIBRARIVS. EJVSD. LEG.

XVII. — Pag. 136.

Ajoutez, ligne 15 :

La colombe sur les monuments funèbres était un symbole de piété, comme la cigogne un symbole de tendresse, le sphynx un symbole de la justice unie à la force, le scarabée l'emblème de la sagesse, le phénix le symbole de la résurrection des corps, le lion un emblème du courage; le cheval rappelle la guerre comme l'olivier la paix; la chouette indique la nuit, et devient pour Minerve (la Sagesse) le témoignage de son inclination pour l'obscurité; le lièvre Λαγως fait allusion au Λογος des mystères; les étoiles caractérisent les Dioscures; les serpents d'Esculape et d'Hygie sont des symboles de jeunesse et de renouvellement de la vie; etc., etc. L'enlèvement de Ganymède ou la fleur de lotus gravés sur les sarcophages, indiquent la mort prématurée du personnage; l'aigrette ou l'*aplustre* de vaisseau rappellent le souvenir d'une victoire navale, ou font allusion à une ville située sur le bord de la mer; des scènes de vendanges ou de cueillette des olives, retracées sur des sarcophages du musée d'Arles, sont des symboles de la mort qui *vendange*, suivant une inscription grecque rapportée par F.-T. Welcker (*Syll. epig. græc, etc.,* 1828), *jusqu'aux grappes vertes de la jeunesse;* la course de l'homme à travers la vie est exprimée par un cheval en repos ou en course; un papillon sur une tombe rappelle le mythe de Psyché, l'immortalité de l'âme et la brièveté de la vie (1), la nature intellectuelle et divine, et *Mercure Psychopompe* la mort. Aussi dans le magnifique sarcophage, enlevé d'Arles en 1821, et transporté au musée de Paris, représentant *Prométhée formant l'homme,* l'âme

---

(1) *Voy.* une épigramme d'Antipater de Thessalonique, relative aux peintures du palais de Caius Cæsar, Analect., 11—113. — Ant. Pal., IX, n° 59.

dans le groupe de Prométhée est représentée sous la figure d'une jeune fille vêtue d'une robe légère et ayant les ailes de papillon que l'on donnait à Psyché. (*Voy.* le Musée de Sculpture antique et moderne, par M. le comte de Clarac.) Sur le même sarcophage est sculptée Pandore, l'Ève grecque dont la fable n'est qu'une allégorie sublime des misères de toute nature que la science devait apporter à l'orgueilleuse humanité. Dans plusieurs vases antiques, l'*âme humaine*, c'est-à-dire la nature intellectuelle et divine, est représentée sous la forme d'un oiseau qui s'envole (1). Les mains placées sur le genou étaient chez les anciens une attitude signe d'affliction, suivant sir James Millingen (*Peintures antiques de vases grecs*, pl. 45), MM. Berger, Raoul-Rochette et Letronne (*Journal des Savants*, septembre 1829). Le Chacal, suivant la Mythologie égyptienne, était un symbole de la mort, comme dans la Mythologie grecque les têtes de cerf et les feuilles de palmier rappellent le culte des divinités de Delos, comme la feuille de lierre et le *credemnon* rappellent le culte bachique; comme toutes les sources thermales étaient, suivant le témoignage d'Athénée XII, pag. 512, consacrées à Hercule, symbole de la force (2); comme le Discobole antique de Myron, mesurant la distance pour lancer son palet, n'est qu'une allusion aux jeux Pythiens qui se célébraient en l'honneur d'Apollon; comme Pâris, le juge des trois déesses sur l'Ida, n'est, suivant les savantes recherches de M. Panofka, que la forme héroïque d'Apollon; son nom indique un dieu soleil. Sur les vases grecs, Minerve a pour

(1) Voy. *Claudien*, IV cons. honorii, vers 229 et suiv. — *Macrob. in somn. Scip.*, 1—11, pag. 58, et chap. XII. — Ainsi que les dialogues de Platon *Phædr.*, *Legg.* x, 896, D: et *Protagoras* avec les annotations du professeur Frieder. Ast, imprimés à Leipsick, 1827-1837, in-8°.

(2) *Voy.* Lettre de M. Raoul-Rochette à M. Schorn, pag. 29 et 30; et *Visconti, opere varie*, II, pag. 226, n° 234.

emblème le *Gorgonium*, l'égide hérissée de serpents, et souvent un coq; sa tête est ceinte d'une couronne d'olivier. Pluton (ou la Mort qui moissonne tout) est caractérisé par le *modius* ou boisseau sur la tête; et le scorpion, suivant M. Raoul-Rochette, est le symbole de Mars. (*Mon. ined.*, planc. XVIII, et pag. 86.) La cigale d'or dans les cheveux des femmes était à Athènes, comme à Todi en Étrurie, le symbole des peuples aborigènes et autochtones.

La peinture de Pompeï, connue sous le nom de la *marchande d'amours*, la corne d'abondance de Plutus, Hercule conduisant d'Ibérie les bœufs de Geryon, et portant sur son épaule gauche une grande corne d'abondance, peints sur les vases de *Vulci*, le taureau à face humaine des médailles de la Campanie, le combat d'Hercule et du fleuve Acheloüs, qui, sous la forme d'un taureau à face humaine, lance un torrent d'eau de sa bouche sur le vase d'Agrigente, publié en 1827, par sir James Millingen (*Transactions of the royal society of litterature*, vol I; pag. 142) (1). Le Minotaure de Crète (2), les Hippocentaures de la Thessalie, Hercule entre Vénus et Minerve, c'est-à-dire, la Volupté et la Vertu, le Combat d'Hercule et de Cynus, peints sur des vases du Vulci, expliquées dans le savant rapport d'E. Braun (*Bull.*, 1835, pag. 164), ne sont-ce pas des allégories? Les idées égyptiennes plaçaient le soleil et la lune dans des barques; la barque était par ce motif, suivant les recherches ingénieuses de M. C. Lenormant, notre collègue à l'Institut Archéologique de Rome, un symbole du Soleil consacré dans le temple de Sérapis à Pouzzoles, sur cette côte que Cicéron appelait *Puteolana et Cumana regna*, par des voyageurs qui imploraient

---

(1) *Voy.* aussi la dissertation du même archéologue: *On a fictile vase representing the contest between Hercules and the Achelous*, 1830, in 4°.

(2) Le Minotaure est une fable phénicienne suivant M. Bottiger, *Ideen zur kunst-mythologie*, pag. 348-425.

du dieu une bonne navigation : ΕΥΠΛΟΙΑ (inscription d'une lampe étrusque, en forme de barque, du cabinet *Durand*, no 1777).

L'allégorie représentant, dans des formes matérielles, les qualités abstraites, est un langage indispensable aux peintres et aux sculpteurs. Sous ce point de vue, la mythologie était favorable à l'idéal des arts; les artistes de l'antiquité n'employaient la forme que pour figurer l'idée (1), et les premiers artistes chrétiens les ont imités.

M. Raoul-Rochette, dans deux beaux mémoires sur les *Antiquités chrétiennes*, insérés dans les Mémoires de l'Institut Royal de France, Académie des inscriptions et belles-lettres (tom. XIII, 1re part., Paris, 1837), vient de montrer comment les chrétiens dans les peintures de leurs catacombes, dans les inscriptions et les symboles de leurs pierres sépulcrales, transportèrent aux idées et aux besoins de leur culte des types, des formes, des éléments et des détails empruntés du paganisme. Le savant archéologue démontre que les premiers chrétiens s'appliquèrent à exprimer leurs idées les plus abstraites, ainsi que les plus populaires, par des symboles presque tous dérivés du paganisme.

Si j'avais connu plutôt le travail de M. Raoul-Rochette, l'explication des monuments chrétiens du Musée d'Arles m'eût été plus facile.

XVIII. — Pag. 143.
Sur les monuments de la Céramographie Grecque et Etrusque.

Voy. les savantes recherches de MM. Bunsen, Millingen, Gerhard (2), Raoul-Rochette (3), Panofka (4), Boeckh,

---

(1) Voy. *Inquiry into the symbolical language of ancien art and mythology*. By M. Payne Knight, London, 1828, et l'introduction au système mythologique des Grecs et des Etrusques, publiée en 1825, à Gottingue (en allemand), par Von Karl Otfried Muller.

(2) *Rapport sur les vases peints de Vulci.*

(3) *Monuments inédits d'antiquité figurée, Grecque, Etrusque et Romaine*, par Raoul-Rochette, imprimerie royale, 1 vol. in-fo, 1833.

(4) *Description des antiques du cabinet du comte de Pourtalès. Gorgier*, etc.

Welcker, le duc de Luynes, Bronsted (1), Inghirami (*Pitture di vasi fittili*), de Witte, dans la *Description des Antiquités* du chevalier E. Durand. Ces archéologues ont fait une science de l'interprétation des peintures des vases grecs, connus sous la dénomination de Vases Etrusques, dénomination reconnue *erronée* depuis long-temps (2).

Winkelmann et Visconti, ces grands maîtres de l'archéologie, n'avaient accordé qu'une attention secondaire à ces monuments, parce qu'ils écrivaient avant la mémorable découverte de la Nécropole de Vulci; le *Bulletino dell' Instituto di correspondenza Archeologica per gli anni* 1834-1835-1836 et 1837, résume le résultat des fouilles récentes dans les antiques cités de l'Etrurie. Voy, surtout le numéro 1 de 1837, qui renferme la description du Musée des Monuments Etrusques, produits de la céramique ancienne, trouvés dans les Hypogées de l'Etrurie, par notre collègue M. Em. Braun, sous ce titre : *Museo Gregoriano d'Etruschi monumenti.*

Le Musée *Canino* et le Musée *Borbonico* de Naples renferment des ouvrages admirables découverts dans les excavations de *Nola*, de *Capua*, et autres provinces du royaume de Naples et de Sicile, ainsi que dans la haute Italie, principalement dans l'*Adria*, pays colonisés dans les anciens temps par les Etrusques.

Que d'études restent à faire encore sur la céramographie grecque et étrusque! Les fouilles de l'Etrurie, de Vulci, de Chiusi, l'antique Clusium, où, suivant Pline, l. 36,

---

(1) *A brief descript. of greek vases.*

(2) Sir James Millingen, *On the late discoveries in Etruria*, et peintures antiques et inédites de vases grecs, Rome, 1813, in-f°.

Voy. aussi le mémoire du même savant archéologue : *Some remarks on the state of learning and the fine arts in great britain*, etc. in-8°, London, 1831, mémoire très remarquable, peu connu en France, parce qu'il n'a pas été traduit et dont nous devons la communication à l'auteur, président de la section anglaise de l'Institut Archéologique de Rome.

c. 13, Porsenna eut son tombeau (M. Quatremère de Quincy en reconnaît la réalité et en a publié en 1836 la restitution conjecturale) : tout cela offre un champ nouveau d'explorations archéologiques.

Combien de vases du premier mérite découverts dans les fouilles de Nola, de Capua, d'Agrigente en Sicile, de Cère; surtout de Tarquinies, métropole primitive de toute l'Etrurie, et en général des villes des Etrusques, fondateurs des arts en Italie, et qui ont existé dans cette péninsule 500 ans avant la fondation de Rome, peuple si intéressant et encore si peu connu, suivant l'observation judicieuse du célèbre Thorwaldsen, malgré les recherches, chef-d'œuvre de science et de persévérance, de l'historien Karl Olfried Muller (Breslau 1828, 2 vol. in-8° en allemand); recherches couronnées par l'Académie des Sciences de Berlin, et qui aboutissent à considérer les Etrusques comme un peuple aborigène de l'Italie, mais qui eut, dès la plus haute antiquité, des relations avec les Grecs d'Asie, notamment les Pélasges tyrrhéniens, qui portèrent dans l'Etrurie leur civilisation et leurs arts.

Les vases peints sont beaucoup plus anciens que les peintures antiques d'Herculanum, de Pompéi et de Stabie.

Les archéologues reconnaissent tous que les vases peints étaient employés en guise d'ornements dans l'habitation des vivants, et après la mort du propriétaire déposés dans son tombeau, parmi d'autres objets, tous plus ou moins précieux, qui avaient été à son usage. Des peintures murales ornaient à l'intérieur les tombeaux; les ruines d'un monument funèbre dans notre Elysée en ont conservé des vestiges. En général, suivant M. Letronne, les faits établissent avec certitude que ces peintures offraient des sujets relatifs, soit au défunt, soit aux cérémonies funèbres.

XIX. — Pag. 146.

Médée.

Dans les divers bas-reliefs de la *Vengeance de Médée*, Médée est sur le point de massacrer les enfants qu'elle a eus de Jason et qui jouent à la *sphœra*, au ballon (Voy. la *Description du Musée Royal des Antiques du Louvre*, par M. le comte de Clarac), position bien différente et tout-à-fait distincte de celle du groupe d'Arles, où les enfants effrayés viennent se réfugier sous les plis de la tunique de la femme qui s'apprête à les défendre et non à les égorger.

XX. — Pag. 173, à la note.

Au lieu de *vaches paissantes*, lisez *vaches passantes*.

XXI. — Pag. 176, lig. 11.

Ajoutez en note :

Dans une église de Bahia, au Brésil, on remarquait encore, il y a une quinzaine d'années, un enfant Jésus habillé à la française, l'épée au côté. Il faut remarquer dans la chapelle du *Saint-Sépulcre* un *ex voto* à sainte Marthe, du XVe siècle, remarquable, non sous le rapport du dessin, mais parce que cet *ex voto* est attribué à Louis XI, roi des Français, qui dans les derniers temps de sa vie était toujours couvert de reliques et d'images, et portait à son bonnet une Notre-Dame de plomb ; le roi est représenté à genoux en dessous du buste de la sainte. J'ai entendu répéter que ce roi est Louis II, comte de Provence ; mais je crois devoir rapporter de préférence cet *ex voto* a Louis XI, roi des Français ; les deux I pour former le nombre onze s'employaient fréquemment dans le XVe siècle. Ainsi, Louis XI (II) ou Louis 2 (II) pouvaient se marquer de la même manière. La date de l'*ex voto* est en partie effacée. D'après ce qui en reste, ce chiffre doit être 1474 ; Louis XI mourut le 31 août 1483.

XXII. — Pag. 178, lig. 24.

Lisez *le devant d'autel*, au lieu de *le devant du tombeau*.

XXIII. — Pag. 165 et 185.

SUR L'ARCHITECTURE DE SAINT-TROPHIME.

Les parties de l'église de Saint-Trophime, construites en ogive, sont vraisemblablement du IXe au Xe siècle.

En ceci je m'écarte de la tradition généralement suivie à Arles, qui place sa fondation au VIIe siècle, par l'évêque saint Virgile. La voûte de la grande nef est légèrement ogivale; or, au VIIe siècle, l'architecture dans le midi de la France était encore sous l'influence de l'architecture antique romaine, qui fut altérée en Italie par les Lombards dès la fin du VIe siècle.

Les recherches de MM. J. Hittorf et L. Zanth sur *l'architecture antique et moderne de la Sicile* ont fixé le point de départ de l'emploi systématique de l'arc aigu, c'est-à-dire de l'architecture ogivale, née au mouvement des croisades du IXe au XIe siècle, en Sicile, et c'est de là que le système ogival, emprunté aux Arabes, a dû s'étendre et être appliqué aux monuments du midi de la France où se mélangent les styles Grec, Romain, Mauresque, Sarrazin et Gothique.

Ce mélange rend difficile la fixation d'une date précise, surtout dans la cathédrale d'Arles. On n'y trouve pas ce type de la *renaissance* que les Italiens nomment *risorgimento*. On n'y trouve pas le caractère de l'architecture nommée (et on ne sait pourquoi) Gothique, qui n'est, suivant M. Quatremère de Quincy, que le résultat des systèmes, des principes et des goûts qui appartiennent à des temps ou à des pays divers, mais réunis, mêlés et confondus ensemble. Ainsi, dans la Cathédrale d'Arles, les galeries du cloître sont les unes en arc ogive, les autres en plein cintre romain; les ornements du cloître et du portail sont de la *renaissance*.

Voy. les ouvrages des architectes Von J.-M. Mauch, de Berlin, de Joseph Gwilt, de Londres, 1837, de Leo Von Klenze, de Munich, 1832, de C.-A. Menzel, de Berlin, 1832, dont les travaux sont analysés dans le *Foreign quartely review*, n° 27, *july*, 1834, pag. 92, et n° 58, july, 1837, page 377.

Voy. aussi les lettres de W.-R. Hamilton à lord Elgin, 1836; ce célèbre archéologue pense que l'architecture gothique n'est qu'une simple dégradation de l'architecture romaine, dans les âges de barbarie; *the Architecture of the Goths which perhaps was nothing in the main but the degraded Roman, the result of ages sinking deeper and deeper into Barbarism, etc., etc., the Edimburg review,* n° 131, *pag.* 176, *april*, 1837.

Nous ignorons le nom de l'architecte qui a élevé la Cathédrale d'Arles, qui au demeurant n'est pas un chef-d'œuvre de stéréotomie comparable aux magnifiques cathédrales de Strasbourg, de Paris et de Rheims.

Quant au portail, M. Éméric David, membre de l'Institut, a imprimé depuis 1806, dans son *Essai sur le classement chronologique des sculpteurs les plus célèbres*, que ce portail, dernier soupir du ciseau grec, fut terminé en 1152; mais comme cette date n'est pas chiffrée sur les pierres du monument, d'autres modifient cette opinion en attribuant ce portail au xiii° siècle. En septembre 1837, M. Caristie a pensé que ce portail historié était postérieur au monument, et avait été appliqué sur la façade de l'église préexistante, dont l'architecture lui a paru antérieure au x° siècle. J'avais exprimé cette opinion en 1834, dans mes *Promenades historiques et littéraires à Arles*.

C'est en général aux xii° et xiii° siècles qu'on sculptait

sur le portail des cathédrales des bas-reliefs, représentant comme celui d'Arles le jugement dernier.

Tel est celui découvert en septembre 1837, par M. l'abbé Devoncoux, membre de la société Eduenne, dans le cintre extérieur du grand portail de la Cathédrale d'Autun, caché par une ignoble masse de plâtre, avec cette inscription : nous la transcrivons ici parce qu'elle sert à fixer le sens et l'esprit des sculptures du grand portail de Saint-Trophime. Elle prouve la salutaire terreur qu'on cherchait à inspirer aux chrétiens dès le frontispice de l'église :

Quisq. resurget ita. quem II — Trahit impia. vita:
Et lucebit ei sine fine lucerna dici.
Gislebertus hoc fecit.
Terreat hic terror quos terreius alligat error.:
Nam fore sic verum notat hic horror speciem —
Omnia. dispone. solus. meritosq. corono.
Quos scelus exercet. me judice pœna coecet.

XXIV. — Pag. 187.

Temple de la Raison.

Nos enfants pourront-ils croire qu'à la fin du XVIIIe siècle, en 1793, une vile prostituée sous le nom de la déesse RAISON ait été élevée sur l'autel de Saint-Trophime, à la place du Rédempteur du genre humain !

On lisait l'inscription suivante au haut du galbe de la façade de l'église de Saint-Trophime :

LE PEUPLE FRANÇAIS RECONNAIT L'ÊTRE SUPRÊME ET L'IMMORTALITÉ DE L'AME.

XXV. — Pag. 197, lig. 27.

Supprimez les mots : *on suppose que le réfectoire était de ce côté.*

XXVI. — Pag. 189 et 226.

La Tarasque.

Voy. un ouvrage fort curieux sous ce titre :

Traditions Tératologiques ou récits de l'antiquité et du moyen âge en Occident sur quelques points de la fable, du merveilleux de l'histoire naturelle, publiées d'après plusieurs manuscrits inédits grecs, latins et en vieux français, un fort vol. in-8º, imprimerie royale, 1836.

XXVII. — Pag. 205.

Le Pallium.

Voy. l'histoire des antiquités de l'église Anglo-Saxonne, par JOHN LINGARD, chap. I.

XXVIII. — Pag. 255, lig. 2.

Vases antiques de verre.

Des fouilles exécutées le 16 septembre 1837 dans les Champs-Elysées d'Arles ont donné, comme toujours, de nombreux débris d'antiquités et notamment deux vases antiques *en verre blanc,* l'un circulaire de sept pouces de hauteur sur un diamètre de cinq pouces au centre, orné de deux anses sveltes et légères, mais brisées par l'ouvrier qui l'a découvert.

L'autre vase est en verre, qui aujourd'hui paraît bleu, de forme carrée, de trois pouces et demi de hauteur sur deux pouces de largeur.

Ces deux vases ont été transportés au Musée Lapidaire ; ils sont fermés, et nous n'avons pas encore exploré leur contenu ; leur petite capacité ne permet pas de supposer qu'ils aient jadis renfermé des cendres ; mais probablement des baumes liquides et des parfums.

Il est à présumer que ces vases de verre étaient peints comme ceux décrits par Winkelmann (*Histoire de l'Art*. I et II), ou comme celui trouvé à Rome dans le cimetière de sainte Agnès, en 1698, et décrit par Buonaroti dans la planche 30 de son ouvrage intitulé : *Osservationi sopra alcuni framenti di vasi antichi di vitro*.

MM. Hirt, Stieglitz, en Allemagne ; Quatremère de Quincy, en France, ont beaucoup écrit sur les tombeaux des Anciens ; mais pour les tombeaux de l'Etrurie, il faut consulter l'ouvrage du professeur Orioli, publié en 1826 : *dei sepolcrali edif. dell' Etruria*, etc. M. de la Marmora a publié les dessins des tombeaux de Sardaigne ; et M. Quatremère de Quincy, la restitution conjecturale du tombeau de Porsenna à Clusium, d'après le texte de Pline, liv. XXXVI, chap. XIII, *Dissertations archéologiques*, 1836, pag. 181.

Les lampes qu'on trouve dans les tombeaux de l'antiquité et dont un grand nombre en bronze ou en terre cuite, recueillies dans l'Elysée du Rhône, sont conservées au Musée d'Arles, ainsi que les fioles à huile et à parfums, mal à propos nommées lacrymatoires (suivant MM. Mongez et Champollion Figeac), se rapportent au culte des tombeaux.

Sur les lampes spécialement, il existe un traité publié sous ce titre : *De lucernis antiquorum reconditis, libri* VI, *autore Fortunio Liceti, Utini*, 1652. L'auteur cite, au lib. I, cap. IX, pag. 15, la lampe trouvée à Padoue dans le tombeau d'*Olibrius*, célèbre médecin et alchimiste.

Le conte du feu inextinguible de cette lampe n'a jamais obtenu la moindre croyance, mais l'inscription en est remarquable en ce sens qu'elle constate la consécration de ces lampes à PLUTON, le roi des Mânes ; nous la transcrivons sous ce point de vue :

Plutoni sacrum munus ne attingite fures ;
Ignotum est vobis hoc quod in orbe latet.

Namque elementa gravi clausit digesta labore,
Vase sub hoc modico maximus Olybrius.
Adsit facundo custos sibi copia cornu,
Nec pretium tanti depereat laticis.

Le colonel Alberto della Marmora, de Turin, notre collègue à l'Institut Archéologique de Rome, a également publié des notices intéressantes, en 1833 et 1834, sur les monuments funèbres des îles Baléares, de Malte, de Gozzo; sur les *Nuragues* de *Sardaigne*, l'antique Ichnusa. Ces monuments analogues à ceux de la Syrie et de Maandel lui paraissent des débris de l'ancienne civilisation phénicienne, qui a visité et colonisé ces îles dans l'antiquité, et dont l'Hercule de Tyr fut le symbole. (*Voy.* les Mémoires de l'Académie des Sciences de Turin et *Bulletino di Correspondenza Archeologica di Roma*, settembre 1833 et aprile 1834, ainsi que la *Notice sur les Nuragues de Sardaigne*, par M. Petit Radel, Paris, 1826; M. Mimaut, dans son ouvrage intitulé : *Sardaigne ancienne et moderne*, et M. Letronne, *Journal des Savants*, avril 1827, page 206; enfin, *Storia di Sardegna*, del cavaliere don Giuseppe Manno, 4 vol. in-8°. Torino, 1827.)

J'incline donc, par analogie, à ne voir dans la *Grotte des Fées* de la montagne de *Cordes*, aux environs d'Arles, qu'une grotte sépulcrale d'origine asiatique ou phénicienne.

L'examen de cette grotte ne permet guère d'autre supposition que celle d'un tombeau; elle a été emplacée sur le sommet d'une montagne isolée au milieu d'un marais, creusée en gaine et à ciel ouvert dans le rocher, couverte de larges dalles terrassées avec soin et qui la cachent aux regards.

Dans l'antiquité, la forme des tombeaux a beaucoup varié.

Ainsi, à Nîmes, l'édifice ruiné à forme polygone et à

élévation pyramidale qu'on appelle *la Tourmagne* ne fut dans l'origine qu'un tombeau.

M. Pelet, président de l'Académie de Nîmes, s'est attaché à démontrer que ce monument a été *un mausolée dont la construction est antérieure à l'époque romaine et peut bien dater de l'occupation des Grecs de Marseille.*

Ainsi, en Italie, des *Tombeaux* bâtis en forme circulaire devinrent des *Tours*. Tels furent, suivant M. Quatremère de Quincy, le tombeau de la famille Plautia, près de *Ponte Lugano*, et cet autre grand tombeau voisin de Rome qu'on appelle *Torre di Metella* ou *Capo di Bove*, parce que la frise est ornée de bucrânes ou têtes de taureau.

Cet éclaircissement est destiné à modifier, après un nouvel examen et de nouvelles recherches, la note **1**, au bas de la page 14 ci-dessus.

XXIX. — Pag. 259.

Saint Rolland, martyr des Sarrasins.

Voy. *Pontificium Arelatense*, de Pierre Saxy, pag. 176, sur l'an 869. *Annal. Bertin.* Duport, *Histoire de l'Eglise d'Arles*, pag. 160, Aimoinus *de Gestis Francorum*, l. v, cap. xxv, et l'*Histoire des Sarrasins*, par M. Reinaud, membre de l'Institut, 1836, pag. 151.

XXX. — Pag. 260.

C'est dans une basilique dédiée à *saint Etienne* et dont l'emplacement n'est plus connu, que fut assemblé à Arles le concile de 314.

XXXI. — Pag. 260, lig. 15.

Au lieu de *Paul de Marignane*, lisez *Pons*.

XXXII. — Pag. 267, lig. 7.

Lisez : *les restes du théâtre antique et de l'arc de triomphe d'Orange.*

Voy. sur les monuments antiques d'Orange le rapport

de la société académique d'Orange, du 19 janvier 1837, par M. Nogent Saint-Laurent, secrétaire de cette assemblée.

XXXIII. — DES ENFANTS TROUVÉS.

> *Numquid oblivisci potest mulier infantem suum ut non misereatur filio uteri sui? Et si illa oblita fuerit, ego tamen non obliviscar tui.* ISAIE, cap. XLIX, v. 15.

Les religions et les mœurs de l'antiquité payenne autorisaient l'exposition et l'abandon des enfants dont la conservation n'est devenu un précepte obligatoire que pour le peuple de Dieu.

Les empereurs romains avaient entrevu l'utilité de fournir des aliments aux enfants *pauvres* pour en former des soldats et des citoyens.

Tel est l'objet du monument découvert en 1832, dans le territoire de Circello, et connu sous la dénomination de *Tavola Alimentaria Bebiana* dont voici le texte :

IMP. CAES. NERVA. TRAIANO AVG. GERMANICO. IIII
Q. ARTICVLEIO. PAETO. II. COS.
OB. LIBERALITATEM. OPTIMI. MAXIMIQ. PRINCIPIS OBLIGARVNT PRAEDIA
DE PROPRIO. LIGVRIS. BAEBIANI. ET. CORNELIANI. VT
EX. INDVLGENTIA. EIVS. PVERI. PVELLAEQ. ALIMENTA ACCIPIANT.

Mais cette *table alimentaire* (comme celle précédemment découverte dans les ruines de *Velleia*, imprimée à la suite de l'*Histoire de la Jurisprudence Romaine*, par Terrasson et sur laquellle on peut consulter l'*Histoire du droit romain*, de M. Giraud, notre collègue à l'Académie d'Aix et notre ami), sont l'une et l'autre relatives aux enfants pauvres de l'un et l'autre sexe, légitimes ou non, conservés ou non par leurs familles, et non exclusivement aux enfants abandonnés par elles. Cette table alimentaire est donc une *loi des pauvres* et non une loi *des enfants trouvés*.

Les hospices des enfants délaissés sont dûs au Christianisme civilisateur. L'un des plus anciens est celui fondé par le comte *Guido*, à Montpellier, en 1180, sous le nom de *Saint-Esprit*. Un hôpital ayant la même dénomination fut ultérieurement fondé à Arles, sur le modèle de celui de Montpellier. C'est à saint Vincent de Paule que les hôpitaux des enfants trouvés dûrent leur multiplicité et leur organisation définitive en France.

XXXIV. — Pag. 517.
La Camargue.

Par une singulière analogie les Portugais ont nommé *camargos* un village marécageux du Brésil, situé à deux lieues de Mariana, et à quatre-vingt-quatre lieues de Rio-Janeiro. (*Voy.* le *Voyage au Brésil*, par M. Auguste de Saint-Hilaire, 1re part., tom. 1er, pag. 184). Peut-être ce nom vient-il du navigateur espagnol *Camargo*.

Voy. sur la Camargue :

1° Un mémoire très intéressant de M. Poulle, ingénieur en chef des ponts et chaussées;

2° Deux mémoires de M. le Baron de Rivière, Paris, 1826;

3° *Coup d'œil sur le Delta du Rhône*, par Alph. Peyret-Lallier, imprimé à Saint-Etienne, 1837.

XXXV. — Page 212.

On conserve aux archives de l'église d'Arles les procès-verbaux d'envoi, par François de Mailli, archevêque d'Arles, des reliques de saint Trophime au pape Clément XI, et le bref de ce souverain pontife, du quatorze juillet mil sept cent cinq, qui ordonne l'exposition solennelle et le dépôt de ces reliques dans l'église de *Saint-Philippe-Néri*, à Rome.

Dans ces divers actes, Trophime, premier évêque d'Arles, est désigné comme le disciple des Apôtres. L'archevêque, dans sa lettre à Clément XI, dit textuellement :

Nam si Cathedræ nostræ originem edere est, et seriem episcoporum evolvere ab ipso Apostolorum principe originem ducemus, à quo missum in Gallias Trophimum esse constat, insertamque eo traduce atque propagatam religionem; hinc Galliula Roma Arelas, hinc Mater omnium Galliarum, civitasque Prima ab ipsis nuncupata est imperatoribus. Quantis eam Summi Pontifices honoribus cumulaverint meminisse lubet, eorum vices per Gallias, Hispaniasque decessores nostri gesserunt; ipsis cura incubuit concilia convocandi plenaria, et comendatilias seu formulas erogandi litteras prævia cruce et pallio cœteris antiquius insigniti et primatum laté tenentes.

L'archevêque de Maïlli, avant de terminer sa lettre à Clément XI, dit encore :

Ergò Romam redibit ovans Trophimus noster, et qui à multis retrò seculis nudo et simplici apparatu soloque fidei clypeo armatus, ad prælia discesserat, ditissimis paganorum hæreticorumque exuviis onustus, aliorum Apostolorum quibus redditur societate fortior meam adjuvet infirmitatem......, etc.

Clément XI, dans son bref du 14 janvier 1705, adressé à l'archevêque d'Arles de *Maïlli,* dit enfin en propres termes :

Est verò cùr hoc sacro pignore Roma universa magnoperè lætetur, repetit enim quodammodo post tot sæculorum lapsum mortales illius exuvias, quem ab ipso ecclesiæ nascentis exordio episcopalis dignitatis auxit insigniis, et veræ fidei præconem allegavit in Gallias : ac lubens in ipsis cineribus agnoscit aut certè recolit ignem charitatis quâ inclytus præsul incensus præclaram istam orbis partem christiano nomini et romanæ adjunxit ecclesiæ.

Ces deux documents sont encore en original aux archives de l'église d'Arles et n'ont jamais été imprimés.

XXXVI. — Pag. 252.

Voici l'inscription qui était placée sur une pierre de l'église antique Notre-Dame-la-Major, bâtie sur l'emplacement d'un temple de Cybèle, inscription aujourd'hui pulvérisée :

ANNO CREATI ORBIS IVMCCCCXIV, CHRISTI NATI IVCLII.
PONTIFICATUS LEONIS PRIMI MAGNI XIV,
VALENTIS ET MARTIANI IMP. III.
OPILIONE ET VIMCOMALO ROMANORUM COSS.
MEROUEI FRANCORUM REGIS V.
RAVENIO ARELATENSIS EPISCOPO VIII IDUS JULII
DEDICATA EST BAZILICA SANTÆ MARIÆ MAJORIS
NOSTRÆ ARELATENSIS CIVITATIS
PRÆSENTIA XXXIV EPISCOPORUM
QUI IBIDEM TERTIUM ARELATENSE CONCILIUM CELEBRAVERUNT.

FIN DES NOTES.

175.

www.ingramcontent.com/pod-product-compliance
Lightning Source LLC
Chambersburg PA
CBHW060549230426
43670CB00011B/1742